La transition vers l'enseignement supérieur

Exploration

Education: Recherches en sciences de l'éducation

La pluralité des disciplines et des perspectives en sciences de l'éducation définit la vocation de la collection Exploration, celle de carrefour des multiples dimensions de la recherche et de l'action éducative. Sans exclure l'essai, Exploration privilégie les travaux investissant des terrains nouveaux ou développant des méthodologies et des problématiques prometteuses.

Collection de la Société Suisse pour la Recherche en Education, publiée sous la direction de Rita Hofstetter, Isabelle Capron Puozzo, Bernard Schneuwly et Bernard Wentzel.

Mikaël De Clercq, Nathalie Roland,
Florence Dangoisse, Mariane Frenay (dir.)

La transition vers l'enseignement supérieur

Comprendre pour mieux agir sur l'adaptation des étudiants en première année

PETER LANG
Lausanne • Berlin • Bruxelles • Chennai • New York • Oxford

Information bibliographique publiée par « Die Deutsche Nationalbibliothek »
« Die Deutsche Nationalbibliothek » répertorie cette publication dans la « Deutsche Nationalbibliografie » ; les données bibliographiques détaillées sont disponibles sur Internet sous ‹http://dnb.d-nb.de›.

ISSN 0721-3700
ISBN 978-2-87574-854-6
ISBN 978-2-87574-856-0 EPUB
DOI 10.3726/b20782

ISSN 2235-6312 eBook
ISBN 978-2-87574-855-3 eBook
D/2023/5678/15

Peter Lang Éditions Scientifiques Internationales - P.I.E., Bruxelles, Belgique

info@peterlang.com http://www.peterlang.com/

Cette publication a fait l'objet d'une évaluation par les pairs.

Préface : La transition entre l'enseignement secondaire et supérieur est un passage entre deux rives.

JEAN-MARIE DE KETELE
Professeur ordinaire émérite, Université catholique de Louvain

La transition entre l'enseignement secondaire et supérieur est un passage entre deux rives. Si la première est devenue familière au fil des ans, la seconde est inconnue et peut sembler mystérieuse comme toute *terra incognita*, peut-être encore plus avec l'avènement de la Covid qui désarçonne les primo-inscrits et risque de provoquer encore plus des décrochages rapides.

Passer de l'autre côté de la rive peut se faire de différentes façons, les unes plus aisées, les autres plus périlleuses. Pour les uns, ils emprunteront un pont en dur, une voie facile et sécurisante pour ceux qui y ont accès ; c'est sans doute le cas pour des étudiants qui ont suivi des filières fortes avant d'entrer dans le supérieur et savent assez bien ce que l'autre rive leur offre comme paysage. Pour d'autres, le seul choix est un pont suspendu au-dessus de la rivière qui demande une certaine assurance, mais aussi une grande prudence ; beaucoup d'étudiants savent que la traversée comprend des dangers et que l'autre rive est escarpée. Pour d'autres encore, il n'existe guère de pont et il leur faudra l'aide d'un passeur pour franchir la rivière, surtout si la rive est éloignée, si le courant est traître, si le candidat au passage présente certains dangers, dont le plus sérieux est sans doute d'avoir été trop dépendant jusqu'alors. Ce dernier aspect me fait penser à une fable indienne. Qu'il me soit permis de vous la conter, car elle nous donne à penser.

Un sage vit un scorpion se débattre pour éviter de se noyer et décida de lui sauver la vie en le retirant de l'eau. Mais lorsqu'il approcha sa main, le scorpion le piqua. Sous l'effet de la douleur, le sage lâcha l'animal. Celui-ci tomba à l'eau et dut se débattre à nouveau pour éviter la noyade. Le sage tenta une seconde fois de le retirer, mais le scorpion le piqua encore.

Un passant qui observait la scène, se rapprocha du sage et lui dit :

> « *Ne savez-vous pas que cet animal vous piquera à chaque fois que vous tenterez de le sauver ?* »

Le sage répondit :

> « *La nature du scorpion est de se défendre en piquant, mais cela ne change en rien ma volonté de lui sauver la vie.* »

Alors, à l'aide d'une feuille cette fois, le sage retira le scorpion de l'eau sans se faire piquer.

> *Lorsque tu tentes d'aider quelqu'un, n'abandonne jamais tes bonnes intentions, même si la personne que tu veux aider te fait mal. Cherche alors simplement un moyen différent de l'aider et au besoin de te protéger. La prochaine fois que quelqu'un vous pique pendant que vous tentez de l'aider, souvenez-vous de cette légende.*

La métaphore offerte par ce conte tombe à propos pour entrer dans cet ouvrage. Comme le scorpion, un certain nombre d'étudiants se débattent pour ne pas se noyer en cherchant à passer sur l'autre rive et certains d'entre eux présentent un certain danger pour les « passeurs », ces acteurs qui ont pour mission d'empêcher les étudiants de se noyer dans les différents passages que comporte l'entrée en première année (l'accès, les premières semaines, la période des examens du premier semestre, l'entrée dans le second semestre après avoir reçu les résultats de la session de janvier, etc., voir le chapitre 3 sur « L'approche dynamique et temporelle » ; ce sont là autant de passages vers une autre rive). Le passeur de notre conte est confronté à un scorpion ; il aurait pu être confronté à d'autres animaux qui mordent, ou griffent, ou étouffent… Le passeur à l'université est confronté à une diversité d'étudiants susceptibles de se noyer et de mettre en difficulté celui qui leur offre de l'aide (chapitres 1 et 5).

Dans le conte, le passeur est un « sage ». Mis en difficulté, il ne se résigne pas, malgré les avertissements du passant. Dans le contexte universitaire, il faut être « sage » pour résister aux avertissements des collègues : « Avec ces étudiants-là, il n'y a rien à faire ! Tu perds ton temps et tu n'avanceras pas dans ta carrière, où seules tes publications seront prises en compte ! ». Les passeurs sont-ils sages ? L'un est piqué dangereusement ;

l'autre risque une carrière. Ne faut-il pas sortir d'une vision univoque du concept de « sagesse » pour le passeur ? Et du concept de « réussite » pour l'étudiant (comme le laisse entendre l'ouvrage à plusieurs endroits) ?

« *Lorsque tu tentes d'aider quelqu'un, n'abandonne jamais tes bonnes intentions, même si la personne que tu veux aider te fait mal. Cherche alors simplement un moyen différent de l'aider et au besoin de te protéger.* » À l'instar d'autres publications récentes, cet ouvrage illustre les efforts des passeurs pour ne pas abandonner et chercher des moyens différents face aux insuccès perçus, du moins en référence à certains effets recherchés (il peut y avoir des effets autres, parfois bien profonds et plus positifs qu'imaginés ; et ceci se réfère à la discussion sur le sens du concept de « réussite »). La recherche des moyens adaptés à la personne et au contexte de l'étudiant, d'une part, et la posture du passeur sage, d'autre part, sont là deux aspects en étroite interaction qu'il nous semble importer d'expliciter.

Le travail de l'étudiant et du passeur est un travail d'adaptation, diront certains. Et par là, ils entendent trop souvent un travail de « conformation » à un attendu. Non, dit Edgar Morin. S'adapter est un processus au cœur du changement qui crée de la complexité (de nouvelles configurations) en diminuant les contraintes et en mobilisant des opportunités offertes par l'environnement.

Les travaux de Billett (2001, 2009) sur le *Learning in workplace*, étendus ensuite à la formation d'adultes par Bourgeois (2014) et par Jorro *et al.* (2017) à l'engagement et au développement professionnel, et plus spécifiquement sur les apprentissages professionnels accompagnés, aboutissent à montrer l'importance des opportunités dans l'apprentissage conçu comme processus d'adaptation. Plusieurs formulations de la théorie des opportunités (*affordances theory*) ont été progressivement émises. Appliquées au processus d'adaptation impliqué par les rites de passage vécus par les jeunes étudiants de l'enseignement supérieur, nous pouvons opérationnaliser les apports de cette théorie comme suit.

Le jeune étudiant passe d'un environnement, dans lequel il a mobilisé certaines opportunités, à un autre qu'il découvre et qui nécessite un processus d'adaptation. Ce nouvel environnement comprend de nombreuses contraintes et opportunités pour produire des changements sur différents plans. À ce stade se posent déjà les questions suivantes : quelles opportunités sont présentes dans l'environnement de l'étudiant ? Parmi celles-ci, quelles opportunités perçoit-il ? Peut-il compter sur des passeurs (d'autres étudiants ou des personnes de l'institution) pour l'aider à percevoir les opportunités présentes dans son environnement ? Notons qu'il existe souvent, dans de nombreuses institutions, des dispositifs formels ou informels à cette fin, mais que c'est la « posture du passeur » qui rend crédible le travail de sensibilisation, à savoir l'attention à l'étudiant et à son environnement spécifique dans une relation de confiance.

Les opportunités étant identifiées par l'étudiant, encore faut-il qu'elles soient reconnues comme ayant de la valeur pour son processus d'adaptation. Ce travail réflexif n'est pas toujours entrepris ou effectué de façon pertinente. Un accompagnement peut être utile, surtout pour certains étudiants.

Des opportunités identifiées et jugées importantes pour son adaptation ne sont pas nécessairement facilement accessibles, dans les faits ou psychologiquement. Toutes les institutions n'ont pas nécessairement réfléchi à cette dimension du problème.

Si des opportunités sont reconnues comme importantes et rendues accessibles, encore faut-il que l'étudiant les mobilise. Et nous savons très bien que de telles opportunités sont le plus souvent utilisées par les étudiants qui en ont le moins besoin.

Un certain nombre d'étudiants qui en ont effectivement le plus besoin les utilisent, mais ont souvent beaucoup de mal à les mobiliser de façon pertinente ou éventuellement peinent à les transférer sur les contenus précis de leurs cours (comme c'est le cas, par exemple, des séances consacrées aux méthodologies du travail étudiant). Ceci est source de découragement et de perte de confiance en soi. Seul un accompagnement adapté peut pallier de telles difficultés.

Dans ce cadre, le processus d'adaptation est double : celui de l'étudiant face aux opportunités de son nouvel environnement ; celui du personnel de soutien face aux besoins spécifiques de l'étudiant et compte tenu des ressources offertes par l'institution. Le travail, et de l'étudiant et du personnel de soutien, suppose une attention aux cinq phases décrites ci-dessus : (1) l'identification des opportunités, (2) la perception de leur valeur, (3) leur accessibilité, (4) leur mobilisation, et (5) leur mobilisation pertinente.

Si ce travail nécessite l'engagement de l'étudiant, il requiert de la part du personnel de soutien de créer une authentique rencontre et de développer une posture d'accompagnement, telle que décrite dans des travaux récents (voir notamment Jorro *et al.*, 2017). Accompagner, c'est étymologiquement partager le pain (*cum pane*) et partager le chemin (*cum camino*). Ce n'est ni être devant, ni derrière, mais être à côté. Sans doute, trop de dispositifs institutionnels, pourtant bien intentionnés et bien conçus sur le plan du contenu, sont trop souvent devant ou trop derrière et pas assez à côté de l'étudiant. Il leur manque la dimension de la rencontre qui permet un véritable accompagnement. Et sans doute, l'accompagnateur a lui-même besoin d'être accompagné et soutenu face à un travail bien plus complexe qu'il n'y paraît au premier regard, comme le montrent les développements de cet ouvrage.

Table des matières

Introduction

De nombreux jeunes décident, après leurs études secondaires, de se lancer dans l'enseignement supérieur. Parmi ceux-ci, un grand nombre d'entre eux présente des difficultés à s'adapter à ce nouveau monde et échoue ou abandonne leurs études. Ce taux d'échec et d'abandon élevé peut notamment s'expliquer par les difficultés liées à la transition entre l'enseignement secondaire et supérieur. L'adaptation de ces étudiants est donc un enjeu important au cœur des préoccupations de ces mêmes étudiants, de leur entourage, des enseignants, des chercheurs, mais également des politiques. En effet, cette préoccupation se retrouve dans un nombre très important de pays, ce qui permet de considérer la transition vers l'enseignement supérieur comme un enjeu éducatif international majeur.

L'explication principale de ces difficultés d'adaptation réside dans les caractéristiques du passage de l'enseignement secondaire à l'enseignement supérieur. Ce passage constitue l'une des transitions scolaires les plus importantes de la vie d'un jeune. En effet, le passage de l'enseignement secondaire à l'enseignement supérieur s'accompagne de nombreuses ruptures qui représentent autant de difficultés d'adaptation pour l'étudiant (Chemers *et al.*, 2001 ; Perry *et al.*, 2001 ; Trautwein et Bosse, 2017). Une première rupture a lieu au niveau du changement d'institution d'enseignement. L'étudiant devra alors comprendre les règles implicites et explicites du fonctionnement académique. Une rupture sociale avec les pairs du secondaire est également constitutive de ce moment de transition et nécessite la construction d'un nouveau réseau social au sein de l'établissement d'enseignement supérieur. Une autre rupture a trait à l'enseignement, plus anonyme, le plus souvent en grand amphithéâtre et à ses exigences accrues. Une quatrième rupture peut également être relevée concernant une gestion plus autonome de sa vie et de ses études. Le jeune passe en effet d'un cadre de vie très contrôlé à un cadre beaucoup plus libre au sein duquel il devra trouver un équilibre entre loisirs et études, et développer une gestion autonome de son apprentissage.

Finalement, l'éloignement familial constitue la dernière rupture. Pour une part significative des étudiants, l'entrée dans l'enseignement supérieur rime avec le départ de la maison pour aller vivre dans un logement étudiant proche du campus. L'étudiant devra alors se détacher de son foyer pour gérer cette nouvelle vie plus indépendante (Tinto, 1997). Les ruptures présentées ici ne sont évidemment pas exhaustives, mais montrent la complexité que peut revêtir cette transition pour le jeune et illustrent ce que Jenert et ses collègues qualifient de « transition shock of student life »[1] (Jenert *et al.*, 2016). Les travaux de Coulon (1997, 2017) décrivent ce choc et les changements opérés par le jeune pour faire face à ces ruptures comme le développement du métier d'étudiant. La transition vers l'enseignement supérieur est également souvent couplée avec le passage à l'âge adulte et est accompagnée d'un ensemble d'évolutions affectives, sociales et cognitives qui ne feront encore qu'accroître la difficulté de la première année (Chevrier, 2021).

Notons d'emblée que, même si l'accent est ici posé sur les difficultés et les risques inhérents à cette transition, il convient de ne pas développer une vision clivée de cette première année comme un ensemble d'épreuves extrêmement éprouvantes et dénuées d'aspects positifs. Face à tous ces défis à relever, la première année est également une période stimulante de prise d'indépendance, de liberté, de nouvelles expériences, de découvertes, d'apprentissages et d'opportunités permettant au jeune de s'épanouir, de grandir et de se développer. C'est donc une période difficile, mais également stimulante et extrêmement riche de nouveautés. Dans leur livre sur la transition, les auteurs Anderson *et al.* (2011) résument bien l'ambivalence constitutive des périodes de transition :

> Bien qu'elle soit vue comme une période de crise et d'ajustement, la transition représente également une opportunité unique de développement et de transformation. Un symbole qui capture l'essence du terme transition vient du Kanji chinois représentant le mot 'crise' qui combine le symbole 'danger' et 'opportunité' et qui se traduit littéralement comme 'une opportunité chevauchant un vent dangereux' (p. 30).

Rappelons également que les difficultés d'ajustement à l'enseignement supérieur ne se limitent pas uniquement à cette période de transition spécifique à la première année. D'autres difficultés persistent ou apparaissent plus tard dans le parcours de l'étudiant.

---

1 Traduction : « le choc de la transition vers la vie étudiante ».

Que propose cet ouvrage ?

Afin de mieux comprendre cette problématique récurrente, de nombreuses recherches ont été menées depuis plus de quarante ans en psychologie de l'éducation, en sociologie, et plus généralement en sciences de l'éducation. Plusieurs approches ont été proposées et ont posé un regard différent, tentant de répondre à des questions spécifiques et amenant des pistes de compréhension complémentaires. Néanmoins, ces différentes approches ont rarement été synthétisées et mises en relation, ce qui empêche d'avoir une vision claire de ce que peuvent apporter ces quarante années de recherche dans nos actions et prises en charge quotidiennes.

L'objectif de cet ouvrage est donc de familiariser le lecteur avec ces différentes approches et d'en montrer la complémentarité afin de lui permettre de développer une compréhension fine du processus d'adaptation vers l'enseignement supérieur. La réflexion proposée ne sera évidemment pas exhaustive, mais amènera une vision la plus complète possible de l'avancée des connaissances scientifiques sur cette question. Une compilation d'études qualitatives et quantitatives mises en relation sera alors présentée et discutée tout au long de l'ouvrage. Les travaux internationaux seront présentés et principalement illustrés par ceux de la Chaire de Pédagogie Universitaire, coordonnée par les professeurs Mariane Frenay et Etienne Bourgeois, responsables de la Chaire, qui rassemble un ensemble de travaux menés par l'UCLouvain sur le sujet. Ces travaux, plus ou moins présents en fonction des chapitres, s'ancrent dans la psychologie de l'éducation et permettent d'illustrer et de discuter les conclusions posées par la littérature internationale. Plus précisément, les chapitres 3 à 5 seront majoritairement alimentés par les travaux de la Chaire permettant ainsi de proposer des pistes innovantes de réflexion sur les approches classiques d'analyse de la transition vers l'enseignement supérieur. Bien qu'ancré dans le contexte universitaire belge francophone, cet ouvrage aura une portée plus large et proposera des réflexions et conclusions pouvant être exploitées par des acteurs de la réussite issus d'autres pays ou d'autres contextes éducatifs. L'ambition de cet ouvrage sera de permettre au lecteur d'appréhender la complexité de cette transition et de mieux en comprendre les enjeux afin de pouvoir identifier des pistes d'action et de soutien de l'étudiant dans cette période complexe.

Pour ce faire, cet ouvrage commencera par une note de cadrage afin de clarifier les concepts principaux inhérents à ce livre ainsi que le contexte dans lequel il s'inscrit. Cette note permettra au lecteur de comprendre l'importance de la première année dans la problématique de l'ajustement académique, de cerner plus clairement ce que nous entendons par adaptation de l'étudiant, mais également de mieux comprendre comment nous associons ce concept à la réussite, la persévérance et la transition. À la suite de cette note de cadrage, le livre se déclinera en six chapitres abordant chacun une approche particulière de la question de l'adaptation académique : (1) l'approche par facteurs isolés, (2) l'approche par modèles, (3) l'approche dynamique et temporelle, (4) l'approche contextuelle, (5) l'approche par la diversité des publics, et (6) l'approche par les dispositifs d'accompagnement de l'étudiant. Finalement, cet ouvrage se terminera par une conclusion proposant une réflexion critique et enrichissante sur la problématique de l'adaptation à l'enseignement supérieur. Cet ouvrage s'adresse donc à tous les acteurs de l'enseignement supérieur soucieux de favoriser la réussite de l'étudiant, sa persévérance ou son épanouissement. Ce livre s'adresse également plus généralement à toute personne désireuse de mieux comprendre le vécu de la transition vers l'enseignement supérieur et les défis qui s'y rapportent.

Le premier chapitre de ce livre introduira **l'approche par facteurs isolés**. Il sera question d'une synthèse des principales variables documentées dans la littérature comme ayant un effet sur la réussite et la persévérance de l'étudiant en première année. En effet, la plupart des études qui ont été réalisées sur l'adaptation se sont focalisées sur le rôle et l'influence de facteurs pris isolément et indépendamment les uns des autres. La question à laquelle répondra ce chapitre sera la suivante : ***quels sont les différents facteurs impliqués dans le processus d'adaptation à l'enseignement supérieur ?*** Ainsi, quatre catégories de facteurs seront abordées : les caractéristiques d'entrée, l'environnement social, les croyances motivationnelles et l'engagement de l'étudiant. Le poids respectif des différentes variables incluses dans ces catégories sur la réussite et la persévérance de l'étudiant sera également discuté afin d'esquisser un portrait des principaux facteurs d'adaptation de l'étudiant. Ce chapitre démontrera également les limites d'une approche par facteurs isolés et l'importance d'une compréhension multifactorielle de la transition vers l'enseignement supérieur.

Le deuxième chapitre abordera **une approche par modèles**. En contrepied de l'approche par facteurs isolés, certains chercheurs ont voulu rendre compte de la complexité du phénomène et des interrelations entre les facteurs. Plusieurs visions de l'adaptation plus intégratives ont alors été proposées. La question abordée ici sera la suivante : ***comment, d'après les modèles théoriques, les facteurs isolés s'intègrent-ils à un processus complexe d'adaptation ?*** Plus précisément, quatre catégories de modèles théoriques feront l'objet d'une attention particulière : les modèles éducationnels, motivationnels, inclusifs et de transition. Les principaux auteurs et théories contemporaines de l'éducation seront alors abordés. Les apports complémentaires de ces différentes conceptualisations seront progressivement développés et discutés au sein de ce chapitre qui se conclura en posant un regard holistique tentant d'intégrer ces différents apports dans une modélisation unifiée de l'adaptation dans l'enseignement supérieur.

Une **approche dynamique et temporelle** de l'adaptation sera introduite dans le troisième chapitre. Derrière cette approche apparaît l'idée qu'un parcours d'étudiant n'est pas aussi linéaire et facilement prévisible que ce que le laissent présager de nombreuses études. La question à laquelle ce chapitre tentera de répondre est la suivante : ***comment se déroule le processus d'adaptation durant la première année ?*** L'objectif ne sera pas ici de dépasser la précédente approche par modèles, mais de comprendre la manière dont les résultats des recherches peuvent être posés dans le déroulement temporel d'une première année dans l'enseignement supérieur. Concrètement, il sera d'abord question de recherches s'intéressant aux moments et évènements clefs d'une année académique qui ont un impact sur l'adaptation de l'étudiant. Certaines périodes temporelles et certains événements seront alors pointés comme autant de points de vigilance pour les acteurs de la réussite. Ce point permettra également de mettre en lumière le caractère essentiellement dynamique du processus d'adaptation. Ceci nous servira de transition vers le second volet de ce chapitre qui traitera de l'interaction dynamique entre les différentes variables intégrées dans le processus d'adaptation de l'étudiant. Une discussion sera alors initiée sur l'ambivalence de certaines variables, telles que l'intérêt, la confiance en soi, l'engagement et l'intégration sociale, quand elles sont analysées dans la complexité du déroulement de la première année. Ce second volet nous permettra de mettre en garde le lecteur face aux risques d'une promotion de certains facteurs d'adaptation ne considérant pas l'aspect complexe et dynamique des interactions inhérentes au processus d'adaptation.

Le quatrième chapitre privilégiera une **approche par contextes** de l'adaptation. Les variations contextuelles seront étudiées et permettront de comprendre le rôle du contexte dans le parcours d'un étudiant. ***Dans***

quelle mesure le processus d'adaptation varie-t-il en fonction du programme d'études, de l'institution et du système éducatif dans lequel l'étudiant a entamé ses études supérieures ? En cherchant à répondre à cette question, nous mettrons en évidence l'importante variation des caractéristiques de l'environnement supérieur d'un pays à l'autre (volet macro), d'une institution à l'autre et d'une faculté à l'autre (volet méso). Concrètement, ce chapitre sera introduit par une description des différentes politiques d'accès à l'enseignement supérieur et de leurs incidences sur l'adaptation de l'étudiant. Ensuite, nous exposerons plusieurs travaux ayant tenté de quantifier l'importance des variations de contextes dans l'adaptation à l'enseignement supérieur notamment à un niveau facultaire. Ce chapitre sera également l'occasion de réfléchir plus globalement à l'importance du contexte et à la façon dont un acteur de la réussite peut modifier ce contexte pour favoriser une bonne adaptation de l'étudiant.

Le cinquième chapitre abordera la question du rôle de l'hétérogénéité grandissante de la population étudiante en ciblant l'**approche centrée sur l'étudiant**. Cette approche s'intéresse aux spécificités individuelles et aux différents groupes typiques d'étudiants. L'objectif est d'identifier comment se différencie le processus de transition en fonction des spécificités et caractéristiques propres de chaque étudiant. La principale question posée sera alors : ***dans quelle mesure le processus d'adaptation varie-t-il en fonction du profil de l'étudiant ?*** Dans ce cadre, certaines recherches se sont intéressées aux différences interindividuelles en matière d'adaptation à l'enseignement supérieur et ont notamment mené à l'élaboration de profils d'étudiants. Plus précisément, nous nous focaliserons sur les caractéristiques individuelles de l'étudiant en postulant qu'il n'existerait pas un processus unique d'adaptation, mais une multitude de processus différents en fonction des spécificités de chaque étudiant et des différents types d'étudiants entrant à l'université. Notre propos sera structuré en quatre points. Tout d'abord, nous présenterons des recherches ayant mis en évidence différents profils d'orientation et de construction du choix d'études avant de rentrer à l'université. Au-delà de l'intérêt de ces profils pour comprendre l'adaptation de l'étudiant, leur identification permettra de rendre saillante l'importance de l'orientation vocationnelle. Afin d'approfondir ce point, nous aborderons dès lors les facteurs qui sont liés à l'orientation d'un jeune et les théories sous-jacentes qui s'y rapportent. Ensuite, nous nous concentrerons sur l'analyse des profils d'étudiants à l'entrée des études universitaires. Les recherches présentées exposeront des profils tenant notamment compte du passé scolaire de l'étudiant, de son niveau socio-économique, de sa motivation et de son processus de choix d'études. Ces travaux nous permettront de questionner l'impact de ces profils sur l'adaptation des étudiants durant l'année. D'autres recherches s'intéressant aux profils motivationnels et cognitifs des étudiants seront alors présentées. Un troisième point abordera par exemple les différents profils d'apprentissage des étudiants et le dernier point investiguera la question de la diversité par le biais des situations de handicap.

Le sixième chapitre présentera **une approche centrée sur les actions de soutien** à l'adaptation de l'étudiant. La question posée sera alors : ***comment pouvons-nous efficacement soutenir l'étudiant dans son adaptation à l'enseignement supérieur ?*** Pour ce faire, le chapitre sera structuré selon la logique des approches précédemment développées. Ainsi, plusieurs dispositifs d'accompagnement des étudiants proposés en Belgique francophone seront présentés. Les premiers concerneront le soutien de facteurs isolés, les seconds seront des dispositifs d'approche globale soutenant différents facteurs en interaction, les troisièmes considéreront l'importance temporelle et les derniers seront inclus dans une réflexion précise sur le contexte d'intervention. Ces différents dispositifs d'accompagnement nous permettront finalement de réfléchir à la considération de la diversité étudiante dans les actions pouvant être mises en place pour favoriser l'adaptation à l'enseignement supérieur. Un dernier point proposera également une réflexion sur l'effet que l'on peut attendre de différentes actions de soutien, les potentiels écueils de leur mise en place et soulèvera d'importantes considérations pour proposer des actions de soutien de meilleure qualité.

Finalement, **la conclusion** reviendra sur les principales approches abordées en mettant en lumière les apports de chacune. Elle introduira également une réflexion critique concernant la visée même de l'enseignement supérieur. Plus précisément, cette conclusion sera l'occasion de questionner le concept même d'adaptation à l'enseignement supérieur, la part de contrôle de l'acteur de la réussite dans ce processus et les risques d'une promotion effrénée de la bonne adaptation de l'étudiant.

Comment lire cet ouvrage ?

Deux modes de lectures peuvent être adoptés pour lire cet ouvrage. Un mode de lecture classique est tout à fait adapté en suivant la réflexion proposée chapitre par chapitre et en montant progressivement en complexité, en spécificité et en terminant par le chapitre consacré à la mise en application des réflexions menées en amont. Le lecteur peut également décider d'entamer la lecture de ce livre par le dernier chapitre consacré aux dispositifs de soutien à l'adaptation. En effet, ce dernier chapitre présente des dispositifs et formule des conseils concrets en faisant le lien avec les propos tenus dans les cinq précédents chapitres. De nombreux renvois seront alors faits vers les chapitres 1 à 5, ce qui permettra aux lecteurs de ponctuellement réorienter leur lecture afin d'obtenir un complément théorique d'informations. Quel que soit le sens de lecture choisi, nous espérons que les propos tenus pourront être inspirants et mener plus loin la réflexion sur cette importante question qu'est la transition vers l'enseignement supérieur.

Note de cadrage

Cette note permet de revenir sur des éléments fondateurs de réflexion lorsque nous nous questionnons sur l'adaptation de l'étudiant dans sa transition vers le monde de l'enseignement supérieur. Pourquoi tant d'études se focalisent sur la première année et quelles en sont les difficultés principales ? Comment pouvons-nous comprendre la notion d'« adaptation académique », utilisée comme terme fédérateur tout au long de cet ouvrage ? Cette note permettra de cerner plus clairement ce que nous entendons par adaptation de l'étudiant, mais également de mieux comprendre comment nous associons ce concept à la réussite, la persévérance et la transition.

1. L'importance de la première année dans l'enseignement supérieur

Lorsque nous parlons de l'adaptation de l'étudiant à l'enseignement supérieur, notre propos renvoie souvent à l'expérience de la première année. Cette année est pointée comme étant la plus décisive et comme constituant une période charnière qui déterminera la réussite future de l'étudiant. Mais cette conception largement acceptée a-t-elle réellement une raison d'être ? Si oui, pour quelles raisons la première année est-elle si importante dans le parcours de l'étudiant ?

Tout d'abord, la première année incarne une période sensible puisqu'elle constitue un moment de transition durant lequel l'étudiant va être confronté à ses premières expériences dans le monde universitaire (Mayhew *et al.*, 2016 ; Purnell, 2002 ; Terenzini *et al.*, 1994). En effet, comme nous l'avons évoqué dans l'introduction de ce livre, le passage de l'enseignement secondaire à l'enseignement supérieur s'accompagne de nombreuses ruptures qui représenteront autant de difficultés d'adaptation pour l'étudiant (Chemers *et al.*, 2001 ; Perry *et al.*, 2001 ; Trautwein et Bosse, 2017). Dans ce contexte, certains auteurs ont tenté de détailler l'ensemble des changements et nouvelles exigences auxquels l'étudiant est confronté en première année. Par exemple, les auteurs allemands Trautwein et Bosse (2017) ont recensé une trentaine d'exigences critiques que l'étudiant avait à gérer lors de la première année. Ces exigences sont réparties en quatre catégories – les exigences de contenu, sociales, personnelles et administratives – et sont présentées dans le tableau 1. La mise en évidence de ces exigences critiques démontre la complexité de l'adaptation de l'étudiant en première année, et ce de par les nombreuses nouveautés auxquelles l'étudiant devra s'ajuster. Notons que cette taxonomie a récemment démontré son intérêt dans la compréhension du vécu de la première année dans d'autres pays tels que la Belgique (Dangoisse *et al.*, 2020 ; De Clercq, Van Meenen *et al.*, 2020 ; Van Meenen *et al.*, 2021) et la France (De Clercq et Perret, 2020). Cette taxonomie et le questionnaire qui l'accompagne (Questionnaire des Obstacles Académiques, De Clercq, Van Meenen *et al.*, 2020) constituent des outils intéressants pour accompagner l'étudiant, et ce pour deux raisons. Tout d'abord, la taxonomie lève le voile sur un ensemble de difficultés concrètes qui représenteront autant de voies d'action et d'échange avec l'étudiant. Ensuite, cette taxonomie incite à ne pas concentrer la responsabilité d'une bonne adaptation académique sur l'étudiant. En effet, l'identification des obstacles permet également de suggérer des changements institutionnels pour les réduire.

Tableau 1. Taxonomie des exigences critiques pour les étudiants de première année à l'université (Trautwein et Bosse, 2017)

De contenu	Personnelles	Sociales	Administratives
S'ajuster au rythme et aux exigences académiques	Gérer la charge de travail	Construire des relations avec les pairs	S'orienter, sélectionner les cours
S'adapter au mode d'enseignement	Suivre les cours	Collaborer	Trouver et utiliser les services d'information et de support
Identifier les standards d'évaluation	Planifier ses moments d'étude	Interagir avec les acteurs académiques	Faire face aux exigences administratives
Acquérir un langage académique	Trouver un mode d'apprentissage	S'ajuster au climat social	Concilier les domaines d'études et les cours
Développer des compétences académiques	Gérer la pression et le stress des examens	Défendre le choix d'études	Faire face aux conditions d'évaluation
Clarifier son choix d'études et ses intérêts	Autoévaluer ses performances et capacités		Faire face à la qualité d'enseignement et de supervision
Modifier ses attentes initiales	Gérer l'échec		Gérer les ressources et restrictions institutionnelles
Se fixer des buts professionnels	Faire face aux problèmes personnels et financiers		
	Équilibrer les différentes strates de sa vie		
	Trouver un logement		

C'est donc lors de la première année que l'étudiant va devoir réajuster l'ensemble de ses attitudes et de ses comportements pour cadrer avec les exigences du contexte de l'enseignement supérieur, sans quoi il ne pourra pas réussir son année. L'adaptation à la première année signifierait alors que l'étudiant a acquis les codes et compétences pour s'adapter à l'enseignement supérieur (Jansen et Bruinsma, 2005 ; Jansen et van der Meer, 2012).

Un autre élément qui justifie l'intérêt pour la première année dans l'enseignement supérieur concerne les taux d'échec et d'abandon qui y sont particulièrement élevés. Par exemple, en Belgique et en France, dans les formations universitaires non sélectives, ils s'élèvent à environ 60 %. Plus précisément, en Belgique, 22 % des étudiants abandonnent définitivement l'enseignement supérieur après la première année et 41 % se réorientent ou redoublent dans la filière échouée (ARES, 2020). En France, 27 % des étudiants de licence abandonnent et 29 % redoublent leur première année (Razafindratsima et Bonnevialle, 2019).

Ces taux seraient beaucoup plus faibles dans les années subséquentes, même si, d'un point de vue statistique, il est plus difficile d'obtenir des chiffres précis pouvant servir de point de comparaison aux taux connus en première année. En effet, la plupart des mesures réalisées se concentrent sur la première année universitaire. Néanmoins, d'anciens travaux de Van Haecht (1992) montrent que les étudiants ne seraient plus que 5 % à quitter l'enseignement universitaire en fin de deuxième année ; ce qui est cinq fois moins que les taux observés en première année. Des données plus récentes issues du service d'études de l'UCLouvain et collectées en 2016 rapportent qu'en deuxième année de bachelier, le taux d'échec s'approche des 25 %, et ce depuis près de 10 ans. Ce taux d'échec est de 15 % en troisième année également depuis près de 10 ans. Concernant les années de master, le taux d'échec avoisine également les 15 % entre 2011 et 2013. Ces taux sont bien moindres que ceux observés en première année. Cela renforce donc l'idée que la première année revêt un rôle important et a une incidence sur la réussite de l'ensemble du parcours de l'étudiant. Notons toutefois que le taux de 25 % d'échec observé en deuxième année reste conséquent. Si une attention particulière doit être portée à la première année, il ne faut pas pour autant négliger ce qui se passe durant la suite du parcours étudiant. En dernière année, par exemple, des travaux menés en Belgique francophone ont montré que 17 % des étudiants ne remettaient pas leur mémoire de fin d'études dans les délais fixés par l'institution et devaient donc se réinscrire une fois de plus (Dupont, 2013). Par ailleurs, il est possible que les étudiants entrant plus tardivement dans le monde universitaire (étudiants passerelles[2], adultes en reprise d'études...) soient confrontés aux mêmes besoins d'ajustement que les étudiants de première année. Ce public pourrait également souhaiter bénéficier d'un travail de

---

[2] Un étudiant passerelle est un étudiant effectuant un master à l'université après avoir été diplômé de l'enseignement supérieur de type court.

soutien à la réussite. Finalement, certains travaux posent la question de la réussite et de la persévérance à l'université auprès d'un public tout autre, les doctorants (Devos *et al.*, 2016 ; Wollast *et al.*, 2018) en montrant aussi des taux importants d'abandon. Ainsi, même si la première année peut être conçue comme étant au cœur des problèmes d'ajustement dans le supérieur, cette problématique est plus large et peut être analysée par d'autres portes d'entrée.

2. Historique de la réflexion sur la transition vers l'enseignement supérieur

Difficile aussi de dissocier ces questions de la décennie durant laquelle elles se posent : parler de réussite et d'échec dans les années 2020 ou dans les années 2000 ou 1980 ne renvoie pas aux mêmes réalités. En effet, l'enseignement supérieur a évolué dans ses contextes, ses publics et ses préoccupations. Il s'est largement massifié et son public s'est diversifié (Gale et Parker, 2014).

L'enseignement supérieur a longtemps été l'exclusivité d'une population spécifique, privilégiée et peu diversifiée (Finnie *et al.*, 2011). La question de la transition ne se posait pas de la même façon. Un premier courant de recherches était alors axé sur la compréhension des déterminants de l'échec à l'université afin de déterminer les facteurs qui permettraient d'identifier les individus à même de réussir à l'université. Beaucoup de recherches ont donc été menées sur les tests d'aptitudes cognitives ou tests de sélection, comme le célèbre SAT en Amérique (Fuertes et Sedlacek, 1994). Une place importante était laissée aux déterminants stables et fixes de l'échec, tels que le genre, la personnalité, l'intelligence ou encore le niveau socio-économique. Progressivement, avec la massification de l'enseignement supérieur, la focale a évolué vers une compréhension non déficitaire de l'adaptation de l'étudiant. Les recherches ont renversé la tendance et tenté de comprendre ce qui favorisait la réussite des étudiants et non ce qui déterminait leur échec. Corollairement, à partir des années 2000, une place plus importante a été laissée aux variables psychosociales plus instables et ajustables, telles que la motivation, l'intégration sociale, l'engagement ou les émotions (Dollinger *et al.*, 2008 ; Robbins *et al.*, 2004 ; Neuville, Frenay *et al.*, 2013). L'idée que l'étudiant avait un réel pouvoir d'agir sur sa réussite s'est renforcée avec celle que l'enseignement supérieur pouvait également agir (autrement que par la sélection) pour favoriser cette réussite. C'est ainsi que certaines recherches ont progressivement mis en avant la plus grande complexité de la transition. Les études ne se sont plus uniquement focalisées sur la réussite ou la persévérance, mais sur une vision plus complexe de la transition considérant également les objectifs multiples de l'étudiant. Ces études ont alors commencé à parler d'ajustement académique ou d'adaptation académique (van Rooij *et al.*, 2018 ; Wasylkiw, 2016). C'est dans cette perspective que se situe cet ouvrage. Nous parlerons au sein de ce livre essentiellement d'adaptation académique. Cette posture signifie que nous ne nous focaliserons pas uniquement sur la réussite de l'étudiant en termes de performance ou sur sa persévérance au sein de ses études. Ces deux concepts ont des limites et ne permettent pas de capturer l'ensemble du vécu étudiant (De Clercq, Roland *et al.*, 2014). Nous parlerons plutôt d'adaptation dans sa notion évoquée plus haut de capacité de l'étudiant à surmonter les obstacles de la transition vers l'enseignement supérieur pour y persévérer, y performer et s'y épanouir. De plus, nous privilégierons le concept d'adaptation à celui d'ajustement. En effet, nous proposons de comprendre l'adaptation comme un processus pouvant également être constructif et transformateur de l'environnement. En ce sens, le terme adaptation laisserait davantage d'ouverture à une évolution de l'étudiant et de l'enseignement supérieur. À contrario, le terme ajustement accentuerait l'idée de la nécessité de l'étudiant à se conformer aux exigences d'un environnement stable et immuable. Comme nous le préciserons par la suite, nous montrerons qu'il existe deux façons de faciliter la transition vers l'enseignement supérieur : en renforçant le pouvoir d'action de l'étudiant ou en faisant évoluer le contexte de l'enseignement supérieur pour en réduire les contraintes et les difficultés.

Cet ouvrage, en croisant des recherches sur la réussite, la persévérance, l'échec et l'épanouissement de l'étudiant dans l'enseignement supérieur, a l'ambition de fournir une vision plus nuancée de l'expérience de la première année qui dépasse une simple notion de rétention ou de performance. Il vise également à ne pas considérer l'étudiant comme l'acteur unique de son adaptation et à montrer l'importance du travail sur les éléments contextuels qui caractérisent l'enseignement supérieur. Au travers de cet ouvrage, le lecteur sera donc confronté à cette diversité de littérature lui permettant de comprendre l'importance de dresser un portrait multifactoriel et dynamique du processus d'adaptation qui tient compte du rôle de l'individu, du contexte et du déroulement temporel de la première année. Cette meilleure compréhension sera utile pour identifier des leviers d'action individuels et contextuels efficaces pour faciliter cette transition.

Chapitre 1.
L'approche par facteurs isolés

1. Introduction

Tout au long de ce chapitre, nous ferons un état des lieux des différents facteurs qui peuvent avoir une incidence sur l'adaptation de l'étudiant dans le supérieur. Nous tenterons ainsi de répondre à la question suivante : « **Quels sont les différents facteurs impliqués dans le processus d'adaptation à l'enseignement supérieur?** ». Pour ce faire, nous présenterons ce que nous apprend la littérature internationale à ce propos afin de permettre au lecteur d'avoir une vue d'ensemble des différents facteurs de l'adaptation en première année.

Dans un souci de clarté, nous avons regroupé ces facteurs en quatre catégories (voir Figure 1) : les caractéristiques d'entrée de l'étudiant, l'environnement social, les croyances motivationnelles et l'engagement.

Les **caractéristiques d'entrée** sont constituées d'un ensemble de facteurs relativement stables de l'étudiant : son genre, son âge, son statut socio-économique, son origine ethnique, son passé scolaire ou encore le processus de choix des études. Ceux-ci sont en quelque sorte le « bagage » avec lequel l'étudiant intègre l'enseignement supérieur. L'**environnement social** comprend les différents acteurs sociaux qui sont présents dans la vie de l'étudiant : les professeurs, les pairs et la famille. Les **croyances motivationnelles** représentent un ensemble de croyances qui soutiennent et dirigent les actions de l'étudiant : son sentiment d'efficacité personnelle, la valeur qu'il attribue à ses études ainsi que ses attentes de succès, les buts qu'il poursuit durant ses études et sa motivation intrinsèque et extrinsèque. L'**engagement** est la catégorie qui rassemble les actions mises en œuvre par l'étudiant pour répondre aux exigences et attentes de l'enseignement supérieur. Le terme action est ici utilisé pour parler des comportements, des émotions et des cognitions qui reflètent la qualité de l'investissement académique de l'étudiant (Skinner *et al.*, 2009).

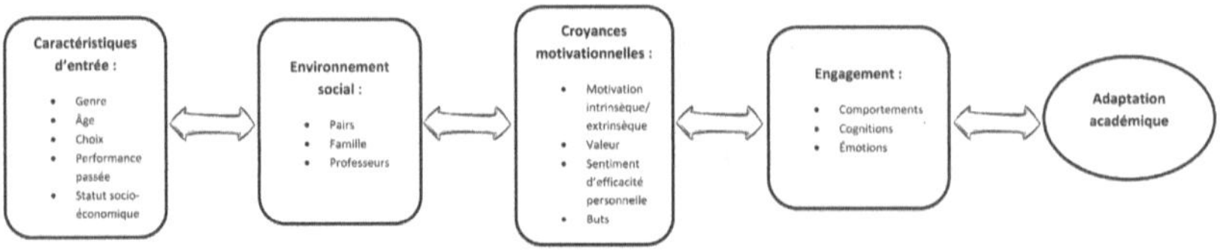

Figure 1: Proposition de classification des principaux facteurs individuels d'adaptation à l'enseignement supérieur

2. Les caractéristiques d'entrée

Les facteurs d'entrée constituent des éléments relativement stables avec lesquels l'étudiant va entrer à l'université. Nous détaillerons ici six facteurs importants : le genre, l'âge, le statut socio-économique, l'origine ethnique, le passé scolaire et le processus de choix d'études.

2.1. Le genre

Le lien entre le genre et certains des indicateurs de l'adaptation de l'étudiant, tels que la persévérance ou la réussite, a été beaucoup étudié dans la littérature.

Nous constatons que les résultats des recherches qui tentent de comprendre la relation entre le genre et la persévérance sont assez variables (Burrus *et al.*, 2013). D'un côté, certaines recherches affirment que les femmes persévèrent davantage à l'université que les hommes (Astin, 1975 ; Peltier *et al.*, 1999 ; Vermandele *et al.*, 2012). Cette différence est généralement peu importante comme l'a montré une étude menée aux États-Unis auprès de 147 999 étudiants (Mattern et Patterson, 2009) et selon laquelle les femmes persévéraient seulement légèrement plus que les hommes (86.3 % *versus* 85.7 %). Cependant, certaines recherches ont observé que l'effet du genre sur la persévérance disparaissait lorsque l'on prend en compte également d'autres variables telles que le programme de cours suivis ou le type d'institution choisis (St. John *et al.*, 2001). Enfin, des études ont mis en évidence que le genre interagissait avec des variables sociodémographiques telles que l'origine ethnique, le nombre d'enfants, etc. pour prédire la persévérance (ex. : Leppel, 2002 ; Murtaugh *et al.*, 1999). Dans ce cadre, une étude menée en Belgique par Roland *et al.* (2017) a montré que l'effet du genre sur le processus d'adaptation à l'université variait en fonction du niveau d'études des parents.

L'association entre le genre et la réussite est également bien établie ; les filles réussissent proportionnellement mieux que les garçons (Lekholm et Cliffordson, 2008 ; Van den Berg et Hofman, 2005). Cet effet pourrait s'expliquer par les différences d'engagement entre filles et garçons (De Clercq, Galand, Dupont *et al.*, 2013 ; Hackett *et al.*, 1992). Selon Jansen et Bruinsma (2005), le genre a un effet direct sur les stratégies d'étude employées et l'investissement dans le cursus. Ces auteurs montrent que les filles étudient de façon plus efficace (meilleure gestion du temps, emploi de stratégies en profondeur) et sont plus impliquées dans leurs études que les garçons.

2.2. L'âge

Les résultats relatifs à l'âge sont relativement incohérents sur la valence de la relation entre l'âge et l'adaptation à l'enseignement supérieur. Ainsi, certaines études ont montré que les étudiants plus âgés s'adaptaient mieux à l'université (p. ex. Clifton *et al.*, 2008). Les auteurs expliquent cela par le fait qu'avec l'âge les gens accumulent de l'expérience de vie, qu'ils sont plus matures, qu'ils ont appris à gérer plus facilement les situations difficiles et qu'ils s'adaptent donc mieux à l'environnement académique et social de l'université. L'âge aurait ainsi un impact sur une série de variables psychosociales, telles que les stratégies de coping, le contrôle académique, le sentiment de compétence, etc., ce qui favoriserait leur adaptation dans les études supérieures.

D'autres recherches ont au contraire révélé que l'âge était un facteur défavorable à l'adaptation dans les études supérieures (p. ex. Farsides et Woodfield, 2007). Richardson et ses collègues (2012) ont d'ailleurs observé, dans de nombreuses études, une relation négative faible entre l'âge et la réussite. Ce faible effet pourrait en partie s'expliquer par la plus grande crainte de l'échec qu'auraient les étudiants plus âgés (Bruinsma, 2004). Cette crainte de l'échec pourrait être due aux expériences de redoublement que certains de ces étudiants ont vécues durant leur cursus scolaire et qui expliquent leur âge plus avancé. Parmi les étudiants « plus âgés », on retrouve également les adultes en reprise d'études. Il s'agit d'étudiants qui reprennent des études après avoir travaillé plusieurs années. Ils ont en général au moins 25 ans (Justice et Dornan, 2001 ; Kasworm, 2005) et, contrairement aux étudiants traditionnels, la majorité d'entre eux travaille, vit en couple, la moitié de ces adultes en reprise d'études est parent d'au moins un enfant (Nils, 2005). De ce fait, ils ne peuvent généralement pas consacrer autant de temps à leurs études que les étudiants plus jeunes. Cela pourrait donc expliquer ces différences observées. Une étude belge (Van Meenen *et al.*, 2021) a d'ailleurs comparé les difficultés que pouvaient vivre spécifiquement les étudiants adultes par rapport aux étudiants dits « traditionnels ». Cette étude montre que les adultes en reprise d'études exprimeraient plus de difficultés à s'approprier le langage et la méthode scientifique propres à l'université, à combiner leurs études aux autres strates de leur vie et à gérer la pression et le stress inhérents aux études. A contrario, ces étudiants adultes auraient plus de facilités à gérer les relations avec les enseignants et à saisir l'utilité ou la portée pratique des cours enseignés. Ces différents travaux mettent en lumière toute la complexité qui existe dans la relation entre l'âge et l'adaptation dans les études supérieures.

2.3. Le statut socio-économique

Le statut socio-économique est également un prédicteur important de l'adaptation à l'enseignement supérieur. Dans la littérature, il est opérationnalisé via deux éléments : le niveau d'études des parents et leurs revenus. Bien que le décrochage des études puisse toucher n'importe quelle catégorie de jeunes, il concernerait principalement les jeunes ayant un statut socio-économique faible. De nombreuses études ont, en effet, démontré que le statut socio-économique d'un jeune influence la probabilité qu'il recommence ses études en cas d'échec, c'est-à-dire qu'il persévère (Burrus *et al.*, 2013 ; Cabrera *et al.*, 2012). Dans ce cadre, les travaux de Robbins *et al.* (2004) révèlent une corrélation significative entre le statut socio-économique et la persévérance.

Plus précisément, certaines études ont observé que les étudiants dont les parents n'ont pas de diplôme universitaire persévéraient moins que les autres (Dowd et Coury, 2006 ; Ishitani, 2003, 2006 ; Lohfink et Paulsen, 2005 ; Sibulkin et Butler, 2005 ; Yakaboski, 2010). Vermandele *et al.* (2012) ont montré quant à eux que, face à un échec en première année à l'université, le nombre d'étudiants qui recommencent leur année (et donc qui persévèrent) est supérieur chez ceux dont le père est universitaire. Cependant, ces différences entre les étudiants ayant au moins un de leurs parents diplômé et ceux n'ayant pas de parents diplômés n'ont pas été observées dans toutes les études. Ainsi, Chen et Carroll (2005) ou encore Kamanzi *et al.* (2010) n'ont pas remarqué de différence significative de persévérance entre ces deux catégories d'étudiants. Otero et ses collègues (2007) ont mis en évidence qu'il existerait une relation négative entre la persévérance à l'université et la scolarité du père, alors qu'elle est positive pour la scolarité de la mère.

Concernant les revenus, McCauley (1988) a quant à lui soutenu qu'ils n'étaient pas significativement reliés à la persévérance chez les étudiants. Otero *et al.* (2007) ont montré que la relation entre les revenus de la famille et la rétention à l'université était négative.

Notons toutefois que la relation entre le statut socio-économique et la persévérance semble plus complexe que ce que les études présentées jusqu'à présent l'ont laissé entendre. Ratelle *et al.* (2005) suggèrent par exemple que le statut socio-économique des parents serait indirectement relié à la persévérance universitaire. Ils ont en effet montré que le soutien des parents à l'autonomie de leur enfant médiait cette relation. Westrick et Robbins (2012) ont quant à eux observé que la relation entre le statut socio-économique et la persévérance était médiée par les points en première année. Dans le même ordre d'idées, Paulsen et St. John (2002) ont montré que les femmes issues de familles avec des revenus bas avaient moins de chance de persévérer que les hommes. De même, l'ensemble de ces résultats, parfois contradictoires, peuvent être expliqués et nuancés par une étude belge de Roland *et al.* (2017) qui soutient que l'effet du diplôme des parents sur l'adaptation dans les études supérieures varierait en fonction d'une série d'autres variables, dont le genre de l'étudiant. Par exemple, les femmes dont au moins un des deux parents a un diplôme de l'enseignement supérieur ont plus de chance de persévérer que les hommes, peu importe le diplôme de leurs parents.

Le lien entre réussite et niveau socio-économique apparaît également dans la littérature. Cet effet reste d'ailleurs important même si nous considérons l'effet des performances passées et de la motivation de l'étudiant.

Plusieurs explications de cette association ont été proposées. Pour Hart et Risley (1995), les parents dont le niveau socio-économique est élevé utilisent un vocabulaire plus diversifié lors des interactions qu'ils ont avec leur enfant, et cette diversité est un prédicteur de la réussite scolaire et académique future. Pour Duru-Bellat (2002), ces parents éveillent plus la curiosité de leurs enfants en mettant à leur disposition un ensemble de ressources (livres, réseau social des parents, ordinateurs) et en les encourageant dans la voie de l'apprentissage. D'autres auteurs (Sackett *et al.*, 2009 ; Zwick et Green, 2007) suggèrent que les étudiants de niveau socio-économique faible ont réalisé leur scolarité dans de moins bons établissements secondaires et sont donc moins bien préparés aux exigences de l'enseignement supérieur. Une autre étude menée en Belgique par Galdiolo *et al.* (2012) a montré que le diplôme des parents est corrélé au choix des établissements scolaires, aux options suivies par les enfants à l'école, ainsi qu'à la maîtrise de certains prérequis attendus à l'entrée à l'université, ces variables intervenant ensuite comme prédicteurs de la réussite en première année d'études. Ces auteurs démontrent donc que l'effet de l'origine sociale sur la réussite est partiellement déterminé par une différence de parcours éducatifs. Sous l'appellation d'effet établissements et d'effet options, Galdiolo *et al.* (2012) expliquent que : « en fonction de leur origine sociale, les jeunes s'orientent vers des établissements d'enseignement secondaire qui les préparent inégalement aux études universitaires et choisissent des options qui influencent aussi leur réussite en première année » (p. 16). La qualité de l'expérience scolaire et familiale expliquerait donc en partie ce lien entre le niveau socio-économique et la réussite des étudiants dans l'enseignement supérieur.

Notons toutefois que l'effet causal du niveau socio-économique sur l'adaptation est discuté dans la littérature. Par exemple, Marks (2020) affirme que le niveau socio-économique n'aurait en réalité pas d'effet significatif sur la réussite. Plus précisément, selon ses travaux, l'effet du niveau socio-économique disparaîtrait lorsque les performances passées, le niveau d'intelligence du jeune et celui de ses parents sont inclus dans l'analyse (Marks, 2020).

2.4. L'origine ethnique

L'origine ethnique est une variable qui a surtout été mesurée dans des recherches américaines et dont les résultats et les présupposés sont assez controversés. En effet, certaines recherches affirment que l'origine ethnique est un bon prédicteur de l'adaptation, supposant ainsi que les êtres humains, en fonction de leurs origines, ne seraient pas égaux face aux études. Ce positionnement a beaucoup fait débat. Nous tenons toutefois à présenter quelques-uns des résultats présents dans la littérature puisqu'il s'agit d'un champ qui a suscité l'intérêt de nombreux chercheurs.

Plusieurs recherches ont montré que l'origine ethnique était liée à l'adaptation dans l'enseignement supérieur (ex. : Astin, 1997 ; Leppel, 2002 ; Peltier *et al.*, 1999 ; Reason, 2003). De manière générale, les recherches indiquent que les Asio-Américains et les étudiants caucasiens sont plus enclins à persévérer que les étudiants d'une autre minorité raciale (ex. : Kao et Thompson, 2003 ; Murtaugh *et al.*, 1999). Dans le même ordre d'idées, Astin *et al.* (1987) ainsi que Porter (1989) ont observé que le taux de persévérance chez les minorités était faible, et ce, particulièrement chez les Afro-Américains et chez les Hispaniques.

Cependant, ces résultats ont fait couler beaucoup d'encre, d'autant plus que ces recherches tendent à oublier le lien ténu qui existe, notamment, entre l'origine ethnique et le statut socio-économique, les résultats en secondaire, etc. Ainsi, d'autres recherches ont soutenu que la relation entre l'origine ethnique et l'adaptation était plus complexe qu'elle n'y paraissait au premier abord (Burrus *et al.*, 2013). Murtaugh *et al.* (1999) ont par exemple montré que les différences en termes de persévérance selon l'origine ethnique disparaissaient lorsque l'on tient compte des points en secondaire. Enfin, certains chercheurs suggèrent que l'impact de l'origine ethnique sur l'adaptation est tout simplement lié au statut socio-économique souvent plus bas des minorités (De Luigi et Martelli, 2015).

2.5. Le passé scolaire

De nombreuses études ont mis en évidence que les résultats scolaires passés prédisaient l'adaptation universitaire (Allen *et al.*, 2008 ; DeBerard *et al.*, 2004 ; Nora *et al.*, 1996 ; Pascarella et Terenzini, 2005 ; Porchea *et al.*, 2010 ; Robbins *et al.*, 2004). Le passé scolaire fait référence aux acquis scolaires, mais également aux résultats scolaires obtenus en secondaire. Plusieurs auteurs ont d'ailleurs affirmé que la performance passée était le prédicteur le plus puissant de la réussite dans l'enseignement supérieur (Allen *et al.*, 2008 ; Dollinger *et al.*, 2008 ; Perry *et al.*, 2001 ; Vandamme *et al.*, 2005). En Belgique, une étude intégrative a également montré que les performances passées étaient toujours un prédicteur important de la réussite même en tenant compte d'une trentaine d'autres variables (De Clercq, Galand, Dupont *et al.*, 2013). Au-delà de ses capacités intellectuelles générales, ce sont les compétences et les connaissances que l'étudiant a acquises durant son parcours scolaire qui sont déterminantes pour sa réussite dans l'enseignement supérieur (Richardson *et al.*, 2012 ; Robbins *et al.*, 2004).

Vermandele *et al.* (2012) ont quant à eux souligné que, face à un échec en première année à l'université, le nombre d'étudiants qui recommencent leur année (c'est-à-dire qui persévèrent) est supérieur chez ceux qui ont obtenu leur certificat d'enseignement secondaire supérieur (CESS) à l'heure, c'est-à-dire chez les étudiants qui n'ont jamais recommencé une année dans l'enseignement secondaire. Ainsi, avoir toujours réussi dans le secondaire pousserait les jeunes à retenter leur chance en cas d'échec. Dans ce cadre, Ratelle *et al.* (2005) ont d'ailleurs mis en évidence un lien positif et significatif entre de bons résultats dans des disciplines scientifiques en secondaire et la persévérance dans des études universitaires scientifiques.

2.6. Le processus de choix d'études

Un certain nombre de travaux ont pointé l'importance d'un bon choix d'études pour l'adaptation de l'étudiant. Plus ce choix est étayé et basé sur de multiples sources d'information, plus l'étudiant en devenir développera des préconceptions précises et réalistes à propos du contexte de l'enseignement supérieur auquel il sera confronté (Biémar *et al.*, 2003). Cette idée est reprise par Thomas (2002) qui affirme qu'un étudiant qui aura développé des attentes complexes et précises s'ajustera mieux à l'université.

Les travaux de Germeijs et ses collègues (Germeijs et Verschueren, 2006, 2007 ; Germeijs *et al.*, 2012) montrent que l'exploration de l'environnement permettra à l'étudiant de construire des attentes précises et réalistes concernant l'enseignement supérieur. Ces auteurs conçoivent l'exploration comme l'ensemble des comportements mis en place par le jeune pour rassembler les informations nécessaires à une bonne connaissance des possibles futurs contextes d'études (Germeijs *et al.*, 2012). Néanmoins, cette variable est encore trop peu étudiée dans la littérature pour pouvoir se faire une idée claire de son importance.

3. L'environnement social

Au-delà des caractéristiques d'entrée, la littérature scientifique a également montré que l'environnement social de l'étudiant avait un impact déterminant sur son adaptation dans l'enseignement supérieur. Le rôle crucial du soutien social est compatible avec une perspective de réseaux selon laquelle les relations des étudiants avec les professeurs, les pairs ainsi que la famille, les amis, etc. contribuent à l'adaptation de l'étudiant (Astin, 1993 ; Kuh *et al.*, 2006 ; Pascarella et Terenzini, 2005 ; Tinto, 1993). Nous détaillerons donc ici les trois piliers les plus importants de l'environnement de l'étudiant : les professeurs, les pairs et la famille.

3.1. Les professeurs

Malgré un investissement parfois conséquent de la part des établissements du supérieur dans la formation des professeurs, il est paradoxal de constater que l'analyse de leur rôle sur la réussite étudiante est peu investiguée dans la littérature. Dans deux analyses très larges de la littérature sur la réussite à l'université (Richardson *et al.*, 2012 ; Robbins *et al.*, 2004), aucune étude sur le rôle joué par le professeur n'a été mentionnée. Les seuls indicateurs du rôle de l'enseignant se retrouvent chez des chercheurs américains qui ont étudié l'effet de la perception qu'ont les étudiants de leurs professeurs sur leur réussite et leur engagement (pour une synthèse de ces études, voir : Feldman, 1989, 2007 ; Marsh, 1987). Dans ce contexte, Feldman (2007) a recensé les comportements des professeurs qui étaient associés à la réussite des étudiants en première année. Les principaux indicateurs sont la préparation et la clarté du cours, la présentation d'objectifs clairs associés au cours, les encouragements, la disponibilité des enseignants, leur aide, leur enthousiasme et leur équité. Certains de ces comportements reflètent le soutien tel que conceptualisé par Weiss (1998) et dont il a été établi qu'il est associé à la performance des apprenants.

Plusieurs études ont en effet montré que le soutien perçu des professeurs était associé à la réussite académique des étudiants. Tinto (1997) a observé que des contacts positifs et fréquents entre le professeur et les étudiants étaient associés à une bonne intégration de ces derniers dans l'enseignement supérieur. Cette intégration est, à son tour, associée à la réussite en fin d'année. Selon Lagase-Vandercammen (2011), un enseignant soutenant l'autonomie, la compétence, l'affiliation et l'intérêt situationnel susciterait également davantage de motivation et d'engagement chez les étudiants. Ces quatre types de soutien seront davantage détaillés dans le chapitre 2 de cet ouvrage. À l'inverse, un professeur perçu comme non-soutenant ou non stimulant intellectuellement accroît les risques d'échec chez les étudiants (Etcheverry *et al.*, 2001). Des recherches menées en Australie confirment que la perception des professeurs et de l'environnement d'apprentissage est associée à la performance finale de l'étudiant (Lizzio *et al.*, 2002 ; Lizzio *et al.*, 2007).

Une étude réalisée en Belgique (De Clercq, Galand, Dupont *et al.*, 2013) indique cependant que la perception du professeur et de l'environnement d'apprentissage est moins importante que la motivation et l'engagement des étudiants. En d'autres termes, peu importe la perception de l'environnement si l'étudiant reste engagé et motivé dans ses études. Dans cette perspective, l'étude norvégienne de Diseth *et al.* (2010) a observé que la perception du professeur et du contexte d'enseignement avait surtout un effet sur les stratégies d'apprentissage mises en place par l'étudiant. Un professeur perçu comme soutenant, équitable et fixant des objectifs clairs amène les étudiants à tenter d'étudier leur cours plus en profondeur.

Outre les travaux sur les perceptions des pratiques d'enseignement, mentionnons également le rôle central du professeur en tant qu'acteur de l'évaluation de l'apprentissage de l'étudiant. En effet, le professeur déterminera majoritairement les attentes et exigences de son cours ainsi que les critères d'évaluation. Ces propos rejoignent les résultats de la littérature sur l'évaluation des apprentissages (Sambell *et al.*, 2012) montrant l'impact important du type d'évaluation sur l'adaptation et la réussite de l'étudiant. Nicol (2009) fait d'ailleurs état de l'importance du type d'évaluation (ex. : questionnaire à choix multiple, examen oral, travail de groupe, etc.) en première année dans la façon dont l'étudiant va s'engager comportementalement et cognitivement dans les cours.

Enfin, peu d'études ont été menées pour évaluer l'impact réel des pratiques des enseignants sur l'adaptation des étudiants (Duguet et Morlaix, 2012). Or, des auteurs tels que Galand *et al.* (2005) ont notamment suggéré qu'un des facteurs explicatifs de l'échec pourrait résider dans les pratiques enseignantes. Dans la même lignée, Romainville (2000) ainsi que Romainville et Michaut (2012) affirment que repenser les méthodes pédagogiques pourrait constituer une vraie solution dans la lutte contre l'échec. Enfin, Duguet (2014) a pu montrer que certaines pratiques pédagogiques, telles que l'organisation du cours ou l'interactivité générée par l'enseignant, ont un impact direct et significatif sur la réussite, mais également sur la manière d'étudier. Ces résultats ont été confirmés par de récentes études recensées par Schneider et Preckel (2017) qui identifient sept dimensions des pratiques comme particulièrement favorables à l'adaptation de l'étudiant : (1) la capacité à fournir du sens aux apprentissages enseignés ; (2) l'encouragement à l'interaction, au questionnement et à la remise en question ; (3) la capacité à présenter un contenu qui s'ajuste au niveau de l'étudiant ; (4) l'opportunité pour l'étudiant de faire des erreurs et d'apprendre de ces dernières ; (5) l'apprentissage par le jeu ou la réalité virtuelle ; (6) le travail en petits groupes et (7) la possibilité de recevoir des retours et feedbacks sur sa compréhension. Finalement, une étude menée auprès de cinq universités belges aux moyens d'analyses multi-niveaux montrent que la perception des pratiques d'enseignement pourraient expliquer plus de 25 % de la réussite étudiante (De Clercq et Jacquemart, 2022). L'enseignant aurait un impact positif sur l'étudiant essentiellement au travers de la provision de structure, de son éloquence et de sa considération positive de l'étudiant.

3.2. Les pairs

Lorsque l'étudiant intègre l'enseignement supérieur, il va se retrouver dans un environnement inconnu au sein duquel il va tenter de construire un nouveau réseau social. Cela va l'amener à rencontrer d'autres étudiants avec lesquels différents types d'interactions vont se construire. Des recherches ont montré que l'être humain avait tendance à être guidé par le principe d'homophilie, c'est-à-dire à être attiré par des gens qui lui ressemblent, dans le choix de ses relations sociales. Ce principe d'homophilie a d'ailleurs été étudié dans le contexte de la première année à l'université par De Clercq et Roland (2018). Ils ont remarqué que les étudiants se lient principalement d'amitié avec des jeunes qu'ils perçoivent similaires à eux. Nous reviendrons plus précisément sur cette étude dans le chapitre 3.

Avec les pairs, des comportements d'aide et de soutien peuvent s'observer. Le partage de moments plus festifs, la pratique d'un sport, l'implication dans des organismes associatifs vont permettre aux étudiants de construire des relations interpersonnelles positives. Inversement, certains étudiants vont vivre le rejet, la manipulation, la discrimination ou encore la rivalité. Ces différents comportements s'apparentent aux concepts d'intégration sociale et de soutien perçu des pairs dans la littérature.

D'après les travaux de Richardson *et al.* (2012) et de Robbins *et al.* (2004), de nombreuses études ont rapporté de faibles associations entre le soutien perçu des pairs et la réussite des étudiants de première année. Torres et Solberg (2001) ont montré qu'un étudiant entouré de pairs le conseillant, l'aidant et le rassurant est plus confiant dans ses capacités et moins stressé. Robbins *et al.* (2004) ont d'ailleurs observé une association particulièrement forte entre soutien perçu et sentiment d'efficacité personnelle. Dans cette idée, une étude de De Clercq, Galand, Dupont *et al.* (2013) a mis en évidence que le soutien perçu des pairs n'avait plus d'effet sur la réussite quand le niveau de motivation de l'étudiant était suffisant. Cela suggère que l'effet du soutien perçu des pairs sur la réussite ne serait pas direct, mais influencerait d'abord la motivation et la confiance en soi. De plus, certaines études montrent également que le soutien et l'intégration sociale ne sont pas toujours positifs (De Clercq *et al.*, 2018). L'étudiant très intégré dans un groupe faiblement impliqué dans les études risque de vivre cette intégration comme un obstacle à sa réussite. Nous en parlerons également davantage au chapitre 3.

3.3. La famille

L'étudiant dans l'enseignement supérieur est également entouré par sa famille qui va dans certains cas le motiver, l'encourager, l'aider directement et le rassurer sur sa valeur.

Selon Holahan et Moos (1981), le soutien de son entourage familial joue un rôle très important pour aider les jeunes adultes à s'adapter avec succès à l'université. Dans ce contexte, plusieurs études ont observé que le soutien familial influençait davantage les variables motivationnelles et émotionnelles que la réussite. En effet, Dennis *et al.* (2005) ont montré que, lorsque l'on tient compte de l'effet des variables sociodémographiques, des performances passées et de la motivation, le lien entre le soutien familial et la réussite disparaissait. Le soutien aurait alors un effet indirect sur la réussite au travers des variables motivationnelles. Cutrona *et al.* (1994) soutiennent aussi cette idée en démontrant que le soutien de la famille n'agirait pas directement sur la réussite, mais aurait un effet indirect via le sentiment d'efficacité personnelle. Torres et Solberg (2001) ont ainsi observé un lien fort entre le soutien familial perçu et le sentiment d'efficacité personnelle. Dans le même ordre d'idée, les travaux d'analyse de la littérature de Mattanah *et al.* (2011), intégrant des études menées dans les continents européens, asiatiques et américains, mettent en évidence un lien modéré entre le soutien familial perçu et l'adaptation des étudiants en première année d'études.

Enfin, selon les recherches de Roland *et al.* (2016), le soutien familial n'a pas toujours un effet si bénéfique sur l'adaptation de l'étudiant. En effet, cette recherche a montré que le soutien familial peut induire, volontairement ou non, une forme de pression sociale à mener à bien l'action pour laquelle la famille apporte son soutien. Ces propos seront développés davantage dans le chapitre 3 dans la section sur les effets ambivalents.

4. Les croyances motivationnelles

La littérature actuelle prend en compte les croyances globales des étudiants pour essayer de comprendre l'adaptation de l'étudiant (ex. : croyance d'efficacité personnelle, croyances motivationnelles, etc.). Ces croyances seraient de bons prédicteurs et pourraient amener à une meilleure compréhension de l'adaptation (ex. : Bandura, 1997 ; Eagly et Chaiken, 1993 ; Schwarzer, 2008 ; Wigfield et Eccles, 2000). Nous allons donc nous pencher sur plusieurs d'entre elles : le sentiment d'efficacité personnelle, la valeur perçue, les buts poursuivis et la motivation intrinsèque et extrinsèque.

4.1. Le sentiment d'efficacité personnelle

Bandura (1997) définit les croyances d'efficacité personnelle comme la confiance qu'a un apprenant dans sa capacité à organiser et à exécuter une action en vue de résoudre un problème ou d'accomplir une tâche. La nature et l'intensité des croyances varient d'un étudiant à l'autre en fonction du contexte. Par exemple, certains étudiants se sentiront capables de réaliser plusieurs tâches dans différents domaines alors que d'autres s'estimeront capables de ne réaliser qu'un seul type d'activités. Certains se sentiront capables de faire face à des tâches complexes alors que d'autres le seront seulement face à des tâches faciles. Les croyances d'efficacité personnelle sont basées sur la notion d'agentivité qui se réfère à la croyance qu'a un individu en sa capacité d'agir sur les éléments d'une situation (Galand et Vanlede, 2004).

De nombreuses études empiriques ont analysé les liens entre les croyances d'efficacité personnelle et l'adaptation dans les études. Les résultats révèlent que les étudiants qui ont confiance en leur capacité à réussir les tâches académiques persévèrent davantage (Torres et Solberg, 2001), ressentent moins d'émotions négatives (Chemers *et al.*, 2001), utilisent plus de stratégies d'étude profondes et d'autorégulation (Neuville *et al.*, 2007 ; Phan, 2009 ; Zimmerman, 2000) et s'engagent plus dans leur cursus (Boudrenghien *et al.*, 2011). Ils obtiennent également une performance plus élevée (Bandura, 1991 ; Pintrich et De Groot, 1990 ; Robbins *et al.*, 2004 ; Schunk *et al.*, 2008). Une étude américaine menée par Elias et MacDonald (2007) a montré que le sentiment d'efficacité personnelle expliquait 22 % de la variance de la réussite même après que les auteurs aient tenu compte de l'effet d'autres variables telles que les performances passées. Richardson *et al.* (2012) ont confirmé ces résultats au travers de nombreuses études, montrant que les croyances d'efficacité personnelle étaient parmi les plus importants prédicteurs de la réussite en première année d'études.

Plusieurs chercheurs (Bandura *et al.*, 2003 ; Roland *et al.*, 2016) relativisent toutefois l'effet d'un trop fort sentiment d'efficacité personnelle. En effet, pendant une nouvelle phase d'apprentissage, un sentiment trop élevé dans sa capacité à réussir la tâche risquerait d'entraîner une mobilisation moins importante de la personne envers cette tâche. Ainsi, Bandura *et al.*(2003, p. 113) déclaraient : « Trop de confiance en a trompé plus d'un ». L'exemple typique serait celui d'un étudiant entrant à l'université avec une confiance en ses capacités de réussir démesurément élevée. Un tel étudiant sera bien plus enclin à prendre ses études à la légère et à surinvestir les activités extra-académiques (De Clercq *et al.*, 2018).

4.2. La valeur perçue

La valeur de la tâche représente la perception qu'a l'étudiant de l'activité dans laquelle il est engagé (Eccles, 2005). Elle est composée de quatre éléments : la valeur intrinsèque ou l'intérêt (le plaisir que les étudiants auront lors de la réalisation d'une tâche), la valeur d'importance (l'importance de la réalisation de la tâche pour l'identité et l'image de soi de l'étudiant), la valeur d'utilité (la tâche correspond à des objectifs ou permet d'atteindre des objectifs poursuivis par l'étudiant), et le coût (la tâche interfère avec d'autres activités et représente une trop forte contrainte pour le jeune). Ce concept sera présenté plus en détail dans le chapitre suivant lorsque le modèle de l'*expectancy-value* sera présenté.

4.3. Les buts poursuivis

Durant leurs études, les étudiants poursuivent différents buts. Un but est une représentation cognitive relative aux raisons pour lesquelles les étudiants s'engagent dans une activité (Dupeyrat *et al.*, 2006). Le questionnement sur les buts poursuivis par les jeunes est apparu lorsque des psychologues ont constaté que des élèves de niveau équivalent réagissaient différemment lorsqu'ils rencontraient des difficultés dans la résolution d'un problème. Certains d'entre eux étaient stimulés par ces difficultés : ils les percevaient comme des défis à atteindre, ils restaient concentrés sur la tâche et essayaient de faire des efforts afin d'avoir une maîtrise du problème. D'autres, au contraire, les fuyaient : ils les percevaient comme un potentiel révélateur de leur incompétence, ils s'engageaient dans d'autres activités ou abandonnaient tout simplement l'activité en cours (Dupeyrat *et al.*, 2006 ; Dweck et Leggett, 1988). Plusieurs auteurs ont classifié les buts poursuivis par les étudiants en fonction de leur orientation vers la performance ou l'apprentissage (Ames, 1992 ; Nicholls, 1984). Les individus qui poursuivent des buts de performance essaient de démontrer leur capacité, d'obtenir de la reconnaissance, de protéger leur ego et d'être supérieurs aux autres (Pintrich, 2003). À cette fin, ils cherchent des indices dans leur environnement afin de valider cette appréciation positive de leurs capacités. Au contraire, ceux qui poursuivent des buts d'apprentissage visent à s'améliorer par rapport à des référents personnels, à apprendre et à maîtriser de nouvelles tâches. Ils sont orientés vers les tâches en tant que telles (Galand et Philippot, 2002).

Les recherches ont montré que les buts de maîtrise étaient associés à des comportements, des cognitions et des émotions plus propices à une bonne performance scolaire (Anderman et Patrick, 2012 ; Dweck et Leggett, 1988) et à la réussite dans l'enseignement supérieur (Bong, 2005 ; Simons *et al.*, 2004). Ce dernier résultat a été confirmé dans les travaux de Richardson *et al.* (2012) montrant un lien faible, mais consistant, entre buts de maîtrise et réussite. Les buts de performance ont, quant à eux, donné des résultats inconsistants, prédisant tantôt la réussite, tantôt une performance plus faible (Fenollar *et al.*, 2007 ; Galand et Frenay, 2005 ; Harackiewicz, Barron, Pintrich *et al.*, 2002).

Des chercheurs ont proposé une distinction supplémentaire à l'intérieur même des buts de performance : l'approche et l'évitement (Elliot et Church, 1997 ; Galand et Philippot, 2002). Les buts de performance d'approche traduisent la volonté de s'engager dans une tâche afin d'être meilleur que les autres. Lorsque l'étudiant adopte ce genre de buts, il s'engage plus dans les tâches et réussit mieux en première année à l'université (Harackiewicz, Barron, Pintrich *et al.*, 2002 ; Richardson *et al.*, 2012). Les buts de performance d'évitement consistent à vouloir éviter, lorsqu'on réalise une tâche, de paraître incompétent aux yeux des autres. Selon les travaux de Richardson *et al.* (2012), ces buts conduisent à une performance plus faible.

Notons que d'autres approches des buts ont également été conceptualisées dans la littérature. C'est notamment le cas des recherches de Carver et Scheier (1998) qui ont conçu une modélisation hiérarchique des buts d'un individu. Au sommet de cette hiérarchie, on distingue des buts généraux (« *be* » *goals*) alors qu'en bas de celle-ci, il s'agit de buts plus spécifiques (« *do* » *goals*). Selon cette théorie, il existerait des liens entre des buts de différents niveaux hiérarchiques. Ce modèle hiérarchique met en avant deux dimensions qui sous-tendent l'importance d'un but. Il s'agit de l'abstraction et de l'intégration. Les buts les plus élevés au sein de la hiérarchie sont intrinsèquement plus importants que les buts situés à un niveau plus bas. De plus, les actions concrètes et les buts contribuant à l'accomplissement d'autres buts sont également considérés comme plus importants. Il est donc postulé que, plus un but sera abstrait, plus il sera important ; de même, plus un but sera intégré, plus il aura de l'importance (Boudrenghien, Frenay, Bourgeois, Karabenick *et al.*, 2013).

Ces recherches ont ouvert une large réflexion sur la conception des buts de formation et l'engagement envers ces buts. L'engagement envers un but correspond au degré de détermination d'une personne ainsi qu'aux efforts fournis par celle-ci pour atteindre un but (Hollenbeck et Klein, 1987). Des études ont ainsi montré que la force de l'engagement des étudiants envers leur but de formation aurait un rôle fondamental dans l'atteinte de celui-ci (Boudrenghien, Frenay et Bourgeois, 2013). Ainsi, plus un étudiant est engagé envers son but de formation, plus la probabilité qu'il mette en œuvre son choix adéquatement et ensuite qu'il réussisse sera élevée (Germeijs et Verschueren, 2007). Le taux d'échec observé lors de la première année d'études supérieures peut en partie s'expliquer par un engagement faible des étudiants envers leur but de formation (Galand *et al.*, 2005). Face à de telles conclusions, il nous semble important que les jeunes qui se lancent dans un projet de formation se sentent réellement engagés envers celui-ci, même si certains travaux ont montré que, face à un échec, il fallait aussi pouvoir se désengager d'un but non atteignable pour se réengager positivement (Boudrenghien *et al.*, 2012). Cette notion d'engagement sera davantage explicitée dans la suite du chapitre.

4.4. La motivation intrinsèque et extrinsèque

Une distinction entre motivation intrinsèque et extrinsèque (Deci et Ryan, 1985, 2000) est souvent pointée dans la littérature. La motivation intrinsèque fait référence à la volonté de terminer une tâche pour l'intérêt qu'elle constitue en elle-même et non pour une récompense extérieure. Le concept de motivation intrinsèque va toutefois bien au-delà du simple intérêt pour la tâche, car il englobe également la perception qu'a l'étudiant d'être autonome et autodéterminé (Pintrich, 2003). La motivation extrinsèque correspond quant à elle à la volonté de réaliser une tâche, non pas pour la tâche elle-même, mais pour les conséquences externes qui en découlent (ex. : être meilleur que les autres, avoir de la reconnaissance, etc.; Deci et Ryan, 2008). Un individu extrinsèquement motivé réalise des activités parce qu'il y est poussé par une série d'incitants extérieurs (ex. : récompenses, compétitions, punition, pression sociale, contraintes, etc.). Lorsqu'ils sont extrinsèquement motivés, les individus s'engagent dans les activités pour des raisons instrumentales (Eccles et Wigfield, 2002).

Les personnes intrinsèquement motivées sont plus désireuses d'explorer, d'apprendre et de développer leur créativité (Deci et Ryan, 2008). Elles réalisent une activité pour le plaisir que leur procure son exécution. Un étudiant intrinsèquement motivé se plongera délibérément dans les activités d'apprentissage et persévérera davantage. Il fera plus d'efforts pour les tâches d'apprentissage et utilisera plus de stratégies d'étude en profondeur que les étudiants extrinsèquement motivés. Lorsque les individus sont intrinsèquement motivés, ils s'engagent donc dans des activités parce qu'ils sont intéressés par celles-ci. De nombreuses études ont montré que la motivation intrinsèque était associée à l'engagement comportemental des étudiants (Fredricks *et al.*, 2004), à leur traitement en profondeur de l'information (Van Nuland *et al.*, 2010) ainsi qu'à leur réussite dans l'enseignement supérieur (Pintrich et De Groot, 1990). Selon Richardson *et al.* (2012), la motivation intrinsèque aurait un lien positif faible avec la réussite. Cet effet serait d'ailleurs toujours important même après avoir considéré la confiance de l'étudiant en ses capacités et son passé scolaire (Perry *et al.*, 2001). Inversement, plusieurs études

(Hospel, 2015 ; Ryan et Deci, 2000) ont montré que les formes de motivation les moins autodéterminées étaient associées à des conséquences plus négatives (ex. : abandon précoce, choix de tâches inadaptées à leur niveau, faibles performances) (Guay *et al.*, 2004 ; Ratelle *et al.*, 2007 ; Vallerand *et al.*, 1997).

5. L'engagement de l'étudiant

L'engagement concerne essentiellement la participation volontaire, active, intéressée et réfléchie des étudiants durant des activités d'apprentissage (Connell et Wellborn, 1991 ; Fredricks *et al.*, 2004 ; Pirot et De Ketele, 2000). En d'autres termes, il s'agit du degré de détermination d'une personne ainsi que les efforts fournis par celle-ci pour atteindre un but (Hollenbeck et Klein, 1987). L'engagement représente la concrétisation des croyances motivationnelles en actions. Il s'agit de leur manifestation extérieure et observable (Skinner et Pitzer, 2012). Pour Reeve (2012), les croyances motivationnelles sont des facteurs privés, invisibles, psychologiques et biologiques alors que l'engagement reflète la conduite publiquement observable des étudiants. Par exemple, le langage intérieur (et donc invisible) de l'étudiant lorsqu'il réalise une tâche – comme la phrase : « Tiens, c'est vraiment intéressant » – reflète une croyance ou une perception motivationnelle, alors que la concentration lors d'un exercice, l'attention lors d'un cours ou encore la participation des étudiants sont des actions observables de l'extérieur. L'engagement ne se limite toutefois pas à la quantité d'investissement (en temps), mais se rapporte également à la qualité de celui-ci.

Pour Pirot et De Ketele (2000), l'engagement est un processus multidimensionnel qui met en jeu quatre types de mobilisation : affective (émotions), cognitive (stratégies d'apprentissage), métacognitive (stratégies d'autorégulation) et comportementale (effort). Ces modalités sont considérées par de nombreux auteurs (Connell et Wellborn, 1991 ; Skinner *et al.*, 2008) comme étant les variables les plus proximales de la réussite académique. Nous allons les détailler ci-après.

5.1. L'engagement affectif

Durant leurs études, les étudiants peuvent éprouver une grande variété d'émotions (Pekrun *et al.*, 2002). Selon Rimé (2005), une émotion est :

> une structure préparée de réponses qui intervient de manière automatique dans le cours du processus adaptatif. Elle se manifeste à la fois par des changements dans l'expression, par une impulsion marquée à développer une action spécifique, ainsi que par une coloration marquée de l'expérience subjective (p. 35).

Pekrun *et al.* ont analysé le rôle joué par des émotions qui étaient directement liées aux activités académiques (Pekrun *et al.*, 2002 ; 2006). Ils ont évalué le lien entre des émotions telles que la joie, la fierté, l'espoir, la peur, la honte, l'anxiété et l'ennui et l'adaptation dans l'enseignement supérieur. Ils ont observé que la joie, la fierté et l'espoir étaient associés positivement à la motivation intrinsèque, aux efforts, au traitement en profondeur et à une meilleure gestion de leurs apprentissages ainsi qu'à la réussite académique (Pekrun *et al.*, 2011). Dans cette idée, Harackiewicz, Barron, Tauer *et al.* (2002) ont mis en évidence que l'effet de la joie sur la réussite était indirect et passait par les croyances motivationnelles. Un étudiant plus heureux serait plus motivé et performerait donc mieux. Notons que ces émotions positives peuvent être considérées comme une partie de l'adaptation. Le fait que l'étudiant s'épanouisse dans son cursus n'est pas seulement une partie du processus, mais également une partie de l'objectif à atteindre.

Pekrun et ses collègues ont également montré que la peur, la honte, l'ennui et l'anxiété étaient négativement liés au sentiment d'efficacité personnelle, aux efforts, au traitement en profondeur de l'information, à l'emploi de stratégies d'autorégulation et au niveau de réussite (Daniels *et al.*, 2008 ; Pekrun *et al.*, 2011 ; Perry *et al.*, 2001). Une émotion négative dont les effets ont été abondamment étudiés est l'anxiété. Les travaux de Richardson *et al.* (2012) recensent plusieurs dizaines d'études qui rapportent un lien négatif faible entre anxiété et réussite. L'anxiété serait donc un prédicteur direct de la réussite. Cependant, Phillips (1992) a démontré que cette relation était plus complexe : un peu d'anxiété aurait des effets positifs sur la réussite, mais trop d'anxiété aurait des effets négatifs.

5.2. L'engagement cognitif

Dans l'enseignement supérieur, l'étudiant doit apprendre à maîtriser une matière conséquente et à le démontrer de façon à satisfaire aux exigences du cursus. Dans cette optique, il met en place des stratégies d'apprentissage/de traitement de l'information. Celles-ci ont été définies par les chercheurs néerlandais Busato *et al.* (2000) comme « les activités mentales que l'étudiant emploie pour traiter les informations qui lui sont transmises dans le but d'atteindre certains objectifs d'apprentissage » (p. 1058).

De nombreuses conceptualisations des stratégies de traitement de l'information ont été développées dans la littérature (pour une revue, voir : Vermunt et Vermetten, 2004). Parmi les stratégies étudiées, nous retrouvons entre autres la connexion entre différentes idées, la pensée critique, l'apprentissage par cœur, la répétition, l'organisation de l'information et la synthèse. Deux auteurs (Biggs, 1984 ; Marton, 1988) ont proposé une classification des stratégies qui est aujourd'hui la plus communément employée. Ils les ont regroupées sur la base d'un critère qualitatif : les stratégies se distinguent selon le traitement en profondeur ou superficiel que font les étudiants du contenu qu'ils étudient. Lorsqu'ils le traitent en profondeur, ils essayent d'en comprendre le sens profond, d'être critiques et d'établir des liens entre la matière étudiée, les connaissances antérieures et les expériences personnelles (Kember et Gow, 1994 ; Marton et Säljö, 1997). Lorsqu'ils traitent le contenu superficiellement, ils reproduisent l'information étudiée sans chercher à l'approfondir – c'est le cas de l'étude par cœur et de la répétition (Marton et Säljö, 1997 ; Phan, 2007).

L'effet des stratégies d'étude sur la réussite varie d'une recherche à l'autre. Des recherches multivariées, menées en Espagne et en Australie, ont montré que les stratégies de traitement en profondeur étaient associées à la performance des étudiants en première année d'études alors que l'usage de stratégies superficielles était un prédicteur de leur échec (Fenollar *et al.*, 2007 ; Phan, 2009, 2010). De même, Zeegers (2001) a observé un lien positif sur plusieurs années entre les stratégies d'apprentissage en profondeur et la réussite. Cependant, d'autres études multivariées, menées en Belgique, en Norvège et aux Pays-Bas, n'ont pas permis de répliquer l'effet des stratégies de traitement en profondeur sur la réussite (De Clercq, Galand, Dupont *et al.*, 2013 ; Diseth, 2011 ; Vermetten *et al.*, 1999). Ces résultats suggèrent que l'effet des stratégies d'apprentissage sur la réussite dépendrait du contexte d'études. Vermetten *et al.* (1999) ont suggéré que les examens, dans certaines institutions d'enseignement supérieur, requéraient une restitution superficielle de la matière et que, par conséquent, ils amenaient les étudiants à adopter des stratégies d'études superficielles. Selon Alava et Romainville (2001), « la surcharge des programmes et les méthodes d'évaluations de grands groupes, qui consistent souvent en des mesures de restitution rapides et peu fréquentes, renforcent la prédilection de certains étudiants pour l'apprentissage par cœur » (p. 163). Si l'évaluation des acquis des étudiants se fait au travers de tests ne permettant pas d'estimer la compréhension profonde de la matière, il est logique que l'emploi de stratégies d'études en profondeur ne garantisse pas à l'étudiant une meilleure réussite (De Clercq, Galand et Frenay, 2013 ; De Clercq, Roland *et al.*, 2014).

5.3. L'engagement métacognitif

Comparé à l'enseignement secondaire, l'enseignement supérieur exige des étudiants qu'ils gèrent davantage leur apprentissage de façon plus autonome. Cette situation implique, si les étudiants veulent réussir, de s'organiser, de gérer l'avancement de la matière étudiée et de contrôler les potentielles sources de distractions (films et séries, réseaux sociaux, jeux vidéos, soirées, smartphone, etc.) (Leroy, 2012). Ces actions ont été traduites en différents concepts : stratégies métacognitives, stratégies d'autorégulation ou encore apprentissage autorégulé (Noël,1997 ; Pintrich, 2000 ; Wolters, 2010 ; Zimmerman, 2000). Ces stratégies font partie du concept plus global de métacognition. Selon Flavell (1976) :

> La métacognition se rapporte à la connaissance qu'on a de ses propres processus cognitifs, de leurs produits et de tout ce qui touche, par exemple, les propriétés pertinentes pour l'apprentissage d'informations et de données... La métacognition se rapporte entre autres choses, à l'évaluation active, à la régulation et l'organisation de ces processus, en fonction des objets cognitifs ou des données sur lesquelles ils portent habituellement, pour servir un but ou un objectif concret (p. 232).

La métacognition est constituée de deux grandes composantes : les connaissances métacognitives et la régulation de celles-ci. Les **connaissances métacognitives** sont des croyances et des connaissances que l'individu possède à propos de ses propres processus cognitifs, ainsi que des facteurs favorisant ou entravant ces processus. Ce sont des constructions mentales de l'individu sur la réalité perçue qui évoluent sans cesse. La **régulation métacognitive** correspond à un ensemble d'activités de planification, de contrôle et parfois de poursuite, d'abandon ou de correction d'une stratégie (Flavell, 1981, 1987 ; Noël, 1997).

Les concepts tels que les stratégies d'autorégulation dont il était question plus haut font donc partie de la régulation métacognitive. En s'appuyant sur ces stratégies, les étudiants participent activement à leurs apprentissages. Ils ont effet le potentiel pour gérer, contrôler et réguler leurs cognitions, émotions, comportements et les aspects de leur environnement (Pintrich, 2004 ; Wolters, 2010 ; Zimmerman et Schunk, 2001). L'autorégulation représente donc la façon dont un étudiant va guider, diriger et contrôler son processus d'apprentissage afin de concrétiser ses objectifs en actions (Elias et MacDonald, 2007 ; Minnaert et Janssen, 1999 ; Nota *et al.*, 2004 ; Pintrich, 2004 ; Pintrich et De Groot, 1990 ; Simons *et al.*, 2004 ; Valle *et al.*, 2008 ; Vermunt, 2005). Selon plusieurs auteurs (Masui et De Corte, 2005 ; Meijer *et al.*, 2006), les stratégies d'autorégulation peuvent se comprendre comme une série de processus mentaux permettant d'organiser l'activité cognitive. Il s'agira de la régulation métacognitive des processus cognitifs d'apprentissage (pour une revue, voir : Boekaerts *et al.*, 2005).

Pintrich (2000, 2004) a proposé que les stratégies d'autorégulation se divisent en quatre dimensions : planification, autogestion, contrôle et régulation. Ces dimensions reflètent une séquence temporelle généralement adoptée par les apprenants lorsqu'ils sont confrontés à des tâches (Pintrich, 2000). Par exemple, un étudiant, qui adopte des stratégies d'autorégulation lors de l'étude d'un examen, commencera, durant la phase de planification, par établir des objectifs précis lui permettant d'organiser temporellement son apprentissage (« j'étudie cinq pages du syllabus par jour »). Pendant la phase d'autogestion, il essayera d'éveiller son intérêt (« j'aime vraiment bien ce cours ») et de prendre conscience des difficultés potentielles en tenant compte de ses connaissances antérieures (« je me souviens que cet auteur était difficile à comprendre »). Ensuite, durant la phase de contrôle, il évaluera l'état d'avancement de son apprentissage (« quelles sont les parties du cours que je maîtrise déjà ? »). Enfin, cet étudiant contrôlera l'efficacité de ses stratégies d'apprentissage et décidera d'intensifier, de réduire ou de changer de stratégies en fonction de l'état d'avancement et de la productivité estimée de celles-ci (phase de régulation). Cet étudiant est donc proactif : il se fixe des objectifs clairs et raisonnables, il est conscient de ses limites et de ses acquis et il essaie de gérer au mieux ses comportements, émotions et cognitions durant l'apprentissage (Wolters, 2010).

De nombreuses études menées aux États-Unis et en Europe ont montré que les stratégies d'autorégulation étaient associées à une bonne adaptation (Nota *et al.*, 2004 ; Pintrich, 2004 ; Pintrich et De Groot, 1990 ; Valle *et al.*, 2008). Les étudiants qui utilisent plus fréquemment ces stratégies apprennent et réussissent mieux que ceux qui les utilisent moins. Dans leurs travaux, Richardson *et al.* (2012) ont également prouvé l'importance de l'autorégulation dans l'adaptation académique. Finalement, une étude belge (Dupont, Galand et Nils, 2014) a mis en évidence que cet effet se maintenait après avoir pris en compte l'effet des compétences intellectuelles de l'étudiant. Ces différents résultats permettent d'attester un effet consistant direct des stratégies d'autorégulation sur la réussite.

5.4. L'engagement comportemental

L'engagement comportemental reflète les efforts de l'étudiant durant l'initiation et l'exécution d'une tâche d'apprentissage (Birch et Ladd, 1997 ; Finn *et al.*, 1995 ; Skinner *et al.*, 2009). Ce sont des comportements tels que la participation aux cours, l'étude, ou encore l'effort en tant que tel. Selon Pirot et De Ketele (2000), l'engagement comportemental reflète la quantité d'énergie psychique et physique investie par l'étudiant dans les activités d'apprentissage (voir aussi : Astin, 1984).

Les travaux de Richardson *et al.* (2012) montrent un lien positif faible entre l'aspect psychique de l'engagement comportemental (concentration) et la réussite. Concernant l'aspect physique de l'engagement comportemental (mesuré par l'assistance aux cours), de larges travaux américains (Credé *et al.*, 2010) ont observé un lien positif fort avec la réussite de l'étudiant. Des études multivariées belges et françaises (De Clercq, Galand, Dupont *et al.*, 2013 ; Dupeyrat et Mariné, 2005) ont montré que ce lien se maintenait lorsque l'on tenait compte de l'effet des variables d'entrée, des croyances motivationnelles et des autres dimensions de l'engagement. Pirot et De Ketele (2000) ont observé que l'engagement comportemental est un prédicteur plus important de la réussite que les autres modalités de l'engagement (affectives, cognitives et métacognitives).

6. Conclusion : Quels sont les différents facteurs impliqués dans le processus d'adaptation universitaire ?

Ce chapitre nous a permis de dresser un premier bilan des facteurs associés à l'adaptation de l'étudiant en première année. Plus précisément, quatre catégories de variables principales agissant sur l'adaptation de l'étudiant ont été mises en évidence. Il s'agit des variables d'entrées, de l'environnement social, des croyances motivationnelles et de l'engagement.

Cette brève revue de la littérature a montré que des caractéristiques d'entrée expliquent une partie non négligeable de l'adaptation. Les performances passées et l'origine socio-économique de l'étudiant jouent un rôle particulièrement important.

Les études que nous avons recensées révèlent également que l'entourage de l'étudiant a une influence non négligeable. L'environnement social jouerait essentiellement un rôle protecteur sur le sentiment d'efficacité personnelle et permettrait de réduire l'anxiété. Les professeurs, par leurs pratiques pédagogiques et d'évaluation, auraient surtout un effet sur les stratégies d'apprentissage développées par l'étudiant.

Les croyances motivationnelles, qui soutiennent et dynamisent les actions de l'étudiant, apparaissent aussi comme étant des prédicteurs importants de son adaptation. Ces résultats ont été observés dans des contextes différents en Europe et en Amérique. Plus précisément, les croyances d'efficacité personnelle, la valeur et la motivation intrinsèque sont des variables particulièrement importantes, car elles prédisent directement la réussite de l'étudiant. Parmi ces dernières, c'est le sentiment d'efficacité personnelle qui a l'impact le plus fort avec des liens avérés sur l'engagement cognitif et comportemental de l'étudiant ainsi que sur sa réussite.

Finalement, la qualité de l'investissement de l'étudiant dans ses études est également un concept important à considérer. Sur la base des études que nous avons recensées, le constat est clair : aller au cours, faire des efforts et réguler ses apprentissages facilite l'adaptation et la réussite de l'étudiant. Parmi les dimensions de l'engagement, la dimension comportementale est sans surprise la plus importante pour la réussite. Concernant l'impact de l'engagement cognitif, il semble que l'effet du type de stratégies d'apprentissage employé sur la performance va partiellement dépendre des attentes des enseignants : lorsque les évaluations ne requièrent qu'une « simple » restitution de la matière, l'étudiant n'a pas besoin de mettre en place une étude en profondeur. Une adaptation stratégique de ses méthodes d'étude en fonction des exigences des professeurs semblerait donc être la clef d'une bonne réussite (De Clercq, 2017). Les acteurs de l'enseignement supérieur devraient considérer ces observations dans la mesure où le développement de la pensée critique est généralement un des objectifs affirmés et cultivés des institutions de l'enseignement supérieur.

Pour conclure, nous pouvons constater qu'il existe une multitude de facteurs susceptibles d'expliquer l'adaptation dc l'étudiant dans le supérieur même si certains ont une incidence plus marquée que d'autres. Cependant, cette approche par facteurs isolés ne permet pas de voir dans quelle mesure les différents facteurs s'auto-influencent et s'auto-alimentent. Certains chercheurs ont donc décidé de modéliser l'adaptation de l'étudiant. Nous présenterons cette approche par modèles dans le chapitre suivant.

Chapitre 2.
L'approche par modèles

Comme nous venons de le décrire dans le chapitre précédent, un large volet de la littérature a analysé les facteurs associés à l'échec et l'abandon de l'étudiant afin d'en comprendre le processus d'adaptation. Cependant, aucune des catégories de facteurs étudiés ne suffit à elle seule pour rendre compte de l'adaptation de l'étudiant (Robbins *et al.*, 2004). Parallèlement à ces recherches, de nombreux auteurs ont donc tenté de comprendre la façon dont ces différentes variables s'organisent et interagissent. Plusieurs modèles et théories ont ainsi vu le jour ces dernières décennies. La présentation de ces modèles nous permettra de répondre à notre deuxième question : ***comment les facteurs impliqués dans le processus d'adaptation interagissent-ils ?*** Les modèles les plus couramment utilisés et testés sont les modèles éducationnels et les modèles motivationnels (Robbins *et al.*, 2004 ; Schmitz *et al.*, 2010). Les modèles éducationnels mettent l'accent sur les expériences sociales, mais également sur la nécessité d'une bonne correspondance entre les caractéristiques personnelles des étudiants et celles du programme d'étude et de l'institution dans lesquels ils s'inscrivent (Braxton *et al.*, 2004 ; Schmitz *et al.*, 2010 ; Tinto, 1997). Selon ces modèles, ce sont les interactions entre l'étudiant et l'environnement qui vont déterminer son adaptation. Les modèles motivationnels se concentrent quant à eux sur les attributs personnels des étudiants tels que la motivation, les patterns d'apprentissage, les représentations motivationnelles et sociales pour expliquer l'adaptation (Eccles et Wigfield, 2002 ; Neuville *et al.*, 2013 ; Schmitz et Frenay, 2013). Certaines recherches ont proposé qu'une approche conjointe tentant d'intégrer les conceptions éducationnelles et motivationnelles au sein d'un même modèle permettrait une compréhension plus fine et détaillée de l'adaptation étudiante (Cabrera *et al.*, 1993 ; Peterson, 1993 ; Sandler, 2000 ; Schmitz *et al.*, 2010). Finalement, une conception plus dynamique de l'adaptation a été amenée par les modèles de transition. Ces modèles insistent sur le caractère temporel de l'adaptation à un nouveau contexte. L'adaptation se déroulerait en plusieurs étapes successives présentant chacune leurs difficultés et tâches spécifiques.

Au sein de ce chapitre, nous allons donc présenter ces théories et différents modèles afin d'en dégager les éléments centraux, mais également afin de pouvoir identifier leurs éventuelles limites. Notons que ces modèles feront évidemment référence aux facteurs présentés plus haut. Nous conclurons ce chapitre en proposant un modèle permettant d'intégrer les principaux apports des différentes théories que nous aurons explorées.

1. Les modèles éducationnels

Plusieurs modèles éducationnels ont émergé au cours de ces dernières décennies. Ces modèles se sont principalement intéressés à l'étude de la persévérance et de l'abandon dans l'enseignement supérieur. Les deux théories dominantes sont celles de Tinto (1975, 1993, 2006) et de Bean (1980 ; Bean et Metzner, 1985). Le modèle de Tinto est néanmoins le modèle éducationnel le plus couramment utilisé et est considéré par certains comme une des théories les plus marquantes dans la compréhension de l'adaptation académique (Braxton, 2000 ; Braxton et Hirschy, 2005 ; Kahn et Nauta, 2001 ; Pascarella et Terenzini, 2005).

1.1. Le modèle de Tinto

En 1975, Tinto propose un modèle suggérant que l'abandon à l'université est la résultante d'un processus longitudinal d'interactions entre l'étudiant et le système académique et social de l'institution (Schmitz, 2009 ; Tinto 1975, 1993, 2006). Dans ce modèle (Figure 2), l'abandon résulterait d'un manque de congruence entre les caractéristiques de l'étudiant (pour plus d'information, voir chapitre 1) et celles du programme d'études auquel il va devoir s'ajuster (Cabrera *et al.*, 1992 ; Kahn et Nauta, 2001). Selon ce modèle, l'étudiant entre à l'université avec tout un bagage constitué de caractéristiques personnelles, familiales et scolaires qui vont influencer son engagement envers ses objectifs personnels, mais également envers son institution. Ces variables d'entrée vont venir colorer les expériences de l'étudiant au sein du système académique et social, ce qui va déterminer l'image qu'il se fera de son programme d'étude. Au sein de son programme, les activités auxquelles l'étudiant va prendre part, la qualité des interactions qu'il va y développer ainsi que le soutien qu'il va y percevoir vont le mener à développer un certain niveau d'intégration académique et sociale. L'intégration va ensuite avoir un impact sur son intention de persévérer, sur sa motivation, sur son engagement académique et enfin sur sa persévérance et sa performance. Le concept d'intégration est donc central dans le modèle de Tinto (1975).

L'intégration académique et sociale représente la perception subjective de l'étudiant de trouver sa place de façon harmonieuse dans la vie académique et sociale de l'institution d'enseignement. Les expériences négatives ont tendance à réduire le degré d'intégration et à créer une distance entre l'étudiant et son programme d'études, ce qui favorise le désengagement. Tinto insiste sur le fait que la qualité de l'expérience dans le système académique et social modifie les engagements initiaux de l'étudiant. Ces engagements déterminent à leur tour la persévérance ou l'abandon.

La plupart des relations proposées dans le modèle de Tinto sont en accord avec les résultats présentés dans le chapitre précédent. Le concept d'intégration sociale se rapproche d'ailleurs tout particulièrement de l'importance des interactions avec les pairs et avec les enseignants. Par contre, le rôle de l'intégration académique semble moins convaincant (Braxton *et al.*, 1997). La pertinence de ce concept a d'ailleurs été mise en doute par certains auteurs (Braxton et Lien, 2000).

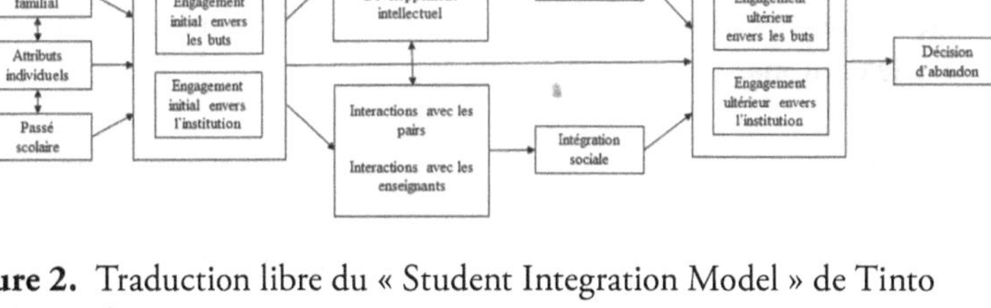

Figure 2. Traduction libre du « Student Integration Model » de Tinto (1975, p. 95)

1.2. Le student attrition model de Bean

Au cours des années 80, Bean (1980, 1983 ; Bean et Metzner, 1985) a développé un modèle alternatif à celui de Tinto en s'inspirant d'un modèle conçu pour expliquer le départ des employés d'une entreprise

(Price, 1977). Depuis lors, de nombreux chercheurs ont d'ailleurs soutenu que les facteurs explicatifs de rétention en entreprise étaient similaires à ceux de rétention dans les études (Robbins *et al.*, 2004 ; Robbins *et al.*, 2009 ; Schmidt *et al.*, 2008 ; Trapmann *et al.*, 2007).

Le *student attrition model* de Bean (1980, 1983) (Figure 3) se compose de quatre catégories de variables : l'abandon, les variables intermédiaires (la satisfaction et l'engagement envers l'institution), les variables organisationnelles (la communication des informations, la justice distributive, la perception des cours et de la qualité de l'enseignement, la possibilité de changer d'université, etc.) et les caractéristiques individuelles. Cet auteur considère que l'inclusion des caractéristiques individuelles à l'entrée de l'université est nécessaire pour comprendre la nature des interactions entre l'étudiant et son environnement. Les expériences vécues et la perception du contexte vont influencer la décision de persévérer, au travers du degré de satisfaction de l'étudiant vis-à-vis de l'institution et de la perception de congruence entre l'étudiant et l'université. Les notions d'engagement académique et social sont au cœur de son modèle.

Le modèle de Bean (1980) présente des similitudes avec celui de Tinto, car ils mettent tous les deux en évidence le rôle des caractéristiques individuelles et de la congruence entre l'étudiant et l'institution (appelé engagement institutionnel ou ajustement institutionnel). Bean attire néanmoins davantage l'attention sur les facteurs organisationnels au sein de l'institution qui peuvent affecter la persévérance des étudiants. Il met davantage l'accent sur l'influence des facteurs environnementaux (soutien social, soutien financier, possibilité de changer d'université) ainsi que le rôle des contacts de l'étudiant avec son université et du temps passé sur le campus.

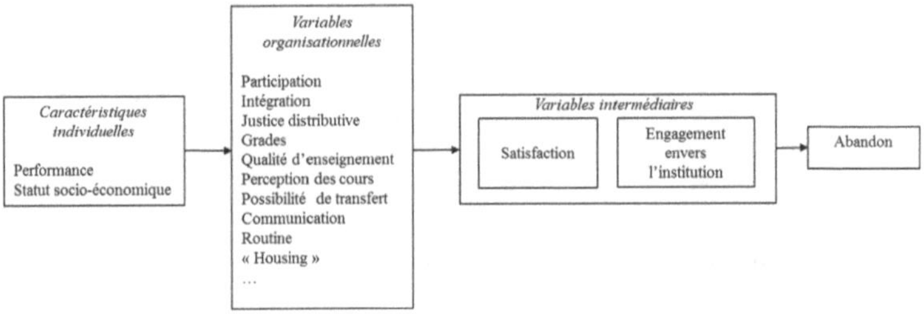

Figure 3. Le *student attrition model* de Bean (1980, p. 158)

2. Les modèles motivationnels

Des modèles motivationnels se sont développés parallèlement aux modèles éducationnels. Ils semblent également pertinents pour comprendre l'adaptation dans le supérieur (Astin, 1993 ; Bailey *et al.*, 2005 ; Robbins *et al.*, 2004). Tel que leur nom l'indique, ces modèles se centrent principalement sur la compréhension du processus motivationnel qui va conduire l'étudiant à s'engager, s'ajuster, performer et persévérer dans ses études. Soulignons toutefois que ces modèles, bien qu'ils se centrent sur les caractéristiques individuelles des étudiants, n'en oublient pas les facteurs environnementaux et leurs interactions.

Deux modèles motivationnels ont particulièrement retenu notre attention et seront donc présentés dans ce chapitre. Il s'agit du modèle de l'*expectancy-value* et du modèle de l'engagement.

2.1. *Le modèle de l'expectancy-value*

Le modèle de l'*expectancy-value*, développé par Eccles et ses collègues (1983), lie performance, persévérance et choix, aux attentes de réussite des individus et aux croyances quant à la valeur de la tâche (Wigfield *et al.*, 2008). Les deux concepts centraux de ce modèle sont donc les attentes de succès et la valeur perçue de la tâche (Neuville *et al.*, 2007 ; Wigfield et Eccles, 2000, 2002 ; Wright *et al.*, 2012 ; Zimmerman et Bandura, 1994).

Eccles et Wigfield (2002) définissent les **attentes de réussite** comme des croyances qu'ont les individus concernant la manière dont ils vont réaliser une tâche. Les attentes sont déterminées par la perception que la personne a à propos de la difficulté de la tâche et par la perception qu'elle a de ses compétences dans un domaine donné. Les attentes de réussite sont donc à rapprocher du concept de sentiment d'efficacité personnelle présenté dans le chapitre précédent. Selon Eccles et Wigfield, les attentes de réussite sont centrales dans l'adaptation de l'étudiant et déterminent son engagement cognitif et comportemental.

Eccles et ses collègues (1983) considèrent la **valeur perçue** de la tâche comme la perception subjective qu'ont les individus à propos de ce que la tâche peut leur apporter. Comme évoqué dans le chapitre précédent, ces auteurs ont mis en évidence quatre composantes de la valeur de la tâche. La valeur liée à la réussite (ou l'*importance*), la valeur intrinsèque (ou l'*intérêt*), la valeur extrinsèque (ou l'*utilité*) et le *coût*. Ce concept est également considéré comme primordial dans ce modèle. Pintrich et Garcia (1991) ont montré qu'une perception positive de la valeur des tâches proposées était associée aux efforts des étudiants ainsi qu'à l'utilisation de stratégies de traitement en profondeur du contenu des tâches (par exemple : le développement de leur pensée critique). En outre, elle est associée à plus de temps consacré à l'étude, plus d'émotions positives, plus de persévérance et de réussite en première année d'études (Eccles, 1983 ; Wigfield et Eccles, 1994). Selon les travaux d'analyse de la littérature de Robbins *et al.* (2004) qui ont intégré des études menées en Europe et aux États-Unis, la valeur de la tâche est un important prédicteur de la réussite. Des études multivariées menées à l'Université catholique de Louvain en Belgique ont quant à elles montré que l'effet de la valeur de la tâche sur la réussite était indirect et qu'il passait par l'engagement comportemental et cognitif de l'étudiant (Boudrenghien *et al.*, 2011 ; Neuville *et al.*, 2007).

D'autres études ont analysé séparément les composantes de la valeur. Ainsi, il semblerait que l'intérêt soit lié à la réussite (Harackiewicz, Barron, Tauer *et al.*, 2002), de même que la perception de l'utilité de la tâche qui semble particulièrement importante pour expliquer la réussite (Simons *et al.*, 2004). Une recherche de Hulleman *et al.* (2010) a montré expérimentalement que des interventions axées sur l'utilité (consistant à conscientiser les étudiants sur l'utilité pour leur futur des tâches qu'ils réalisaient) amélioraient la performance académique des étudiants en fin d'année.

La figure 4 représente une version simplifiée du modèle de l'*expectancy-value*. Les attentes de réussite et la valeur sont les déterminants principaux des comportements liés à l'apprentissage, tels que le choix de s'engager ou de persévérer dans la réalisation d'une tâche, les stratégies d'apprentissage que l'étudiant mettra en œuvre pour aborder cette tâche et enfin la performance. Selon ce modèle, un individu a tendance à s'engager dans des activités pour lesquelles il a des attentes de réussite élevées et auxquelles il accorde une grande valeur. Notons que les individus tendent à accorder plus de valeur à une activité s'ils se sentent capables de la réaliser correctement (c'est-à-dire s'ils ont des attentes de réussite élevées). Il est toutefois important de signaler que ce n'est pas parce qu'un individu se sent capable d'accomplir une tâche qu'il s'y engagera. Dans ce modèle, les attentes de réussite et la valeur sont elles-mêmes influencées par la perception qu'a l'individu de ses compétences et de la difficulté des différentes tâches, par ses objectifs individuels et par le concept de soi. Ces variables cognitives subissent à leur tour l'influence des perceptions que les gens ont de leur environnement social (ex. : les attentes des autres, leurs attitudes, leurs croyances), ainsi que des interprétations des évènements passés et des performances. Enfin, ces variables vont également être influencées par le milieu culturel de la personne, par les comportements et croyances des membres de son entourage, et par ses expériences passées.

Selon une étude menée par Neuville *et al.* (2007) auprès de plus de 2 600 étudiants inscrits en première année à l'université, ce modèle permettrait de mieux prédire la réussite des étudiants que d'autres modèles auxquels il a été comparé, tels que celui de Tinto. En effet, les analyses en équations structurelles mettent en avant une prédominance des variables motivationnelles (ex. valeur, attentes de réussite, etc.) sur les variables éducationnelles (ex. intégration sociale, intégration académique, etc.) dans la prédiction de la persévérance et de la réussite.

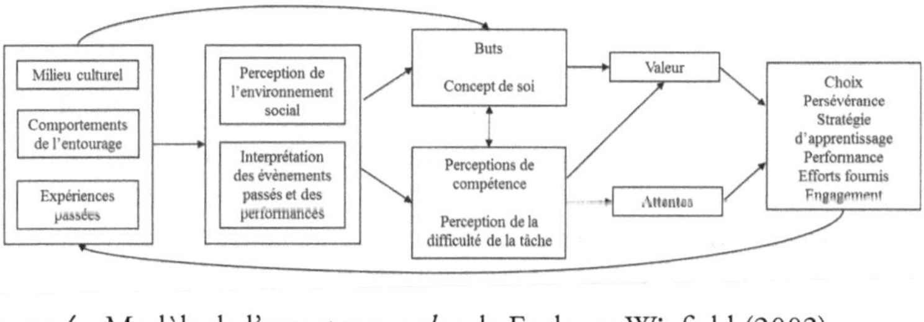

Figure 4. Modèle de l'*expectancy-value* de Eccles et Wigfield (2002)

2.2 Le modèle de l'engagement

Le modèle de l'engagement est issu des travaux de Connel et Wellborn (1991) et de Skinner et ses collègues (Skinner et Belmont, 1993). Il a été adapté par Appleton *et al.* (2008) (voir Figure 5). Il est ancré dans la théorie de l'autodétermination qui est une des théories majeures de la motivation humaine et a notamment été appliquée au contexte académique et scolaire (Deci et Ryan, 2008). Selon cette théorie, la satisfaction de trois besoins psychologiques fondamentaux déterminerait l'engagement d'une personne dans une tâche. Ces besoins sont (1) les besoins de compétence (le besoin de se sentir capable d'atteindre les résultats attendus et d'interagir efficacement avec l'environnement)[3], (2) d'autonomie (le besoin d'être à l'origine de son propre comportement), et (3) d'appartenance[4] (le besoin d'être connecté socialement avec des personnes significatives). Ainsi, tout environnement qui permettrait la satisfaction de ces trois besoins mènerait à une motivation intrinsèque et un engagement fort. Par contraste, tout environnement social qui entraverait l'expression de ces trois besoins nuirait à la motivation et à l'engagement de l'étudiant (Sarrazin *et al.*, 2006). Krapp (2007) a toutefois fait émerger un quatrième besoin qui permettrait également, s'il est satisfait, de renforcer l'engagement de l'étudiant. Ce besoin est nommé « l'intérêt situationnel » et concerne l'implication émotionnelle et cognitive qu'un étudiant manifeste en situation de formation.

Selon le modèle de l'engagement, le soutien à l'autonomie, qui consiste à donner de la liberté aux étudiants pour leur permettre de choisir leurs propres comportements et d'identifier leurs propres buts, permettrait de satisfaire le besoin d'autonomie des jeunes (Assor *et al.*, 2002 ; Hospel, 2015). La structure, qui fait référence à la quantité et la clarté des informations fournies à un jeune en termes d'attentes des enseignants, de feedbacks, d'objectifs éducatifs ainsi que des moyens d'y parvenir, contribuerait à satisfaire le besoin de compétence (Hospel, 2015). Le soutien social, qui fait référence à la qualité des relations entre le jeune et l'enseignant, mais aussi entre le jeune et ses pairs, serait davantage associé à la satisfaction du besoin d'appartenance (Dupont, Galand, Nils, et Hospel, 2014). Enfin, le soutien à l'intérêt situationnel, qui fait référence à des situations d'apprentissage qui suscitent chez les étudiants une réelle envie d'accomplir les tâches proposées par le professeur, contribuerait à satisfaire le besoin d'intérêt situationnel (Lagase et Charlier, 2016).

---

[3] Ce concept est à nouveau à relier au concept d'attente de réussite et de sentiment d'efficacité personnelle.

[4] Concept très proche du concept d'intégration sociale présenté par Tinto.

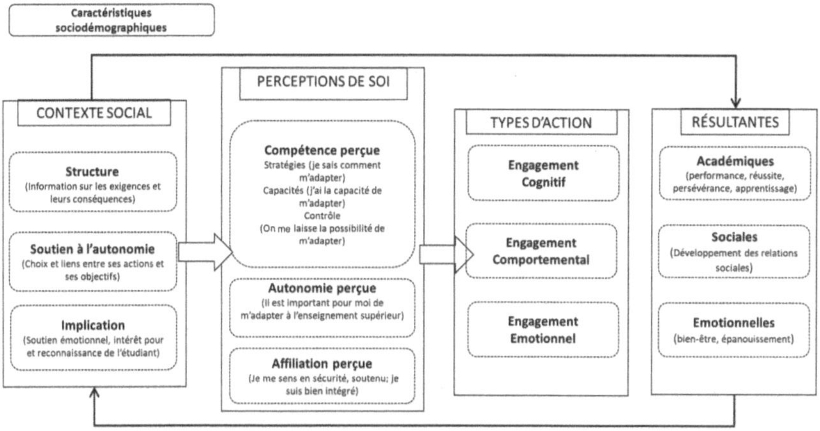

Figure 5. Modèle de l'engagement adapté de Appleton et ses collègues (2008)

3. Les modèles mixtes

Après avoir pris connaissance des modèles motivationnels et éducationnels, certains chercheurs se sont aperçus de la pertinence de ces deux types d'approches et des variables qui y étaient associées pour comprendre l'adaptation de l'étudiant. Certaines études ont dès lors tenté d'intégrer les aspects éducationnels et motivationnels au sein de modèles théoriques déjà existants. La plupart de ces recherches sont parties du modèle de Tinto et y ont incorporé des variables motivationnelles, principalement le concept de sentiment d'efficacité personnelle. Les études réalisée s par Julia Schmitz dans sa thèse en sont une belle illustration.

Schmitz *et al.* (2010) ont intégré le sentiment d'efficacité personnelle (cœur des modèles motivationnels présentés plus haut) dans le modèle de Tinto (voir Figure 6). Grâce à leurs analyses, ils ont montré que le modèle incorporant les aspects éducationnels et motivationnels était meilleur pour comprendre l'adaptation de l'étudiant. En outre, le sentiment d'efficacité personnelle s'est révélé être un bon prédicteur de l'engagement initial, de l'intégration académique et sociale et de l'intention de persévérer de l'étudiant. Ces résultats sont d'ailleurs en concordance avec d'autres recherches ayant fait le même type d'analyse (Peterson, 1993 ; Sandler, 2000 ; Weng *et al.*, 2010).

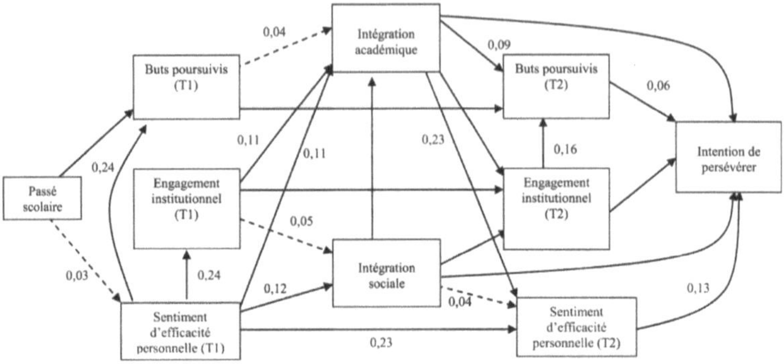

Figure 6. Présentation du modèle mixte de Schmitz *et al.* (2010, p. 53)

4. Les modèles de la transition

Au-delà des approches traditionnelles de l'adaptation académique expliquées plus haut, un champ de la littérature s'est intéressé à la première année comme phase de transition (pour une revue, voir Crider *et al.*, 2015). Il s'agit en effet d'une période de transition scolaire importante caractérisée par de nombreuses phases (Kovač, 2015). Ces modèles vont plus loin que les précédents, car ils permettent de saisir les enjeux particuliers relatifs au vécu de la première année dans l'enseignement supérieur. Ils situent temporellement les problématiques rencontrées lors de cette première année de façon à distinguer les principales étapes d'adaptation de l'étudiant durant cette période. Ce faisant, plusieurs moments de vigilance peuvent être identifiés. Au sein des recherches sur les périodes de transition tout au long de la vie, un modèle théorique a été particulièrement cité et investigué : le modèle des cycles de transition de Nigel Nicholson. Ce dernier a directement inspiré le travail de plus d'un millier de chercheurs dans différents domaines de transition, tels que les changements de carrière (Crider *et al.*, 2015), les transitions scolaires (Purnell, 2002 ; Symonds et Hargreaves, 2016) ou le passage de l'école au travail (Harris *et al.*, 2012).

Ce modèle est initialement issu des recherches sur les évolutions de carrière. Il a donc pour but premier de comprendre comment se déroule la transition entre deux emplois. Néanmoins, Nicholson (1990) a construit un modèle se voulant descriptif et général plutôt que normatif et spécifique. Plusieurs auteurs ont défendu l'intérêt de le transposer au contexte de la première année dans l'enseignement supérieur (Harris, 2014 ; Purnell, 2002 ; Torenbeek *et al.*, 2010). C'est ce modèle que nous présenterons ici.

Nicholson et West (1989) postulent que chaque cycle de transition est composé de quatre étapes : la préparation, la rencontre, l'adaptation et la stabilisation (Figure 7). Selon Nicholson (1990), à chacune de ces étapes, l'individu est amené à remplir des tâches précises lui permettant de faciliter la prochaine étape de transition. Nicholson décrit également les pièges spécifiques dans lesquels l'individu peut tomber lors de chacune des étapes du cycle. Nous reviendrons sur ces différentes tâches et pièges dans le point 5. En mettant l'accent sur le caractère temporel de la première année, ce modèle nous aide à réfléchir aux dispositifs de soutien à mettre en place lors de ces différents moments. Néanmoins, comme cette approche est très peu ancrée dans les théories éducationnelles et motivationnelles, les éléments mis en évidence ne permettent pas toujours d'identifier les variables réellement contrôlables pour agir sur l'adaptation de l'étudiant.

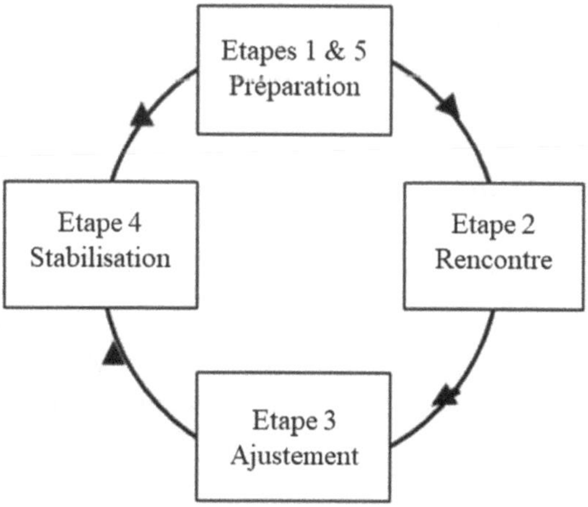

Figure 7. Modèle des cycles de transition de Nicholson (1990)

5. Une proposition de modélisation

Les modèles présentés dans ce chapitre mettent en lumière des processus intéressants et complémentaires pour comprendre l'adaptation dans l'enseignement supérieur. Si nous adoptons un regard plus large, nous pouvons identifier de nombreux points communs entre eux. Dans la même volonté que les modèles mixtes comme celui de Schmitz *et al.* (2010), il paraît donc possible de rassembler l'essence de ces modèles en un modèle intégrateur (voir Figure 8). Un tel modèle permettrait de se départir des richesses et des faiblesses des modèles susmentionnés et sa modélisation globale pourrait s'accorder à l'ensemble des prédicteurs de la réussite présentés dans le chapitre 1. Par ce biais, nous pourrions proposer une piste de réponse à la question posée dans ce chapitre : comment les facteurs impliqués dans le processus d'adaptation interagissent-ils ? C'est donc à cet exercice que nous allons nous prêter. Afin de structurer temporellement notre modélisation, nous nous appuierons sur le modèle des cycles de transition de Nicholson (1990). Au sein des quatre étapes du modèle, nous agencerons les principaux concepts pointés par les autres modèles présentés en les mettant en rapport avec les tâches décrites par Nicholson et les principaux facteurs mis en avant dans le chapitre 1. Cette modélisation sera développée phase par phase. Une description plus étayée du processus peut se retrouver dans l'article de De Clercq (2019).

5.1. La préparation

Selon Nicholson, l'étape de préparation développe et affine le bagage de départ avec lequel l'individu va se confronter au contexte de transition. Cette phase constitue la période se déroulant avant que le changement n'ait eu lieu. C'est donc la période avant l'entrée dans l'enseignement supérieur durant laquelle le jeune prépare progressivement son passage postsecondaire. Torenbeek *et al.* (2010, 2011) ont, dans leurs travaux, insisté sur l'importance de la préparation en montrant qu'une mauvaise préparation à l'université pouvait causer des problèmes subséquents d'intégration et d'adaptation (Torenbeek *et al.*, 2010). Le jeune doit entreprendre trois tâches majeures durant cette étape : (1) développer des attentes réalistes et claires, (2) être positivement motivé et (3) atteindre un état de préparation suffisant (Purnell, 2002).

Tout d'abord, il est nécessaire pour l'étudiant de mettre en place des attentes réalistes et précises concernant les caractéristiques du nouveau contexte de transition. Ce point a été peu développé dans les autres modèles. Néanmoins, il renvoie à l'importance d'un choix d'études réfléchi et informé qui avait été pointé comme une variable importante d'adaptation dans le premier chapitre.

Développer une motivation positive et se prémunir contre de trop fortes appréhensions concernant le nouveau contexte de transition est un autre élément important de transition (Nicholson, 1990). Cette idée peut d'ailleurs être mise en parallèle avec les modèles motivationnels présentés précédemment, bien qu'ils se focalisent essentiellement sur l'effet des croyances motivationnelles durant la première année et non avant l'entrée dans les études supérieures. Les travaux de Bandura soutiennent toutefois l'importance de cette motivation avant d'être confronté à un nouveau contexte (1997, 2003). Un fort sentiment d'efficacité personnelle en amont permettra à l'étudiant de directement s'engager dans ses études et lui évitera de prendre peur et de se freiner dans son engagement.

Enfin, la préparation de l'étudiant en termes de compétences et de ressources va aussi agir sur son processus d'adaptation académique. Un bagage trop faible peut constituer un handicap de poids pour la réussite de ce dernier. À l'exception du modèle de l'engagement, l'importance du bagage de l'étudiant est systématiquement mise en avant par les modèles présentés. En nous référant à la littérature scientifique développée dans le chapitre 1, nous pouvons même préciser que les performances passées et le niveau socio-économique ont une influence importante sur l'adaptation dans le supérieur.

5.2. La rencontre

L'étape de rencontre constitue un moment charnière pour l'adaptation de l'étudiant. Cette étape est particulière de par son déroulement très court qui se produirait durant les premières semaines, voire les premiers jours dans l'enseignement supérieur (Purnell, 2002). C'est le moment durant lequel l'individu va confronter les croyances et préconceptions qu'il s'était fait de l'enseignement supérieur au choc de l'expérience réelle. Il va donc développer sa vision définitive et réaliste de l'enseignement supérieur. Durant cette phase, l'individu sera très malléable et c'est d'ailleurs un moment crucial pour agir sur ses croyances et perceptions (Purnell, 2002) afin de le guider vers une vision positive de l'enseignement supérieur. Des recherches ont d'ailleurs montré que les croyances que les étudiants vont former ou consolider à ce moment-là auront une forte incidence sur le déroulement de leur parcours (Roland, Frenay *et al.*, 2015). Malgré l'importance de cette étape, très peu de recherches se sont focalisées sur les premières semaines à l'université (Brouwer *et al.*, 2016 ; Willems, 2021).

Les principaux enjeux liés à cette phase seraient : (1) se sentir capable de faire face à ce nouvel environnement, (2) percevoir du sens dans les études choisies et (3) se sentir capable de tisser des liens avec les pairs. Ces derniers font largement écho à l'importance de la perception de l'environnement par les étudiants. Cette perception de l'environnement est mise en avant par la majorité des modèles explorés tels que celui de *l'expectancy-value* ou encore le modèle de Tinto. Le modèle détaillant le plus l'importance de ce contexte est le modèle de l'engagement qui nous informe de l'importance de la perception d'une bonne structure dans les cours, d'un soutien à l'autonomie et d'un support social afin de respectivement soutenir les besoins de compétence, d'autonomie et d'affiliation de l'étudiant. La perception d'un environnement permettant de soutenir ces trois besoins se rapproche très fortement des tâches illustrées dans le modèle des cycles de transition.

5.3. L'ajustement

L'étape d'ajustement constitue le cœur du modèle. C'est lors de cette phase que se dérouleront les principaux changements chez l'individu afin de se stabiliser, d'asseoir son rôle et de trouver sa place dans le nouveau contexte de transition (Nicholson, 1990). Dans le cadre de la transition vers l'enseignement supérieur, l'étape d'ajustement peut être considérée comme un long processus pouvant durer toute l'année académique, voire plusieurs années (Purnell, 2002). Les trois tâches relatives à cette étape sont : (1) la construction d'un réseau social, (2) le développement d'une confiance solide et (3) la perception de sens dans ses études.

L'importance de construire un réseau de relations et de se sentir appartenir au groupe social du nouveau contexte renvoie fortement au concept d'intégration sociale central dans le modèle de Tinto (1997). Il touche également fortement au besoin d'affiliation tel que décrit dans le modèle de l'engagement.

L'importance d'acquérir une confiance solide dans ses capacités renvoie à nouveau au concept de sentiment de compétence présent dans la littérature sur l'adaptation universitaire et introduit plus haut (Bandura, 2003). Il renvoie plus précisément aux attentes de succès telles que présentées dans le modèle d'*expectancy-value* ou au besoin de compétence tel que présenté dans le modèle de l'engagement. Ce concept avait également été pointé comme un des facteurs les plus importants de l'adaptation de l'étudiant.

L'importance pour l'étudiant de trouver du sens à ce qu'il fait et étudie, en regard de ses attentes et de ses objectifs, renvoie au sentiment que nos comportements et nos choix sont autodéterminés et congruents avec nos valeurs, nos buts et nos intérêts (Weinstein *et al.*, 2012). Le concept de valeur perçue issu du modèle d'*expectancy-value* (Eccles et Wigfield, 2002) se rapproche très fortement de la construction de sens. La littérature à ce sujet montre l'importance de la perception de la valeur de la tâche pour la mise en place de stratégies d'étude complexes, d'efforts importants et la réussite de l'étudiant (Boudrenghien *et al.*, 2011 ; Dupont *et al.*, 2015).

De plus, Nicholson insiste sur l'importance du passage à l'action lors de la phase d'ajustement. Dans cette idée, les trois composants de l'engagement apparaissent comme un complément essentiel aux mesures des trois besoins pour comprendre le processus d'adaptation de l'étudiant (Elffers, 2016). La phase d'ajustement serait donc le moment où l'engagement comportemental, cognitif et émotionnel agiraient le plus sur la réussite.

5.4. La stabilisation

La dernière phase du modèle est la stabilisation qui peut se comprendre comme l'état d'équilibre qui reflète l'adaptation de l'individu à son contexte. Cela renvoie donc à l'idée d'un étudiant « ajusté » à l'enseignement supérieur. Ce dernier serait alors un apprenant performant, persévérant et épanoui dans ses études. Plusieurs éléments seront donc nécessaires pour parler d'ajustement. Nous nous replongerons plus en profondeur sur cette réflexion concernant le caractère multidimensionnel de l'adaptation dans la conclusion.

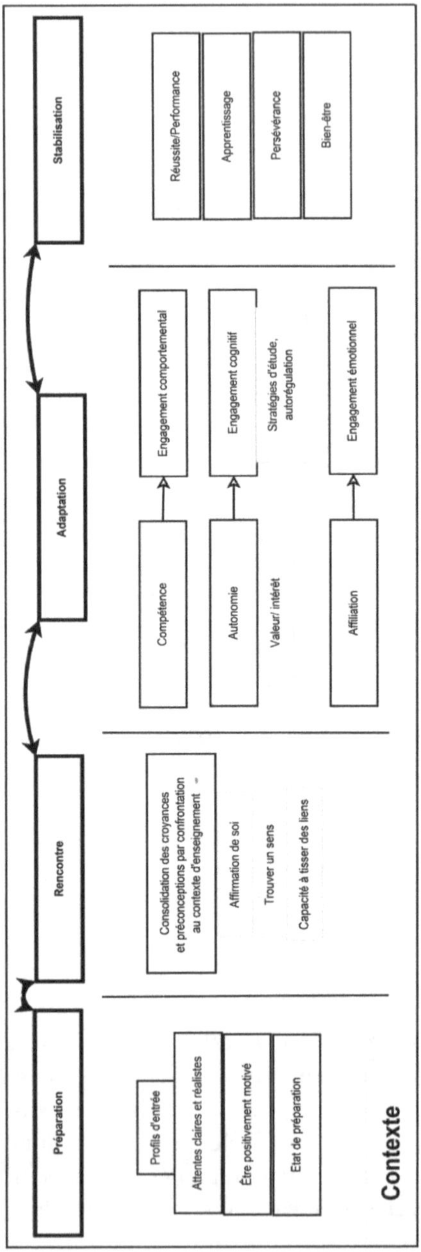

Figure 8. Modèle Intégratif de la transition adaptée au Contexte Académique (MICA).

6. Conclusion : Comment les composants du processus d'adaptation interagissent-ils ensemble au sein de modèles théoriques ?

Dans ce chapitre, nous avons présenté **les modèles éducationnels, motivationnels, intégratifs mixtes et de la transition**. Ces modèles, chacun à leur manière, **apportent un éclairage différent sur la question de l'adaptation.** Les recherches basées sur l'approche éducationnelle se sont principalement focalisées sur l'importance des aspects environnementaux et sur l'effet des interactions de l'étudiant avec son environnement pour expliquer l'adaptation. L'intégration sociale et académique ont été des déterminants clefs de cette approche. Parallèlement à cela, des recherches privilégiant une approche motivationnelle ont vu le jour et se sont davantage centrées sur des variables liées à des caractéristiques personnelles de l'étudiant, telles que sa motivation, son engagement, son sentiment d'efficacité personnelle et la valeur accordée à la tâche. Néanmoins, des chercheurs se sont aperçus de la **complémentarité de ces deux approches** et les ont réconciliées en affirmant notamment qu'ensemble elles permettaient d'avoir une vision plus complète et précise de ce phénomène complexe qu'est l'adaptation dans le supérieur. Notons toutefois que ces approches intégratives mixtes, bien qu'elles aient le mérite d'exister, ont eu du mal à trouver un réel équilibre entre les aspects motivationnels et les aspects éducationnels. En effet, la plupart des recherches privilégiaient davantage un aspect plutôt que l'autre. Enfin, l'approche des modèles de la transition a mis l'accent sur le processus lié à l'adaptation et sur la temporalité de ce dernier. Tous ces modèles souffrent toutefois d'une limite importante : ils ne s'appliquent pas directement et uniquement au vécu de la première année. Certains, tels que le modèle de *l'expectancy-value* ou celui d'engagement, ne sont pas spécifiques au vécu de la première année et peuvent s'appliquer à une diversité de contextes, tels que l'enseignement secondaire ou d'autres situations d'apprentissage. D'autres, comme le modèle des transitions, sont généraux et ne s'appliquent pas uniquement aux transitions éducatives. Il existe donc une réelle nécessité de construire un modèle directement appliqué à la transition que constitue le passage du jeune vers l'enseignement supérieur.

Dans cette optique, les différents modèles décrits nous ont permis de proposer un **Modèle Intégratif adapté au Contexte Académique** (De Clercq, 2019 ; Frenay, De Clercq et Roland, 2019). Ce modèle propose une **vision globale et dynamique du processus d'adaptation** à l'université. L'adaptation serait alors constituée de quatre étapes clefs qui mettent en lumière des leviers d'actions sur lesquels jouer pour agir sur l'adaptation de l'étudiant.

Avant l'entrée, l'étudiant devrait être principalement attentif à trois éléments : (1) les informations qu'il a par rapport aux études qu'il choisit d'entreprendre, (2) sa motivation et sa confiance en sa capacité à relever les défis auxquels il va être confronté en entrant dans ses études et (3) sa préparation en termes de connaissances, de compétences et de ressources.

À l'entrée dans le supérieur, le contexte doit permettre à l'étudiant de percevoir (1) qu'il pourra facilement tisser des liens dans son environnement, (2) qu'il pourra agir sur sa réussite et (3) que les études qui lui sont proposées sont en accord avec ses objectifs et ses buts. Ces informations pourront, entre autres, lui être fournies par des pratiques d'enseignement adaptées.

Pendant le reste de l'année, la focale sera alors mise sur les composants motivationnels et d'engagement. En effet, l'étudiant devra alors entreprendre de (1) construire un réseau social solide, (2) d'asseoir une réelle confiance en ses capacités et (3) d'adapter ses objectifs et ses croyances initiales afin de renforcer son intérêt et le sens qu'il donne à sa formation. Ces éléments lui permettront alors de s'engager activement dans ses études en travaillant davantage, en assistant aux cours, en essayant de développer une compréhension profonde de la matière, en régulant son étude et en gérant ses émotions.

Si l'étudiant arrive à remplir tous ces objectifs, il sortira alors de sa période de transition et pourra être considéré comme ajusté. En d'autres termes, ce sera un étudiant performant, persévérant et épanoui dans ses études.

Notons toutefois que, comme tout modèle, **cette conception n'est qu'une simplification de la réalité** et comporte également plusieurs limites. Tout d'abord, la distinction temporelle est évidemment moins précise que celle présentée. En effet, les éléments particulièrement importants des premières semaines pourront continuer à jouer un rôle par la suite. Deuxièmement, seuls quelques moments sont identifiés ici. Il pourrait néanmoins exister davantage de moments importants se déroulant durant l'année (ex., la première session d'examen). Troisièmement, l'adaptation est vue comme universelle et indifférenciée. En effet, la particularité du contexte est ici éludée et il est donc sous-entendu que la première année sera vécue de la même façon dans toutes les facultés et toutes les institutions. Or, ces contextes sont très différents et nécessiteraient d'être considérés. De plus, ce modèle propose un processus universel d'adaptation alors que des profils très différents d'étudiants entrent à l'université. Il serait alors important de considérer la variation de ce processus en fonction des profils d'étudiants entrant à l'université.

Les limites présentées ci-dessus sont néanmoins nécessaires à la création d'une modélisation qui reste claire et facile à comprendre. Nous invitons donc le lecteur à comprendre l'intérêt de ce modèle en tant que description générale de l'adaptation académique, tout en gardant à l'esprit l'importante variabilité de ce processus quand il est appliqué à un public précis, dans un contexte précis et à un moment précis. C'est d'ailleurs sur ces trois points que vont se pencher les trois prochains chapitres. Ceux-ci permettront d'adopter une vision plus nuancée de ce modèle global de l'adaptation.

Chapitre 3.
L'approche dynamique et temporelle

1. Introduction

Tout au long des deux premiers chapitres, l'adaptation en première année a été appréhendée à travers le processus du choix des études, le passé scolaire, le sentiment d'efficacité personnelle ou encore les stratégies d'étude mises en place par l'étudiant. Les relations complexes entre ces différents facteurs ont également été abordées au moyen de théories et de la création d'un modèle intégré de la transition vers le supérieur. Néanmoins, un important point de réflexion, introduit lors de la présentation du modèle intégratif de la transition universitaire, n'a pas encore été abordé : **le caractère dynamique et temporel de l'adaptation à la première année**. En effet, à l'exception du modèle MICA, les résultats présentés précédemment ont le plus souvent fait fi de la nature éminemment dynamique et temporellement ancrée du processus d'adaptation. Ainsi, les variables présentées ont été exposées de façon à laisser sous-entendre au lecteur qu'elles agiraient de la même façon sur l'adaptation tout au long de la première année et indépendamment des autres éléments faisant partie de ce processus complexe. Par exemple, le lecteur aura appris jusqu'à présent que lorsque l'intégration sociale a un effet positif sur l'adaptation, cet effet serait le même tout au long de l'année et indépendamment des autres facteurs agissant sur l'adaptation de l'étudiant. Dans ce chapitre, nous allons montrer que la réalité est tout autre et que nous ne pouvons pas considérer l'effet d'un facteur de façon désincarnée de la période temporelle à laquelle on l'évalue et de la dynamique complexe qu'il entretient avec d'autres facteurs liés à la réussite.

2. Des moments clefs

Un premier temps de réflexion sera pris ici afin de pouvoir discuter de différents moments qui constituent la première année dans l'enseignement supérieur et de leur importance respective.

2.1. Les premières semaines

2.1.1. Les éléments importants des premières semaines

Le chapitre 2 a déjà permis de pointer l'importance théorique des premières semaines dans le supérieur. En effet, les travaux de Nicholson (1990) ont présenté ces premières semaines comme la phase de rencontre de la transition. Ces propos ont d'ailleurs été repris dans notre modèle intégratif de la transition académique. D'autres auteurs affirment que cette période de transition scolaire est associée à un haut niveau de stress (Holmes et Rahe, 1967) et confronte les jeunes à différents enjeux associés à leur nouvelle vie d'étudiant. Enfin, certains travaux en psychologie sociale (Walton et Cohen, 2011) identifient cette période comme un moment clef pour agir à long terme sur l'adaptation de l'étudiant. Néanmoins, la question de l'impact précis de cette période a été peu étudiée dans la littérature en psychologie de l'éducation.

Afin de pallier à ce manque de considération, deux études qualitatives ont été menées auprès d'étudiants de première année. La première, menée par Roland et ses collègues (2016), a permis de mieux comprendre en quoi ces premiers moments sont importants et comment ils sont vécus par les étudiants. Lors d'entretiens réalisés auprès d'étudiants inscrits en première année à l'université en psychologie, il ressort que, pour certains d'entre eux, les premières semaines ont été très excitantes. Cependant, pour d'autres, l'entrée à l'université a été associée à de l'appréhension, de l'anxiété concernant les cours, concernant l'intégration sociale, et plus globalement une peur de l'inconnu. Les témoignages des étudiants, dans le cadre de cette étude, soulignent l'importance des premières semaines, mais pointent également les enjeux que revêt le début d'une année académique. Ainsi, ce qui rend les premières semaines primordiales, ce sont les préoccupations concernant l'intégration sociale, les cours, le sentiment de compétence, etc. Chaque étudiant est évidemment plus ou moins sensible à certains de ces enjeux.

La seconde a complété ces constats par d'autres entretiens menés auprès d'étudiants de première année dans le programme de biologie (De Clercq *et al.*, 2018). Les étudiants ont rapporté l'importance, dès les premières semaines, de prendre un bon départ dans ses études afin de rapidement pouvoir s'ajuster aux exigences universitaires, au rythme des cours et à la quantité de matière. Un étudiant a par exemple expliqué avoir pris plusieurs semaines pour trouver son rythme et illustre la situation difficile qu'a engendrée son mauvais départ :

> « *J'avais l'impression pendant l'année d'être tout le temps en retard, tout le temps. Je ne sais pas, j'avais l'impression que je n'avais pas le temps de suivre au fur et à mesure toutes les matières, tout en même temps. Et donc, le blocus, c'était plus du rattrapage de retard et alors, je n'avais pas vraiment le temps d'étudier correctement... Dès le début, j'étais déjà dépassé* ».

Il ressort également de cette étude que la préparation à l'enseignement supérieur est primordiale pour prendre le meilleur départ possible. Plus précisément, trois éléments importants ont été mis en évidence pour distinguer la préparation : les prérequis, les compétences et la connaissance du contexte. Ces éléments peuvent aisément être mis en lien avec les travaux présentés dans le chapitre 1 (point 3.4 et 3.5) concernant le passé scolaire et le développement d'un choix d'études éclairé. Les prérequis renvoient au fait d'être bien préparé en termes de connaissances disciplinaires. Outre la simple maîtrise des contenus disciplinaires, la possession préalable de compétences de travail et de gestion de l'apprentissage permet de directement faire face aux exigences universitaires de gestion autonome de son apprentissage. Cela renvoie largement à la littérature sur les compétences métacognitives (Pintrich, 2004 ; Wolters, 2010 ; Zimmerman et Schunk, 2001). Certains étudiants se sentent ainsi préparés alors que d'autres pointent un grand écart entre les compétences développées dans l'enseignement secondaire et celles attendues à l'université, ce qui a posé problème dès les premières semaines. Cette idée de compétence est d'ailleurs un élément qui peut se rattacher aux travaux sur le métier d'étudiant menés par Coulon (2017). Enfin, un dernier élément relevé dans cette étude concerne l'importance de poser un choix d'études réfléchi. Les participants de cette recherche ont peu insisté sur l'importance de poser un choix en fonction d'aspirations professionnelles futures. Ils ont davantage mis l'accent sur la nécessité d'avoir développé, avant l'entrée à l'université, une vision juste et précise du programme leur ayant permis de générer des attentes réalistes envers le contexte. Cette connaissance préalable du contexte leur permet alors de réduire au maximum le choc de la transition et de s'engager directement dans un processus d'adaptation adéquat. Ce propos rejoint les résultats de Germeijs et ses collègues (2012) dans leurs études portant sur le processus de choix d'études : la connaissance concrète et précise de l'environnement supérieur facilite l'adaptation de l'étudiant.

2.1.2. Les premières semaines, un effet boule de neige ?

Plusieurs études ont montré qu'en agissant durant les premières semaines sur l'intégration sociale ou l'affirmation de soi de l'étudiant, il était possible d'engendrer un effet boule de neige pouvant avoir des effets bénéfiques plusieurs années après l'intervention (Yeager et Walton, 2011). C'est notamment le cas de l'étude de De Clercq et ses collègues (2019) dans le cadre de laquelle des interventions ont été mises en œuvre afin de déterminer la réelle importance de ces premières semaines à l'université. L'objectif était de tester s'il était possible, en agissant durant cette période précise, d'initier un processus vertueux d'adaptation chez l'étudiant. Avant de rentrer à l'université, l'étudiant se construit une première vision du monde académique basée sur ses préconceptions et sur les informations qu'il a récoltées. Lors des premières semaines, cette première vision est confrontée à la réalité et doit être adaptée. L'étudiant entre alors dans un processus de réajustement de ses préconceptions de l'université basé sur les caractéristiques du contexte auquel il est confronté (Jenert *et al.*, 2016). Lors de ce processus, l'étudiant est donc très sensible aux caractéristiques de son contexte (ambiance de cours, messages véhiculés, contacts avec les enseignants et les étudiants, etc.) et se sert de ces différentes informations pour établir une vision stable de l'université qui guidera ses attitudes et ses comportements dans ce nouveau contexte. Dans cette idée, De Clercq et ses collègues (2019) ont alors tenté d'agir, pendant les premières semaines, sur la vision que se faisait l'étudiant de l'université en lui fournissant un message spécifique. Plus précisément, lors d'un atelier d'accueil en petits groupes, les auteurs, aidés d'assistants d'enseignement, ont demandé aux étudiants de lire des témoignages d'étudiants de master parlant de leur première année à l'université. Ces témoignages avaient pour but de rassurer l'étudiant concernant son intégration sociale à l'université. En effet, ces témoignages décrivaient le problème d'intégration comme un élément de stress pour beaucoup d'étudiants, mais qui se résolvait rapidement par la majorité des étudiants qui arrivaient très vite à s'intégrer. Pour plus de détails, en voici un exemple :

> « *J'étais très stressée au début parce que je ne connaissais personne, je n'avais jamais été sur le campus à part l'une ou l'autre fois pour aller faire les magasins donc je ne connaissais pas bien la ville. J'avais vraiment peur de me retrouver en plein milieu de plein de gens qui se connaissaient et d'être la seule à ne connaître personne, surtout que je savais qu'il y avait eu des cours pendant l'été que je n'avais pas su faire et qu'on m'avait dit à la base que c'était bien de les faire. Ça rajoutait un petit stress en se disant qu'il y avait presque tout le monde qui l'avait fait à part moi.*
>
> *Maintenant, ça se passe très bien, j'ai plein d'amis, on est un chouette groupe. Je ne suis plus jamais stressée, même à la rentrée, je sais bien que ça va bien se passer, les gens sont sympas, on se fait vite des connaissances et des amis. Bref, tout se passe bien.*
>
> *Il y a une fille qui est venue s'asseoir à côté de moi le premier jour, on a discuté, après on a été chercher les livres de cours ensemble, c'est devenu ma pote et petit à petit comme ça, on a rencontré des gens et on a formé un groupe. C'est comme ça tous les ans, quand il y a des gens qui doublent, on finit par s'asseoir près d'autres personnes, on commence à discuter et on forme des petits groupes comme ça.*
>
> *Je pense que mes appréhensions étaient justifiées, car c'est quelque chose de tout à fait nouveau donc c'est normal qu'on soit stressé, c'est humain. Je me dis que je n'ai pas été stressée bien longtemps, même le deuxième jour de cours, je savais à côté de qui j'allais m'asseoir, que ça allait bien se passer. Je savais aussi que les gens n'étaient pas comme en secondaire, qu'ils étaient beaucoup plus ouverts et qu'il y avait moins ces petits groupes dans lesquels on ne peut pas rentrer comme en secondaire. C'est un milieu plus ouvert, les gens aiment parler.*
>
> *Il faut oser s'asseoir à côté de quelqu'un quand on voit que l'autre personne est toute seule aussi, entamer la discussion et ça va se faire petit à petit. Il ne faut vraiment pas hésiter à prendre les devants et commencer à parler parce que les gens sont vraiment ouverts par rapport au secondaire, ce n'est pas du tout la même chose.* »

Une fois ces témoignages lus par les étudiants, il leur était demandé d'écrire un court paragraphe qu'ils exposaient ensuite aux autres étudiants afin d'exprimer ce que leur avait évoqué ce témoignage. La grande majorité des étudiants ont alors exprimé que l'intégration les stressait également, mais que les témoignages les avaient rassurés. Une fois les ateliers réalisés, les auteurs ont comparé la façon dont ces étudiants s'ajustaient à l'université en comparaison à des étudiants identiques (même programme, même caractéristique d'entrée), mais n'ayant pas lu ces témoignages. Les résultats de cette étude montrent que les étudiants ayant réalisé cette courte activité se sont réellement mieux intégrés un mois après l'intervention, mais ont également plus l'intention de persévérer dans leur programme que les étudiants n'ayant pas eu l'occasion de lire ces témoignages. De plus, une fois confrontés à une évaluation deux mois après l'intervention, ces étudiants vont plus spontanément aller demander de l'aide et du soutien à leurs pairs que les étudiants n'ayant pas eu l'intervention. Cette étude semble donc montrer que les premières semaines sont une période particulièrement déterminante dans la façon dont l'étudiant va réellement s'adapter au contexte académique. La transmission d'un message positif et rassurant semble avoir établi une conception positive de l'intégration à l'université qui a joué, à son tour, sur les attitudes et comportements que l'étudiant a concrètement mis en place dans le cadre universitaire.

2.2. Les premières évaluations

Un autre moment particulièrement critique est celui des premières évaluations associées à la période d'examens ou le passage de tests en cours d'année (Dozot, 2018). En effet, l'échec à un examen peut parfois amener à une remise en question du choix d'études du jeune (Roland, De Clercq *et al.*, 2015). C'est également la première fois où l'étudiant recevra un réel retour sur sa capacité à rencontrer les exigences académiques. Les témoignages recueillis par De Clercq *et al.* (2018), dans le cadre d'une étude longitudinale réalisée sur 17 étudiants de première année suivis pendant un an, illustrent d'ailleurs l'impact parfois très négatif que peut avoir l'annonce des résultats d'examen :

> *« Franchement oui, c'est triste... Enfin, je m'attendais, peut-être après janvier, à rater ma première, mais je ne m'attendais pas à la rater aussi violemment, aussi... Enfin si je recommençais, j'aurais eu une dispense peut-être deux et quelques labos... C'est pour ça que je suis parti, je ne voulais pas prendre le risque de perdre une deuxième année ici. »*

Dans cette étude, il était très important pour les étudiants en échec de réaliser que leur processus d'adaptation ne remplissait pas les exigences et qu'un changement radical de posture était nécessaire pour pouvoir espérer réussir leurs études.

Notons toutefois que le déclic réalisé par l'étudiant après sa première session d'examen est parfois insuffisant pour qu'il puisse rattraper son retard. En effet, comme nous le détaillerons plus tard dans ce chapitre, au plus l'étudiant tarde à réajuster ses stratégies au plus grand sera le nombre de lacunes accumulées. Il lui deviendra alors très difficile de rattraper son retard tout en étant confronté à un ensemble de nouveaux contenus que constitue le reste de son année académique. D'ailleurs, dans une présentation réalisée à un colloque européen en éducation, De Clercq *et al.* (De Clercq, Galand *et al.*, 2014), ont observé que les résultats de la session de janvier prédisaient plus de 60 % des résultats en juin ; montrant à quel point il peut être difficile pour l'étudiant de rattraper son retard si tard dans l'année.

Dans ce cadre, Salmon *et al.* (2011) mettent en avant qu'une grande partie des actions mises en place pour l'étudiant s'axe sur des actions de prévention pour gérer ces périodes d'évaluations ou sur des actions de remédiations destinées à permettre de gérer l'effet de ces premières évaluations sur la motivation et l'engagement de l'étudiant. Cela nous amène à nous questionner sur la façon de rendre le feedback des premières évaluations, à savoir comme une prise de conscience porteuse et non comme un message décourageant poussant l'étudiant à abandonner ses études. Pour plus d'informations à ce sujet, les travaux de Caroline Dozot ont tenté d'apporter une réponse à cette question, en s'intéressant notamment au rôle des émotions dans le traitement des feedbacks académiques par les étudiants (Dozot, 2018 ; Dozot *et al.*, 2016).

2.3. Les événements de vie

Au-delà des moments incontournables caractérisant la première année, des recherches ont permis de montrer que le vécu de la première année pouvait également être influencé par des événements extérieurs venant ponctuer le déroulement de cette période. Dans ce cadre, l'étude qualitative menée par Roland *et al.* en 2016 a mis en lumière l'impact parfois délétère de certains évènements de vie sur le parcours académique d'un étudiant. Ces évènements peuvent être de diverse nature (ex. maladie, rupture amoureuse, problèmes familiaux, etc.). La prise en compte de ces évènements de vie a peu été considérée dans la littérature (Wasylkiw, 2016) qui dissocie fortement la sphère privée et la sphère académique. Cependant, les recherches montrent que les évènements de vie affectent le bien-être des gens ainsi que leur investissement dans d'autres sphères de leur vie (Holmes et Rahe, 1967 ; Ogden, 2010). C'est ce dont ont témoigné les participants de l'étude de Roland *et al.* (2016) comme l'attestent ces quelques extraits :

« *En commençant mon année, j'étais vraiment très bas. La raison aussi que j'étais bas, c'est que mon père était dans le coma en fait à ce moment-là. Et les cours que j'ai ratés, j'aurais pu les réussir, mais ce n'était pas possible avec mon état* ».

« *Et puis en novembre j'ai perdu mon parrain donc ça n'a pas été une période facile. Puis euh… J'ai perdu mes grands-parents l'un après l'autre et puis donc du coup, une petite épreuve qui fait que je me remets un peu en question et puis j'ai travaillé quoi…* ».

« *Je suis quelqu'un d'assez fragile alors j'ai eu plein de problèmes rénaux … J'ai passé un petit peu de temps à l'hôpital donc c'était difficile, je n'étais pas motivée pour les cours…* ».

3. Un processus dynamique

Au-delà de l'importance de l'ancrage temporel, une considération nécessaire est celle du caractère dynamique du processus de réussite. En effet, bien que cela ait été abordé théoriquement dans le chapitre 2, il est encore difficile de pouvoir réellement comprendre les interactions complexes qui caractérisent le processus d'adaptation. Dans ce point, nous ne viserons pas à dresser un portrait exhaustif des relations complexes qu'entretiennent les différents éléments de l'adaptation ; cette tâche est selon nous impossible. Néanmoins, nous tenterons d'initier le lecteur à une vision plus nuancée des effets des différents éléments de l'adaptation quand ils sont considérés dans leur complexité. Pour ce faire, nous discuterons de la dynamique complexe de ce processus. Ensuite, nous décrirons les différents parcours que cette dynamique peut engendrer. Finalement, nous discuterons des potentiels effets ambivalents que certains éléments peuvent posséder quand ils sont considérés en interaction complexe avec d'autres. Ce point sera particulièrement alimenté par les deux études qualitatives belges déjà mentionnées ci-dessus (De Clercq *et al.*, 2018 ; Roland *et al.*, 2016).

3.1. Des éléments en interaction

Plusieurs études se sont interrogées sur les raisons des différences observées entre les étudiants. En effet, comment expliquer qu'un étudiant qui a mal vécu ses premières semaines à l'université va rebondir et se motiver à avancer dans son parcours alors qu'un autre étudiant va baisser les bras ? Comment expliquer que, face à un échec aux examens, certains étudiants se montreront totalement découragés alors que d'autres parviendront à rebondir ? Comment expliquer que face à des évènements de vie difficiles, certains étudiants se désintéresseront complètement des études alors que d'autres parviendront à maintenir leur motivation ? L'étude qualitative de Roland *et al.* (2016) permet de poser un premier éclairage pour répondre à ces différentes questions. Cette étude a été menée auprès d'étudiants inscrits en première année en psychologie l'année précédant les entretiens. Parmi les participants, certains poursuivaient leurs études alors que d'autres les avaient abandonnées. Les résultats ont mis en évidence quatre facteurs clefs associés à la persévérance des étudiants : l'intérêt pour les études, l'intégration sociale, le soutien social et le sentiment de compétence. Le vécu des différents évènements clefs peut évoluer grâce à ces facteurs. Néanmoins, au-delà de ces quatre facteurs déjà bien documentés dans la littérature (voir chapitre 1), les résultats ont permis de montrer que ce sont les interactions entre certains de ces facteurs qui vont permettre à l'étudiant, à un moment donné, de rebondir.

Ainsi, comme de nombreuses recherches l'ont montré, l'intérêt qu'a un étudiant envers ses cours et son programme semble primordial à son engagement dans ses études. En cas de coup dur, les étudiants qui rencontrent un désintérêt pour leurs études ont d'ailleurs plus de difficultés à rester engagés dans leurs études. Cependant, la recherche qualitative de Roland *et al.* a pu démontrer qu'en cas de perte d'intérêt, le soutien des autres et l'intégration sociale étaient essentiels à la persévérance de ces jeunes. Cela s'explique par le fait que la présence des autres a un effet remobilisateur et permet de renforcer l'engagement dans les études (Galand, 2006 ; Marks, 2000 ; Newman, 2002). Furrer et Skinner (2003) ont d'ailleurs rapporté que le fait de se sentir soutenu et accepté avait un effet énergisant qui pouvait réveiller l'enthousiasme et l'intérêt à s'engager et à participer à des activités académiques. Notons toutefois que Roland *et al.* (2016) ont montré que cet effet positif des autres sur l'intérêt de l'étudiant n'est vrai que pour les étudiants qui ont un réel attrait pour leurs études et qui connaissent une baisse de motivation. Les étudiants qui n'ont jamais vraiment apprécié les études entamées ne bénéficieront pas avec la même force du soutien des autres.

Cette recherche a également pu mettre en évidence que, même si l'intégration sociale semble être primordiale pour surmonter la difficulté des premières semaines à l'université, les étudiants peu intégrés, s'ils parviennent à trouver du soutien en dehors de l'université, arriveront quand même à aller de l'avant et à s'adapter. En effet, ce soutien social leur permet probablement de compenser le manque d'intégration sociale à l'université. Ainsi, en cas de difficultés, ces étudiants peuvent quand même s'appuyer sur certaines personnes afin d'avoir du soutien et des conseils. Ces résultats soutiennent les recherches qui affirmaient qu'il était important pour un étudiant de conserver les relations nouées dans le passé (Nora, 2001 ; Terenzini *et al.*, 1994 ; Torres, 2003).

De plus, cette recherche qualitative a également montré qu'en l'absence de soutien, avoir un bon sentiment d'efficacité personnelle permettait de rester malgré tout engagé dans ses études. Cela peut s'expliquer par le fait qu'une des fonctions du soutien des autres est d'encourager l'autre en lui redonnant confiance en lui. Un étudiant qui croit suffisamment en lui n'aura donc pas nécessairement besoin d'être réassuré par les autres (Lopez *et al.*, 1989 ; Ryan *et al.*, 1996 ; Torres et Solberg, 2001). Dans la même logique, chez les étudiants qui ont une faible estime d'eux-mêmes, il est nécessaire qu'ils aient suffisamment de soutien de la part de leur entourage. Il est également important qu'ils aient un réel intérêt pour leurs études. Ces résultats soulignent donc l'importance que peut jouer le soutien des autres pour contrebalancer un manque d'intérêt, d'intégration ou de sentiment de compétence. Les bénéfices du soutien social sont dus à la diminution du stress qui lui est associé. En effet, l'isolement social est souvent associé à un mal-être et à de la dépression

(Marks, 2000 ; Newman, 2002 ; Ratelle *et al.*, 2005 ; Schmitz *et al.*, 2006 ; Shankland, 2012 ; Wei *et al.*, 2005).

Cette étude (Roland *et al.*, 2016) permet également de souligner que l'adaptation de l'étudiant à l'université est un processus dynamique qui fluctue d'un étudiant à l'autre, mais également en fonction des éléments en présence pouvant compenser les manques. En somme, cela a permis de montrer qu'un facteur à lui seul ne permet pas de comprendre ce qui amène un étudiant à rester accroché à ses études, mais que c'est la combinaison de certains facteurs entre eux qui permet de mieux comprendre la recette du succès.

L'étude qualitative longitudinale de De Clercq *et al.* (2018) va également dans ce sens en témoignant de l'importance de plusieurs facteurs primordiaux à l'adaptation, tels que l'engagement, les stratégies d'étude l'intégration et la motivation pour ses cours. Ces résultats confirment ceux présentés plus haut. Néanmoins, ils montrent également la dynamique existante entre ces différents facteurs. Par exemple, les résultats montrent que l'engagement de l'étudiant, bien que nécessaire à la réussite de ce dernier, n'est pas suffisant et peut même mener à son abandon. En effet, l'étudiant qui s'engage dans ses études, mais de façon inadéquate (prend beaucoup de temps dans des stratégies inefficaces, essaye de tout maîtriser, etc.) risque très vite de s'épuiser face à la quantité et au rythme de la matière enseignée. Plusieurs étudiants très motivés ont témoigné avoir abandonné leurs études, car ils s'étaient tellement engagés en début d'année qu'ils se sont totalement épuisés et se sont rendus incapables de poursuivre le reste de l'année.

Ce n'est donc pas l'engagement en tant que tel, ou même la motivation qui le sous-tend, qui déterminera la réussite de l'étudiant. C'est plutôt l'équilibre que l'étudiant arrive à trouver entre ces différents composants tout en respectant ses propres limites (De Clercq *et al.*, 2018) : les étudiants s'étant le mieux adaptés n'étaient pas les plus motivés ou les plus engagés. En réalité, c'étaient les étudiants les plus conscients des attentes de l'enseignant, de leurs propres façons de fonctionner et de l'importance respective des différentes tâches qui leur étaient demandées.

Ainsi, ces étudiants pouvant être qualifiés de stratégiques et d'autorégulés ont ajusté leur engagement, non pas en fonction de leur motivation, mais plutôt en fonction de l'importance de la tâche pour la réussite finale. Ces étudiants font également preuve d'une grande flexibilité dans leurs stratégies d'étude pouvant s'adapter aux exigences et évoluer tout au long de l'année. Ceci s'oppose à des étudiants ne pouvant se départir de leurs habituelles stratégies d'étude, peut-être suffisantes en secondaire, mais inefficaces à l'université.

3.2. Effets ambivalents

Au travers du point précédent, il devient clair que certaines variables, que l'on considérait comme ayant systématiquement un effet positif ou négatif sur l'adaptation de l'étudiant, ont en réalité un impact beaucoup plus contrasté, voire ambivalent.

3.2.1. Le cas de l'environnement social

Un cas frappant d'effet ambivalent est celui de l'environnement social et plus précisément du soutien et de l'intégration. Comme nous l'avons expliqué précédemment, le rôle de l'environnement social sur l'adaptation n'a jamais été démenti dans la littérature. Cependant, il s'agit d'une vision très dichotomique et peu nuancée : un étudiant soutenu et intégré serait un étudiant heureux, persévérant et sur la route du succès alors qu'un étudiant isolé et peu soutenu aurait plus de difficultés à poursuivre ses objectifs académiques (Cohen, 2004 ; Furrer et Skinner, 2003 ; Grant *et al.*, 2009 ; Newman, 2002 ; Ratelle *et al.*, 2005). Bien que cette vision semble pleine de bon sens, la littérature traitant des normes et de la pression sociale permet de la questionner. Selon cette littérature, les autres peuvent induire, volontairement ou non, une forme de pression sociale à mener à bien l'action pour laquelle ils apportent leur soutien. L'étude qualitative menée par Roland *et al.* (2016) présentée précédemment a en effet montré que le soutien n'était pas forcément aussi positif qu'il n'y paraissait au premier abord.

Dans cette étude, certains étudiants rapportent percevoir le soutien des autres comme une pression sociale culpabilisante à continuer leurs études. Derrière leur soutien et leurs encouragements, les proches des étudiants cachent parfois leurs propres attentes, celles-ci ne cadrant pas toujours avec celles de l'étudiant. Ce soutien perçu comme négatif se rapproche du concept de soutien conditionnel qui est défini comme le soutien donné par autrui uniquement en contingence de l'atteinte de standards fixés (Harter, 1990). Ainsi, le jeune soutenu conditionnellement ne se sent aimé et encouragé que s'il répond aux attentes des autres. Inversement, un jeune qui bénéficie d'un soutien inconditionnel se sent aimé et encouragé pour ce qu'il est et non pour ce qu'il fait. Le soutien inconditionnel amènerait d'ailleurs le jeune à développer une motivation intrinsèque (Assor *et al.*, 2004 ; Deci et Ryan, 1995). Au contraire, le soutien conditionnel semble avoir des conséquences négatives sur le fonctionnement psychologique (faible estime de soi, dépression) et scolaire du jeune (glorification après un succès, dénigrement et honte après un échec, amotivation, manque d'engagement, mauvaises performances) (Assor *et al.*, 2004 ; Assor et Tal, 2012 ; Harter, 1990).

En résumé, les recherches menées au sein de la Chaire de Pédagogie Universitaire[5] permettent de nuancer l'influence qu'ont les autres sur le parcours d'un jeune. L'impact du soutien et des encouragements n'est en effet pas toujours aussi positif qu'attendu. Cohen (2004) avait d'ailleurs déjà défendu l'idée de l'importance de la qualité du soutien, mais sans pour autant aborder la question de la pression sociale. Cette mise en perspective du soutien avec la pression normative permet donc de relativiser son influence sur la persévérance et mérite qu'on le considère avec plus de prudence. En outre, le soutien peut avoir une influence différenciée sur l'intention de persévérer et sur la persévérance en fonction du profil de chaque étudiant.

Outre le soutien et la pression perçue par les autres, plusieurs travaux ont questionné l'effet de l'intégration sociale au sein de l'université (Schmitz, 2009). Comme nous l'avons vu précédemment, ce facteur semble nécessaire à l'adaptation et à la persévérance (Tinto, 1997). L'étude de De Clercq *et al.* (2018) apporte une vision plus nuancée : les étudiants rapportent que l'intégration sociale est bénéfique, car elle permet une entraide et le développement d'une dynamique positive de motivation.

Néanmoins, cet effet bénéfique n'est pas toujours présent et peut parfois s'inverser. En effet, certains étudiants nous rapportent une réalité tout autre et expliquent que le groupe social tend à les pousser à se désengager des tâches académiques plutôt qu'à s'y atteler. En voici un extrait :

---

5 Voir notamment les thèses de doctorat de Neuville (2004), Schmitz (2009), Boudrenghien (2011), Ndayizamba (2015), Roland (2017) et De Clercq (2017) sous la supervision des professeurs Mariane Frenay, Etienne Bourgeois ou Benoît Galand.

> *« L'année passée, on était tous dans la même situation que moi. C'était un effet de masse. Quelqu'un disait : « On va boire un verre » et puis quelqu'un disait : « Non, je dois travailler » ; « Ben non, viens boire un verre avec nous » et du coup, on allait boire un verre avec lui. C'est vraiment : on était tous des gros « glandus », on ne faisait rien, on a tous raté notre année. ».*

Dans cette situation, le groupe de pairs semble contrer les tentatives d'adaptation de l'étudiant. Certains étudiants très bien intégrés seraient donc à risque important d'échec à cause de l'influence de leurs pairs. Le type de dynamique développée dans le groupe est alors primordial.

Une question se pose alors : comment se fait-il que certains groupes développent une dynamique positive poussant à l'engagement alors que d'autres présentent une dynamique inverse ? Une part de la réponse à ces questions peut se trouver dans le principe d'homophilie. Selon ce principe, l'être humain se lie principalement d'amitié avec des gens similaires à lui (Mayhew, 1980 cité dans Kossinet et Watts, 2009). L'étudiant aurait donc tendance à se lier avec des personnes qui ont les mêmes objectifs académiques que lui, et ce afin d'avoir un point de repère pour savoir comment se comporter pour atteindre cet objectif. En outre, au vu du besoin que nous avons d'être avec des personnes qui nous sont semblables, nous essayons non seulement de rendre les autres plus similaires à nous, mais également de devenir plus semblables aux autres, et ce pour pouvoir continuer à nous comparer à autrui (Suls et Wheeler, 2012). Par exemple, dans le contexte de l'enseignement supérieur, un étudiant peut insister auprès de ses amis pour qu'ils sortent autant que lui, ou se forcer à aller à tous ses cours parce qu'il a conscience que c'est ce que font et valorisent les autres membres du groupe. Ce principe d'homophilie a d'ailleurs été étudié dans le contexte de la première année à l'université par De Clercq et Roland (2018) qui se sont intéressés au réseau de 140 étudiants de première année. Ils ont observé que les étudiants se liaient principalement d'amitié avec des jeunes qu'ils perçoivent similaires à eux en termes d'attentes de réussite, de valeur accordée aux cours et d'engagement dans les études. Cette perception de similarité d'engagement prédisait l'engagement réel de l'étudiant ainsi que sa réussite. Ces résultats montrent que les étudiants tendent à développer un réseau social homogène concernant certains aspects de leur vie académique. Quand l'étudiant est intégré dans un réseau adaptatif, l'intégration sociale apporte des ressources importantes et pertinentes à l'adaptation de l'étudiant

(McEwan, 2013). Inversement, une intégration dans un groupe social moins stimulant peut avoir l'effet inverse. Ces résultats peuvent se mettre en lien avec les recherches de De Clercq, Galand *et al.* (2020) qui seront présentées dans le chapitre 5 et qui ont montré que l'intégration sociale avait un effet différent en fonction des profils d'étudiants. Elle était très bénéfique aux étudiants dits « démocratisés » et avait un effet nul voir négatif chez les étudiants dits « insouciants ». En nous basant sur le principe d'homophilie, nous pouvons alors postuler que ces profils d'étudiants auraient tendance à se rassembler et à développer des dynamiques de groupe différentes. Les étudiants démocratisés développeraient une réelle dynamique de motivation et d'engagement tandis que les étudiants insouciants pourraient se renforcer dans leur insouciance et s'encourager mutuellement à sous-estimer les difficultés du monde académique.

3.2.2. Le sentiment d'efficacité personnelle et la valeur

Bien que l'effet de l'environnement social soit un exemple éloquent des potentiels effets ambivalents des déterminants de l'adaptation quand ils sont pris dans leur complexité, c'est loin d'être le seul cas. Un autre exemple concerne le sentiment d'efficacité personnelle et la valeur accordée aux cours. Bien que ces deux composants soient conçus comme des adjuvants très importants de l'adaptation de l'étudiant (Eccles et Wigfield, 2002), certains résultats de De Clercq *et al.* (2018) montrent un aspect plus négatif de ces composants. Ils observent que plus l'étudiant se sentira capable de réussir un cours et plus il le verra comme intéressant et utile, plus il aura tendance à s'y engager et à réussir. Ces éléments, de prime abord, positifs, peuvent engendrer des effets pervers au sein d'un programme de cours. Les étudiants ont en effet rapporté se surinvestir dans les cours qu'ils valorisaient et dans lesquels ils se sentaient capables de réussir au détriment d'autres cours jugés plus difficiles ou ennuyeux. Ce surinvestissement est parfois très délétère à la réussite de l'étudiant qui doit réussir l'ensemble de ses cours pour valider son année. L'étudiant souffre alors d'un biais d'engagement sélectif qui peut le mener à l'échec.

Ce surinvestissement des cours jugés plus intéressants et plus atteignables est important à considérer. En effet, certains dispositifs d'aide aux étudiants consistent à augmenter l'utilité perçue d'un programme en y rajoutant un cours ou un atelier axé sur la découverte pratique du métier et des applications de la formation. Ce type de dispositif risque alors d'inciter l'étudiant ayant déjà des difficultés à maîtriser les différents cours à surinvestir cet atelier et laisser de côté les cours qui lui semblent moins intéressants. Sous le couvert d'une bonne intention, l'effet de contraste engendré pourrait générer une diminution de l'engagement dans les cours plus théoriques et le mettre indirectement en plus forte difficulté d'adaptation.

4. Les types de parcours

L'idée qu'il existerait différents moments de l'année durant lesquels de nombreuses variables interagissent permet de comprendre que chaque étudiant a un parcours qui lui est propre. Dans leur analyse qualitative déjà mentionnée, Roland *et al.* (2016) ont d'ailleurs révélé des différences de parcours parmi les étudiants et, de ce fait, l'impossibilité de pouvoir généraliser les résultats classiques des recherches à l'ensemble des étudiants. À partir du regard rétrospectif que les étudiants ont porté sur leur première année, cinq types de parcours ont été mis en évidence.

Parcours 1. ***Une année angoissante :*** Ce parcours concerne les étudiants qui aiment beaucoup leurs études, mais qui ont vécu leur année comme quelque chose de très angoissant et stressant. Ils ont eu du mal à surmonter ce stress à cause de leur faible confiance en eux. Ce stress peut en partie s'expliquer par le fait que ces étudiants sont des primo-arrivants et n'ont donc pas d'expérience à l'université. Ils se sont sentis démunis face à toutes les nouveautés inhérentes à l'université.

Parcours 2. ***Une année semée d'embûches :*** Ce parcours concerne les étudiants qui aiment beaucoup leurs études, mais qui ont dû faire face à des incidents, évènements de vie durant leur année. Parmi ces étudiants, nous avons distingué deux cas de figure.

- ***Cas de figure 1*** : suite à un évènement traumatique, ces étudiants ont eu une chute importante de leur motivation et de leur bien-être. Ils ont mis un certain temps à se remettre sur pied, mais ont réussi à se remotiver et à se remettre au travail une fois passé le choc de l'évènement.
- ***Cas de figure 2*** : ces étudiants ont vécu l'évènement traumatique comme un électrochoc qui les a motivés à se remettre au travail et à davantage s'investir dans leurs études. Ils n'ont donc pas connu l'abattement comme dans le premier cas de figure. Cependant, ces étudiants ne sont pas parvenus à maintenir leur motivation à long terme.

Parcours 3. ***Une année décevante :*** Ce parcours concerne des étudiants motivés qui ont commencé leur année de manière assez positive même si certains ont ressenti un peu de stress. Cependant, ces étudiants ont été fort déçus de leurs résultats aux examens de janvier, ce qui les a amenés à se remettre en question et a fait chuter leur motivation. Leur intérêt marqué pour leurs études les incite néanmoins à se remotiver et à persévérer.

Parcours 4. ***Une année de vacances :*** Ce parcours concerne des étudiants qui sont intéressés par leurs études, mais n'ont pas envie de se mettre au travail. Ils perçoivent leur première année d'étude comme une opportunité de profiter de leur vie d'étudiant et de profiter de leur nouvelle liberté. Cela n'empêche qu'ils sont persuadés d'avoir fait le bon choix d'études et n'envisagent pas d'abandonner leurs études malgré les éventuels échecs.

Parcours 5. ***Une année ennuyante :*** Ce parcours concerne des étudiants qui ont globalement abandonné leurs études en cours de parcours, car ils trouvent peu d'intérêt à leurs études. Ils réalisent que leurs études ne les motivent pas et ils ne s'y projettent pas.

L'étude qualitative susmentionnée de De Clercq *et al.* (2018) a également permis de montrer trois types de parcours différents que nous pouvons mettre en relation avec les parcours pointés ci-dessus.

Le parcours fragilisé : C'est le parcours d'étudiants arrivant très motivés à l'université, s'engageant de façon très importante, mais réduisant cette implication après un événement difficile, à savoir une évaluation défavorable de leurs compétences. Ce parcours présente des similitudes avec le deuxième cas de figure du parcours semé d'embûches présenté plus haut.

Le parcours Diesel : Ce parcours rassemble des étudiants peu engagés pendant l'année, mais ayant eu besoin de prendre conscience de leurs difficultés d'adaptation pour changer d'attitude et augmenter leur engagement. Ce parcours présente des similitudes avec le premier cas de figure du parcours semé d'embûches présenté plus haut.

Le parcours impassible : Ce parcours rassemble des étudiants ayant maintenu un niveau de motivation et d'engagement constant tout au long de l'année sans être influencés par les événements ayant ponctué cette année académique. Dans le cas d'un faible engagement, les étudiants subissent la première année sans réellement tenter de réajuster leurs stratégies. Leur prise de conscience vient trop tard. Cet exemple se rapproche assez du parcours décrivant une année de vacances dans les recherches de Roland *et al.* (2016).

5. Conclusion

Ce chapitre a porté l'attention du lecteur sur un autre type de variation nécessaire à considérer dans la compréhension du processus d'adaptation de l'étudiant : **les variations temporelles.**

D'un point de vue pratique, ce chapitre nous informe sur deux moments clefs de l'adaptation en première année : les premières semaines et les premières évaluations. Tout d'abord, les premières semaines se révèlent primordiales pour l'étudiant afin d'initier un processus d'adaptation de qualité. Plus précisément, les croyances que l'étudiant va consolider lors de cette période de malléabilité vont largement impacter les attitudes et les comportements qu'il mettra ultérieurement en place. Rejoignant l'expression : « c'est la première impression qui compte », les recherches tendent à montrer que **les messages et l'image véhiculés par le programme en début de parcours établiront la conception stable que l'étudiant se fait de l'université**. Un message délétère (insistant par exemple sur la compétition entre étudiants) pourrait alors avoir des effets particulièrement dévastateurs. Ensuite, les moments d'évaluation et les feedbacks en résultant semblent également être particulièrement importants pour l'étudiant (Dozot, 2018). **Les résultats, mais surtout la communication des résultats à l'étudiant, impacteront la façon dont ce dernier décidera de réagir**. En fonction de sa compréhension de ce retour, l'étudiant redoublera d'efforts ou décidera de laisser tomber. Un travail important peut alors être réalisé sur l'accompagnement de l'étudiant dans sa réaction à une première période d'examens et dans la régulation des émotions que cette période, y compris celle du blocus, engendre (Fischer, 2022 ; Fischer *et al.*, 2022).

Dans la suite du chapitre, la question des effets ambivalents des déterminants de la réussite a révélé des effets subtils et parfois inattendus de certains facteurs. Ces résultats rappellent une fois encore au lecteur la nécessité de considérer les résultats des recherches avec prudence. Plus largement, cela démontre également l'importance de **penser une action d'aide à la réussite en tenant compte de la complexité de la première année et les spécificités du contexte d'action**. En effet, certains exemples ont montré qu'une action d'aide à la réussite agissant de façon isolée sur un déterminant de la réussite sans considérer les effets de cette action dans la globalité du programme pouvait avoir des effets opposés à ceux escomptés. Au-delà de l'importance de toujours penser une action en tenant compte des particularités contextuelles et temporelles de sa mise en place, ce point insiste également sur l'importance d'évaluer rigoureusement ce que nous mettons en place.

Finalement, le dernier point pose une autre perspective sur le vécu de la première année dans l'enseignement supérieur. Au travers des différents parcours des étudiants, ce point rappelle à l'acteur de la réussite que **l'adaptation de l'étudiant n'est pas entièrement sous le contrôle de l'institution**. En effet, les autres strates de vie de l'étudiant faisant part intégrante de sa transition vers l'âge adulte viennent favoriser ou contrecarrer son adaptation. Un grand nombre d'événements (rupture, deuil, maladie, engagement extérieur, problème financier, etc.) viendront alors agir sans que l'acteur de la réussite ne puisse les prévoir ou les contrôler. Cette dernière réflexion conclut ce chapitre en rappelant au lecteur que l'adaptation de l'étudiant n'est que partiellement influençable. Cette notion doit être gardée à l'esprit lorsque nous travaillons au quotidien avec les étudiants afin de relativiser l'impact de nos actions et notre réel pouvoir d'action. L'acteur de la réussite est présent pour accompagner l'étudiant dans ce parcours, mais n'est pas le premier acteur de sa réussite.

Chapitre 4.

L'approche par contextes

1. Introduction

Lorsque la problématique de l'adaptation à l'enseignement supérieur est abordée, il arrive bien souvent que la question du contexte soit éludée. En effet, dans la littérature scientifique, le caractère contextuel de cette transition est souvent laissé de côté, voire même considéré comme équivalent et universel pour tous les étudiants. Or, la diversité des contextes académiques est bien réelle et ne peut être ignorée (Kuh *et al.*, 2011). En effet, le contexte auquel l'étudiant est confronté est façonné par les politiques éducatives du pays dans lequel l'institution est implantée, par les politiques institutionnelles de l'établissement dans lequel il est inscrit, par l'organisation facultaire, par les compétences et exigences évaluées par le programme précis dans lequel il est inscrit, etc. (Roland, De Clercq *et al.*., 2015). Ainsi, il est par exemple difficile de concevoir comme identique l'adaptation d'un étudiant inscrit dans un programme d'informatique dans une université américaine, à celle d'un étudiant initiant une première année de sciences économiques dans une université suisse. C'est donc essentiellement sur cette question que va se pencher ce chapitre. L'effet des différentes politiques éducatives d'accès à l'enseignement supérieur sera d'abord discuté, suivi de certaines recherches ayant essayé de considérer cette question de la variation de contexte. Ceci nous permettra de discuter de la façon d'adapter nos actions à cette variation de contexte.

2. Les différentes politiques d'accès à l'enseignement supérieur

Une compréhension fine de l'adaptation à l'enseignement supérieur ne peut être réalisée sans la mettre en perspective avec les politiques d'accès des systèmes éducatifs concernés. Au sein de l'Union européenne se côtoient deux politiques principales d'accès à l'enseignement supérieur : sélective et ouverte. Cette distinction est présentée en figure 9. D'après les enquêtes de la Commission européenne (Eurydice, 2014), la majorité des systèmes éducatifs (21 sur les 36 investigués) appliquent une politique dite « sélective » de l'accès à l'enseignement supérieur. C'est par exemple le cas en Angleterre, au Portugal et au Danemark. Cette politique permet aux établissements d'enseignement supérieur de restreindre leur accès sur la base de critères d'admission, tels que les résultats aux examens de fin d'études secondaires. L'enseignement supérieur n'est alors accessible qu'aux jeunes les plus performants et le taux de réussite y est alors bien moins préoccupant[6].

[6] Notons que la question de l'adaptation dans l'enseignement supérieur se pose alors différemment dans ces systèmes en se focalisant d'abord sur les problématiques de l'abandon et de l'ajustement en termes motivationnels. Les questions typiquement abordées seraient alors : « Comment faire pour que les étudiants ayant les capacités pour réussir persévèrent et continuent à s'engager dans leurs études ? », « Comment favoriser la motivation et l'épanouissement du jeune dans son parcours académique ? ».

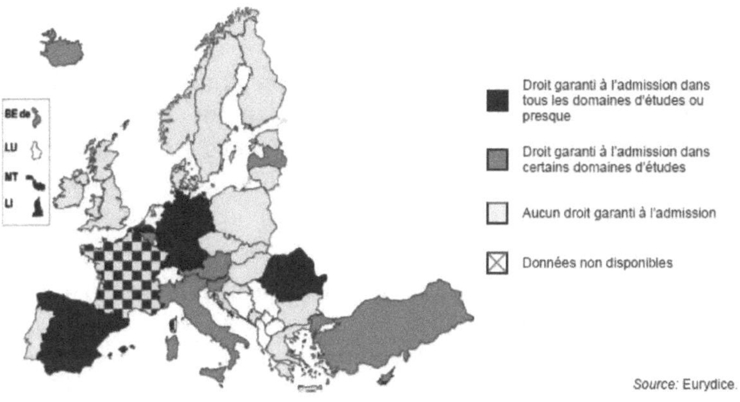

Figure 9. Droit à l'admission dans l'enseignement supérieur pour les détenteurs d'un diplôme de fin d'études secondaires, 2012/2013 (Eurydice, 2014)

La politique alternative est celle de l'accès ouvert à l'université (présente dans 15 des 36 systèmes analysés). Cette politique permet aux étudiants ayant réussi leurs examens de fin d'études secondaires d'accéder automatiquement aux études supérieures, à l'établissement et à la filière de leur choix (Eurydice, 2014). C'est notamment le cas des Pays-Bas, de la Belgique, de la France ou encore de l'Allemagne. C'est au sein de ces pays que l'échec en première année constitue un problème important et récurrent. Les questions principales sont alors ici « Comment fournir à l'étudiant les clefs pour réussir à performer dans le contexte universitaire ? », « Quels sont les déterminants de la réussite de l'étudiant ? ».

Précisons néanmoins que les pays diffèrent concernant leur application de cette politique dite « ouverte ». Ainsi, plusieurs pays affichent une politique majoritairement ouverte de la réussite malgré un certain nombre d'exceptions. C'est par exemple le cas de la France qui offre un accès ouvert aux universités, mais pas aux grandes écoles (par ailleurs très sélectives), ni aux instituts universitaires de technologie, et ni aux sections de technicien supérieur (Eurydice, 2014). Notons qu'un changement politique a changé la situation en France avec l'instauration du module Parcours Sup qui régule à présent l'accès à l'enseignement supérieur (pour une revue, voir Frouillou *et al.*, 2020). Un autre exemple est celui de la Belgique francophone qui offre un accès généralement ouvert à l'enseignement supérieur pour tout jeune détenant un certificat de l'enseignement secondaire supérieur, mais qui soumet le jeune à un accès plus sélectif pour certaines formations particulières. Ainsi, l'étudiant devra réussir une épreuve spécifique d'admission pour intégrer certaines filières d'arts audiovisuels, d'arts plastiques ou encore d'ingénierie. En médecine, le nombre d'étudiants sera également restreint par concours d'entrée et en fonction d'un « numerus clausus » limitant l'accès du jeune à cette filière (même si celui-ci ne prend pas toujours effet à l'admission de l'étudiant).

La distinction entre ces deux politiques n'est pas toujours nette, il convient donc de l'appréhender avec précaution. Nous pouvons alors poser la catégorie des politiques « mixtes » ou « hybrides » où, dans un même système d'enseignement supérieur, des établissements fondés sur une admission sélective côtoient d'autres établissements où l'admission est ouverte. C'est notamment le cas dans les pays anglo-saxons, comme le Canada et les États-Unis.

Dans les systèmes d'accès ouvert, le constat issu des différentes statistiques est clair : un grand nombre d'étudiants échouent à l'université. En Belgique francophone, ce sont 64 % des étudiants qui échouent leur première année à l'université en 2013 (ETNIC, 2015). Une étude menée dans deux universités francophones en 2001 pointe un taux d'échec proche de 61 % (Vermandele *et al.*, 2012). Les indicateurs de l'enseignement (ETNIC, 2015) résument cette idée en relevant un taux globalement stable ces 10 dernières années et avoisinant les 60 % d'échec. Cette stabilité est également soulevée par d'autres auteurs belges (Neuville *et al.*, 2013) argumentant que le taux de réussite à l'université n'aurait pas évolué au cours de ces 30 dernières années. Notons que ce taux est imprécis et peut amener à une compréhension erronée de la problématique de la réussite. En effet, parmi le taux moyen de 60 % sont rassemblés deux types d'étudiants (Droesbeke *et al.*, 2008) : ceux qui échouent en fin d'année, mais décident de se réinscrire à l'université (35 % des étudiants) et ceux qui échouent et quittent l'université (25 %). Notons également que ces chiffres de réussite à l'université ne sont à l'heure actuelle plus réellement applicables en Fédération Wallonie-Bruxelles. En effet, un changement de décret de définition de l'enseignement supérieur en 2013 (Décret Paysage, 2013) a changé la conception même de la réussite et d'une année d'étude. La notion de taux d'échec est donc devenue plus compliquée à traiter et ne permet plus de se calculer tel qu'auparavant. L'étudiant de première année en 2011 considérait que réussir était obtenir une moyenne générale de 60 % dans ses cours, sans avoir aucune note en dessous de 50 %. Si cet étudiant atteignait cet objectif, il était alors admis à poursuivre son parcours et à passer en deuxième année de bachelier. Sinon, il redoublait et devait recommencer sa première année en représentant tous les cours en dessous de 60 %. Aujourd'hui, l'étudiant belge francophone conçoit la réussite de la première année comme étant la validation à 50 % de 45 crédits de cours sur les 60 que compose son bloc annuel (si l'étudiant ne réussit pas ce minimum de 45 crédits, il ne pourra être amené à poursuivre). Si cet objectif est atteint, il pourra alors poursuivre, mais sera tout de même contraint de valider les cours échoués en les réintégrant dans la suite de son parcours de formation. Même si ce décret ne règle en rien le caractère préoccupant de l'échec en Belgique francophone[7], ce dernier montre l'importance que peuvent avoir les décisions politiques sur la définition même du problème qui nous préoccupe. Nous reviendrons sur cette question plus tard dans ce chapitre.

Si le phénomène est particulièrement marqué en Belgique francophone, tant à l'université qu'en hautes écoles et écoles supérieures des arts, ce dernier est également pointé dans de nombreux autres pays à travers le monde. Garcia (2010) met par exemple l'emphase sur le taux élevé d'échec et d'abandon en France. D'après une enquête française, ce taux serait proche des 59 % (SISE, 2012) dont 25 % redoubleraient et 34 % abandonneraient les études universitaires[8]. Des chercheurs américains (Allen *et al.*, 2010) nous rapportent également des taux proches de la situation belge. Selon eux, ce serait 56 % des étudiants qui échoueraient leur première année à l'université.

Les données comparatives issues du rapport OCDE « Regards sur l'éducation » reprenant les taux de réussite pour le premier cycle d'enseignement supérieur (Bachelier ou licence) (OCDE, 2019, indicateur B5, p. 228) illustrent cette préoccupation. Il est ainsi à noter qu'en moyenne

---

7 Les premiers résultats tendent d'ailleurs à montrer le contraire. Le taux général d'échec est en très faible diminution depuis l'instauration du décret. Néanmoins, derrière ce taux général se dissimule une réduction du taux de réussite à 60 ECTS passant de 34 à 26 % et une augmentation du taux de réussite partielle (entre 45 et 59 ECTS) passant de 3 à 15 %. Cette réussite partielle implique des années subséquentes plus complexes pour l'étudiant et donc un risque d'échec plus fort dans la suite de son parcours (Base de données CREF, traitement réalisé par la Direction Études et Statistiques de l'ARES, mai 2020).

8 Ces taux d'échec concernent les universités et non les grandes écoles françaises qui souffrent moins de ce phénomène d'échec et dont le cas est particulier.

39 % des étudiants scolarisés à temps plein terminent leur programme avec succès sans en dépasser la durée théorique (le plus souvent 3 ans). Le taux de réussite trois ans plus tard est de 67 %, ce qui signifie qu'un échec en première année (lors de la transition) peut déboucher sur une réussite finale de son programme, mais que 3 ans après la fin théorique de ce programme, 33 % des étudiants ne l'ont toujours pas réussi ou l'ont abandonné. Ainsi, ce rapport (OCDE, 2019) mentionne que, pour les pays concernés, en moyenne, 12 % des étudiants abandonnent le programme qu'ils ont entamé avant le début de leur deuxième année et ils sont 20 % à avoir abandonné à la fin de la durée théorique du programme.

Un autre indicateur permettant de mesurer l'ampleur du phénomène réside dans le rapport « Regards sur l'éducation » réalisé par l'OCDE (2021). Ce dernier affiche les taux d'obtention du diplôme liés aux études entamées dans 18 des pays membres. Ce taux varie de 57 à 93 %. À l'exception du Portugal, du Danemark, du Royaume-Uni, de la Corée du Sud et du Japon, l'ensemble des pays analysés présentent un taux d'obtention final proche des 70 %. Cela signifie que, pour les 13 pays concernés par cette statistique, environ un tiers des étudiants ayant entamé des études universitaires n'obtiendront pas le diplôme y étant rattaché, ce qui est également ce qu'on l'observe dans les taux de réussite en fin de premier cycle pour l'année 2017 (OCDE, 2019). Cette dernière statistique vient corroborer l'ampleur de l'échec à l'université et l'importance de ce problème dans de nombreux pays à travers le monde.

3. L'impact des différences de contextes sur l'adaptation de l'étudiant

Dans le point précédent, nous avons pu constater que la question de la transition vers l'enseignement supérieur ne se posait pas de la même façon en fonction du système éducatif de référence. Ainsi, une certaine distance critique peut être prise avec les résultats de recherches internationales concernant la réussite. À un niveau plus méso, considérer le programme de cours pourrait également permettre une meilleure compréhension des variations de contextes.

En effet, dans la littérature actuelle, quelques auteurs ont tenté d'étudier l'impact de la diversité de contextes en se concentrant sur les variations pouvant se produire d'un programme d'études à l'autre. Certains ont également posé la question de la variation d'un cours à l'autre. Ce sont ces travaux que nous allons détailler ici.

3.1. L'importance du programme d'études

Comme nous l'avons déjà spécifié plus tôt, l'importance du contexte n'a que peu été étudiée dans la littérature sur la transition dans l'enseignement supérieur. Néanmoins, quelques auteurs ont apporté des premières pistes de résultats permettant de nous faire une idée du rôle de ce contexte.

Ainsi, Chickering et Reisser (1993) ont tenté d'identifier d'un point de vue théorique quels seraient les facteurs contextuels qui pourraient agir sur l'adaptation de l'étudiant. Ces derniers ont pointé plusieurs caractéristiques importantes, à savoir : la taille des espaces d'apprentissage, le nombre d'étudiants inscrits dans le programme, mais également le type de pratiques d'enseignement mis en place par les professeurs, les objectifs poursuivis par la faculté en charge du programme dans lequel l'étudiant est inscrit (objectif d'accessibilité, de sélectivité, etc.) et la politique facultaire (liberté laissée à l'enseignement, volonté d'une formation élitiste, souci de la question de la réussite académique). Néanmoins, ces premiers éléments sont essentiellement issus de discussions et de réflexions théoriques et nécessitent d'être éprouvés empiriquement.

Les chercheurs néerlandais[9] van der Hulst et Jansen (2002) ont été parmi les premiers à réellement tenter d'estimer l'importance des caractéristiques du programme d'études dans l'adaptation de l'étudiant en réalisant une large étude auprès de plus de 1 500 étudiants de trois programmes d'ingénierie (ingénierie aérospatiale, électrique et mécanique). Selon ces chercheurs, la variation entre les programmes pourrait s'expliquer par (1) les caractéristiques d'enseignements (majorité de cours magistraux, proportions de cours pratiques), (2) la répartition des activités d'études pendant l'année (proportion de temps dévolu pour les cours et de temps dévolu pour la préparation des examens) ainsi que (3) les types d'évaluation (nombre d'examens). Les premiers résultats de leur étude semblent ne pas montrer une importance primordiale du programme pour la réussite de l'étudiant. En effet, seuls 3 % de la réussite

---

9 Notons que le système éducationnel néerlandais peut être qualifié de système ouvert au même titre que la France ou la Belgique.

pourraient être expliqués par le programme. Une limite évidente à ces travaux est la faible variation de contextes investigués. En effet, il est logique de s'attendre à de faibles variations de contexte entre trois programmes d'ingénierie. Jansen (2004) a quant à elle porté plus loin la question en analysant l'influence précise des caractéristiques de l'environnement dans six programmes différents (Psychologie, Sciences de l'éducation, Médecine, Histoire, Pharmacie et Gestion). Cette dernière a pu alors confirmer que l'organisation de programme en termes de répartition des activités d'étude était importante. Plus précisément, Jansen a montré qu'une charge de cours plus faible avec une plus grande dispersion des cours (moins de cours en parallèle) et des examens (plusieurs examens plutôt qu'une session unique et importante d'examens) pendant l'année était favorable à la réussite de l'étudiant. De plus, ces résultats ont également souligné l'importance des opportunités pour l'étudiant d'aborder la matière d'un point de vue pratique (cours théoriques associés à des séances ou des travaux pratiques).

Une étude belge a également posé la question de l'importance du contexte d'études dans l'adaptation à l'université. Cette étude (De Clercq, Galand *et al.*, 2021) a analysé le processus d'adaptation de 1 173 étudiants de première année inscrits dans 27 programmes d'études différents d'une même université. Ces travaux ont montré que les différences de contexte d'études expliquaient 15 % de la réussite des étudiants. Plus précisément, le taux de réussite variait de 20 à 80 % selon les programmes. Ce résultat est un premier indice éloquent attestant que l'adaptation à l'université n'est pas équivalente pour tous et que certains programmes sont plus producteurs d'échecs que d'autres.

Néanmoins, une autre question reste en suspens : ***quels sont les facteurs qui peuvent expliquer cette grande variation de réussite au travers des programmes ?*** C'est la seconde question sur laquelle s'est penchée cette étude belge. Plusieurs caractéristiques de l'environnement ont été prises en compte, à savoir : la proportion de cours théoriques et de travaux pratiques, la taille moyenne de l'auditoire, le nombre moyen d'étudiants dans le programme, le nombre d'enseignants-assistants d'enseignement alloués au programme, la perception des pratiques d'enseignement par les étudiants des programmes.

Au-delà du contexte, plusieurs caractéristiques propres à l'étudiant ont également été mesurées : ses caractéristiques d'entrée (âge, genre, niveau socio-économique, processus de choix, performance passée), sa motivation (sentiment d'efficacité personnelle et valeur des cours), son intégration, son engagement (assistance aux cours, temps d'étude et engagement extrascolaire).

Les résultats de cette étude ont tout d'abord permis de montrer que la proportion de travaux pratiques et la taille de l'auditoire étaient toutes deux importantes. Plus un programme dispensait des cours dans des auditoires de grande taille, plus l'étudiant éprouvait des difficultés d'adaptation. Deuxièmement, plus un programme était composé d'une grande proportion de travaux pratiques, plus l'étudiant éprouvait des difficultés à s'adapter. Ce second résultat s'oppose aux découvertes de Jansen (2004) montrant des effets bénéfiques à aborder la matière d'un point de vue pratique. Ceci peut, entre autres, s'expliquer par la plus grande proportion de travaux pratiques dans les filières scientifiques également réputées comme étant les plus exigeantes. Ces travaux pratiques pourraient alors amener une plus grande charge de travail à l'étudiant, ce qui nuirait à son adaptation. Ces propos avaient d'ailleurs été défendus par Jansen (2004) qui montrait l'importance de réduire la charge de travail de l'étudiant. La charge de travail réelle n'ayant pas réellement été mesurée dans cette étude, nous ne pouvons donc pas tirer de conclusion définitive.

Au-delà des caractéristiques organisationnelles, les pratiques d'enseignement jouent également un rôle dans l'explication de la variation de réussite entre les programmes. Dans cette étude, la perception de la qualité de la relation avec l'enseignant avait été mesurée. Il avait également été demandé aux étudiants d'évaluer à quel point ils considéraient que leur enseignant les encourageait à entrer en compétition (buts de performance) ou, au contraire, à entrer avant tout dans une logique de dépassement de soi et de maîtrise complexe de la matière enseignée (buts de maîtrise). Les résultats révèlent que plus le programme d'études sera composé d'enseignants qui encouragent les étudiants à viser une compréhension en profondeur de la matière et à évaluer leur progression par rapport à eux-mêmes (et non par rapport aux autres), plus les étudiants s'adapteront facilement. En effet, ce type de pratiques permettrait de créer un climat d'apprentissage propice à la coopération et à l'atteinte des objectifs académiques (recul critique, compréhension complexe des matières). Ces résultats ont pu être approfondis par une autre étude menée sur 932 étudiants issus de 20 cours universitaires et se concentrant sur le rôle des pratiques enseignantes sur la réussite des étudiants (De Clercq et Jacquemart, 2021). Au moyen d'analyses multiniveaux, cette étude a montré que 27,5 % de la réussite des étudiants étaient déterminés par les caractéristiques perçues du cours et des pratiques enseignantes. Parmi les pratiques, ce sont la provision de structure dans le cours, la capacité à transmettre le sens des apprentissages et l'approche constructive de l'enseignant face aux erreurs et difficultés de l'étudiant qui ont un effet le plus favorable sur la réussite.

L'étude susmentionnée de De Clercq, Galand *et al.* (2021), menée sur plus de 1 100 étudiants, a également démontré que les différences de programmes pouvaient s'expliquer par le type d'étudiants inscrits dans ces derniers. En effet, les résultats révèlent que plus d'un quart des variations de performance entre programmes pouvait s'expliquer par les caractéristiques des étudiants qui composent le programme. Cela signifie que les différents programmes d'études rassembleraient différents profils d'étudiants et que ces profils joueraient un rôle sur l'adaptation générale des étudiants dans le programme. Une précédente étude de Nils et Lambert (2011) montrait par exemple que les programmes de sciences humaines étaient davantage constitués de filles issues de milieux socio-économiques moins favorisés. Ainsi, les résultats de l'étude de De Clercq, Galand *et al.* (2021) peuvent alors signifier que les particularités du public ne seraient pas sans incidence sur la réussite générale du programme concerné. Plus précisément, les résultats suggèrent ici que, plus un programme sera constitué d'étudiants de niveau socio-économique faible, ayant un passé scolaire faible et ayant opéré un choix d'études peu réfléchi, plus l'adaptation dans ce programme sera difficile. Cette question de la diversité des publics étudiants sera développée plus avant dans le prochain chapitre.

3.2. Un processus d'adaptation spécifique au programme d'études

Nous avons constaté ci-dessus que les caractéristiques du programme d'études avaient un rôle à jouer en termes de caractéristiques structurelles, de pratiques d'enseignement et de public. Au-delà de ces résultats, plusieurs recherches ont approfondi le questionnement en se demandant comment les processus d'adaptation pouvaient varier entre les programmes.

Tout d'abord, les travaux de chercheurs australiens, Lizzio *et al.* (2002), ont analysé la réussite en première année au travers d'une étude menée sur 2 130 étudiants de 14 facultés différentes. Ces derniers ont identifié des variations d'effet de plusieurs prédicteurs de la réussite. Plus précisément, les performances passées de l'étudiant ne prédisaient la réussite de l'étudiant que dans la faculté des sciences. Ensuite, l'apprentissage de la matière par cœur n'était positif pour la réussite de l'étudiant que dans la faculté de commerce. Par contre, la perception par l'étudiant de recevoir un enseignement de qualité (évaluation en accord avec le cours, objectifs de cours clairs et traitement équivalent des étudiants) s'est révélée positive pour la réussite dans toutes les facultés investiguées.

Ces résultats peuvent d'ailleurs être complétés par ceux d'une recherche belge (De Clercq, Galand, Dupont *et al.*, 2013) qui a comparé les différences de facteurs de réussite entre deux facultés (sciences et sciences de la motricité) auprès de 317 étudiants de première année. Cette étude montre que, contrairement aux résultats de Lizzio et ses collègues (2002), le passé scolaire de l'étudiant était très important pour la réussite de l'étudiant dans les deux facultés. Cette différence peut résider dans la différence de politique éducative existant entre les deux pays investigués. En effet, en Belgique francophone, le système d'accès ouvert à l'université confère une importance particulière à la préparation de l'étudiant. Les résultats de cette étude belge ont également mis en évidence que le niveau socio-économique et la croyance dans ses capacités à réussir étaient deux prédicteurs consistant dans les deux facultés. Cette étude a néanmoins pointé un certain nombre de différences. Ainsi, l'âge, la raison du choix d'étude, l'option choisie en secondaire, l'intention de persévérer et le temps passé à étudier sont des prédicteurs significatifs de la réussite uniquement dans la faculté des sciences. Plus précisément, un étudiant plus jeune, ayant choisi ses études par passion et étant issu d'une filière renforcée en mathématiques, aura plus de chances de réussir et ce d'autant plus s'il travaille intensément et s'il a une réelle volonté de persévérer dans ses études. En sciences de la motricité, c'est avant tout l'apprentissage en profondeur qui apparaît déterminant alors que ce dernier n'est pas lié à la réussite en sciences.

D'autres études de ces mêmes auteurs (De Clercq, Galand *et al.*, 2021 ; De Clercq, Galand *et al.*, 2020) ont également montré des résultats allant dans le sens d'une variation des prédicteurs de la réussite. Ils mettent en avant, au moyen d'analyses en équation structurelle et multi-niveaux, la variation de l'effet de l'intégration sociale de l'étudiant et de son engagement dans sa réussite en fonction des programmes d'études. En voici quelques exemples :

- L'intégration sociale sera particulièrement importante dans des programmes tels que celui de sciences politiques, mais ne sera pas significativement liée à la réussite dans des programmes tels que celui d'ingénieur civil.
- L'assistance aux cours semble être particulièrement importante en biologie, mais n'est pas liée à la réussite en droit.
- L'occupation d'un emploi rémunéré pour payer ses études semble avoir un effet négatif important sur la réussite des étudiants en médecine, mais pas chez les étudiants en psychologie.

Finalement, le chercheur français Millet (2003, 2012) a également adressé cette question. Ses recherches montrent de grandes variations de l'effet des stratégies d'apprentissage mises en place par les étudiants sur leur réussite en fonction de leur faculté d'appartenance. Dans certaines facultés telles que celle de médecine, l'apprentissage en surface semble permettre la réussite de l'étudiant. Cela rejoint les résultats de Lizzio *et al.* (2002) concernant les études de commerce. Dans d'autres facultés, ça sera l'apprentissage en profondeur qui primera. Ce résultat rejoint les découvertes de De Clercq, Galand, Dupont *et al.* (2013) sur la faculté des sciences de la motricité. D'après Millet, cette différence peut s'expliquer par les différentes politiques d'évaluation régissant les facultés. Dans certaines facultés, les évaluations (par questionnaire à choix multiples entre autres) ne demandent qu'une restitution superficielle de la matière, ce qui explique le lien positif avec les stratégies d'apprentissage en surface. Ce questionnement peut être mis en relation avec les travaux de Vermunt (2005) ou de Wolfs (1993) qui ont observé que l'effet des stratégies d'apprentissage sera fonction de l'évaluation à laquelle l'étudiant sera confronté. Plus largement, ces recherches montrent que la variation du processus d'adaptation s'étend jusque dans l'évaluation des apprentissages des étudiants (Roland, De Clercq *et al.*, 2015).

4. Conclusion : Dans quelle mesure le processus d'adaptation varie-t-il en fonction du contexte de transition auquel l'étudiant est confronté ?

Ce chapitre nous a permis de pointer les nuances importantes concernant l'adaptation de l'étudiant. Il ressort des recherches que, derrière une apparente similitude de vécu de cette transition, se cachent de très importantes différences d'un système éducatif à l'autre et dans les caractéristiques des programmes impliquant une variation dans la difficulté même que revêt l'adaptation, mais également dans le processus permettant de l'atteindre.

Cela nous amène à nous poser plusieurs questions. Dans quelle mesure les conclusions tirées dans d'autres systèmes éducatifs seraient-elles formatées par les particularités de ce dernier ? Quels processus d'adaptation sont-ils transversaux et lesquels sont-ils fonction du contexte précis dans lequel l'étudiant évolue ? En écho au chapitre 3 pointant l'importance de la temporalité, rappelons également que les caractéristiques du contexte ne sont pas immuables. En effet, malgré une certaine difficulté à amener des changements rapides dans les niveaux méso (les programmes et institutions) et macro (le système éducatif national) de l'enseignement supérieur, le contexte éducatif reste dynamique et en constante évolution. Un très bon exemple d'une telle évolution est la mise en place en 2013 en Belgique francophone du décret redéfinissant le paysage de l'enseignement supérieur (Décret Paysage, 2013). Ce dernier décret a changé le seuil de réussite (passant de 60 à 50 %), a supprimé la notion d'année d'études (le parcours de l'étudiant étant devenu un processus continu de validation de cours moins régi par une division annuelle[10]) et a donc changé le concept même de réussite. Ainsi, la réussite mesurée en taux d'échec tel que précédemment n'a plus la même signification. Il est alors important aujourd'hui de considérer avant tout le nombre de crédits validés. De plus, le redoublement de l'étudiant ne sera plus l'indicateur principal de son adaptation. Il sera alors beaucoup plus riche d'analyser les temps qu'il mettra pour finir son programme de bachelier étant donné que chaque cours échoué devra être reporté et se rajoutera aux années suivantes de cours. La volonté de ce décret de 2013 était de permettre une plus grande réussite des étudiants, une facilitation des réorientations et une plus grande flexibilité des parcours pour s'adapter à l'hétérogénéité des profils. Les résultats des premières analyses semblent être plus mitigés, montrant un allongement du temps nécessaire pour obtenir un diplôme, un morcellement de l'identité de la classe (chaque cours étant composé d'étudiants à différents niveaux de leur parcours) et surtout un réajustement à la baisse des objectifs des étudiants (ne visant

---

10 Seul l'accès à la deuxième année est conditionné à la réussite de l'équivalent de 45 crédits de cours annuels (une année comporte 60 crédits de cours). Cependant, une nouvelle révision de ce décret entre en application en septembre 2022, ce qui fera encore évoluer la situation.

plus que 45 crédits de réussite et n'hésitant pas à délaisser certains cours de leur cursus).

Gardons donc bien en tête que, au même titre que le processus d'adaptation, les spécificités du contexte sont dynamiques et temporellement situées. Cette constatation nous incite à toujours remettre en question la spécificité de notre contexte d'action et à en évaluer constamment les effets.

D'autres travaux nous ont montré l'importance des caractéristiques du contexte dans le processus d'adaptation de l'étudiant. D'un contexte à l'autre, de grandes variations apparaîtront en termes de constitution (nombre d'étudiants, taille des auditoires), de composition (types d'étudiants dans le programme), d'évaluation (types d'attentes, types d'évaluations réalisées), et d'enseignement (climat d'apprentissage, de soutien). Toutes ces caractéristiques seront cruciales afin de déterminer le paysage de l'enseignement supérieur auquel l'étudiant doit s'ajuster. Dans cette idée, nous avons vu que l'adaptation de l'étudiant sera en partie fonction de son contexte. En effet, malgré certains facteurs universels d'adaptation, tels que le sentiment d'efficacité personnelle et le passé scolaire, une large majorité des facteurs étudiés dans la littérature semblent avoir un effet sur l'adaptation étudiante qui sera fonction du contexte éducatif. Ainsi, nous avons pu relever que l'option choisie en secondaire, le passé scolaire, l'intégration sociale, le processus de choix, l'engagement comportemental et les stratégies d'apprentissage présentent des effets divergents en fonction des programmes. Ensemble, ces résultats nous montrent toute l'importance du contexte et des caractéristiques du programme et de l'établissement. Ces recherches peuvent d'ailleurs faire écho aux nombreux travaux menés en sociologie sur l'effet établissement (Dubet et Duru-Bellat, 2009) et le *school effectiveness* (Dumay et Dupriez, 2014) au niveau de l'enseignement obligatoire. Ces travaux soutiennent que la qualité de l'apprentissage et du développement des compétences des jeunes sera en grande partie déterminée par son contexte d'enseignement caractérisé par le profil de l'établissement, les pratiques des enseignants et les profils des autres apprenants. Ainsi, d'un établissement à l'autre, les possibilités d'apprentissage du jeune varieraient fortement en fonction de ces compositions contextuelles. Les différences entre ces établissements créeraient donc des inégalités importantes de formation qui réduiraient les chances des jeunes d'établissements défavorisés de pouvoir accéder et réussir dans l'enseignement supérieur (Kamanzi, Maroy et Magnan, 2020).

L'ensemble de ces travaux combinés aux recherches présentées dans ce chapitre suggèrent donc qu'un levier important d'influence se situerait dans la façon dont le contexte d'enseignement se caractérise. Faciliter la transition vers l'enseignement supérieur passerait également par une réflexion importante sur les caractéristiques des contextes d'enseignement.

Plusieurs points de vigilance peuvent alors être pointés pour les acteurs de la réussite. Tout d'abord, il est important de garder cette spécificité de contexte dans les lectures des déterminants de l'adaptation. Compte tenu des fortes variations constatées, l'identification des facteurs de réussite dans la littérature devra toujours être remise en question par rapport à la spécificité du programme. La question pourrait alors être : « Au vu des caractéristiques de mon programme et des différences avec le programme investigué dans la recherche que je lis, quelle valeur puis-je raisonnablement accorder aux résultats de cette recherche dans mon contexte spécifique ? ». Les travaux mentionnés ci-dessus montrent que le vécu de la première année à l'université se résume difficilement à un processus unique, il serait alors dangereux d'essayer de le concevoir comme tel. Ensuite, il sera nécessaire pour l'acteur de la réussite d'identifier dans son contexte quels sont les freins et les leviers pour l'adaptation de l'étudiant. En effet, dans la seconde partie de ce chapitre, nous avons montré que la réussite se travaille différemment en fonction des caractéristiques du programme et du système éducatif. Dans certains programmes, nous avons remarqué que des prédicteurs semblaient avoir un effet plus important alors que d'autres ne semblaient tout simplement pas jouer sur la réussite de l'étudiant. L'importance relative de ces différents prédicteurs devra donc être considérée en fonction de la spécificité du contexte d'action.

Chapitre 5.
L'approche centrée sur la diversité étudiante

1. Introduction

Lorsque nous portons notre regard sur l'enseignement supérieur d'aujourd'hui, nous pouvons constater une diversité croissante des publics et une plus grande hétérogénéité des profils étudiants. Bien que l'ampleur de cette diversification reste sujette à débats (Parmentier, 2011 ; Vermandele *et al.*, 2010), de nombreux acteurs de terrain insistent sur son importance dans la mise en place d'un soutien efficace à l'adaptation de l'étudiant (Sauvé *et al.*, 2007). Il semble alors nécessaire de considérer la pluralité des profils étudiants. Les étudiants arrivent dans l'enseignement supérieur avec des spécificités qui ne seront pas sans incidence sur la façon dont ils vivront la transition et pourront y trouver leur place. Ces spécificités peuvent être associées à leur bagage d'entrée, à leurs stratégies motivationnelles et cognitives, à la manière dont ils ont opéré leur choix d'études, à leur éventuelle situation de handicap, etc. Dans ce chapitre, nous allons tenter de comprendre les différences sous-jacentes associées à ces différents profils d'étudiants. Alors que les chapitres 1 et 2 présentaient une vision globale et indifférenciée de l'adaptation à l'enseignement supérieur, nous proposons ici de nous rapprocher de la logique des chapitres 3 et 4 se concentrant sur la diversité temporelle et contextuelle en nous focalisant sur les différences interindividuelles. Pour ce faire, nous allons tenter de comprendre les différents profils étudiants tels que dégagés dans la littérature et l'impact de ces profils sur l'adaptation à l'enseignement supérieur. Nous nous pencherons majoritairement sur les travaux en psychologie de l'éducation présentant différents profils psychosociaux.

2. Les profils vocationnels

Une première vague de recherche s'est focalisée sur les profils vocationnels des étudiants entrant à l'université. Ces travaux se sont centrés sur la préparation de l'entrée dans l'enseignement supérieur et sur la construction d'un choix d'études. Leur objectif était d'identifier différents profils vocationnels et de comprendre dans quelle mesure ces derniers allaient influencer l'adaptation de l'étudiant dans ses études.

2.1. Trois profils de choix d'études

Une première série de travaux ont été menés par Biémar et ses collègues de l'université de Namur (2003). Ces derniers ont interrogé plus de 200 élèves issus de la région namuroise en Belgique en fin de secondaire sur leur projet d'études. Plus précisément, ils les ont questionnés sur la certitude de ce choix, le moment où ils avaient pris leur décision et les informations leur ayant servi à poser ce choix.

Ces étudiants rapportent tout d'abord, dans une très grande majorité (75 %), être sûrs de leur choix. Par contre, le moment de choix diffère. Pour les sciences humaines et sociales, les jeunes posent leur choix assez tard, quelques semaines avant la rentrée dans l'enseignement supérieur. Pour les sciences exactes, le choix se pose par contre beaucoup plus tôt dans le parcours. Finalement, les jeunes considèrent principalement cinq éléments pour réaliser leur choix : (1) l'intérêt et la valeur perçue de la formation ; (2) leurs prérequis et compétences ; (3) les professions auxquelles la filière permet d'accéder, (4) les bénéfices du diplôme (accès à l'emploi, etc.) et (5) les caractéristiques mêmes de la filière (charge de travail, longueur, etc.). Ces propos sont en concordance avec d'autres travaux menés en Belgique qui ont montré, par le biais d'entretiens qualitatifs, toute l'importance pour l'étudiant de poser un choix d'études basé tant sur une vision à long terme des perspectives professionnelles et les atouts de la filière choisie, que sur une vision claire, précise et motivée des caractéristiques du programme auquel il sera confronté (De Clercq *et al.*, 2018). Ces derniers auteurs relient d'ailleurs ces éléments à une meilleure adaptation à l'université et à un bon démarrage de l'année académique.

Au-delà de cette première prise d'informations, Biémar *et al.* ont également mené des analyses plus poussées auprès de 32 jeunes. Ces jeunes ont été suivis tout au long de leur première année d'études supérieures afin de mieux comprendre leur parcours. Au moyen d'une analyse qualitative en grappe (rassemblant des patterns de réponses) ces chercheurs ont déterminé trois profils décisionnels distincts : (1) « les étudiants éclectiques convergents », (2) « les étudiants mus par un projet professionnel », et (3) « les étudiants forcés et contraints » (Biémar *et al.*, 2003).

Le premier profil d'étudiants « **éclectiques convergents** » rassemble des jeunes qui réunissent l'ensemble des cinq éléments favorisant un choix d'orientation optimal. Ce sont des étudiants qui ont réussi à poser un choix de filière combinant leurs intérêts intellectuels, leurs compétences, leurs projets professionnels futurs et les bénéfices visés de l'obtention du diplôme. Ces étudiants allient donc une vision à long terme de l'utilité de leur formation avec une perception à court terme de l'intérêt de la matière. D'une part, Boudrenghien *et al.* (2011, 2012) insistent sur l'importance de se fixer des buts à long terme. Ces travaux ont montré que la représentation du projet de formation développée par les étudiants (en termes d'abstraction et d'intégration) influence leur engagement envers ce projet, et que l'importance perçue de ce projet et le sentiment d'efficacité personnelle ressenti à son égard jouent un rôle de médiateurs dans ce processus. Ainsi, plus un étudiant entame des études afin d'atteindre un but identitaire abstrait (par exemple : devenir psychologue) et que celui-ci est intégré (il fait la connexion avec ce but et les stratégies à mettre en place), plus il s'engagera envers ses études. D'autre part, un grand nombre de travaux sur la motivation témoigne également de l'importance de poser des buts intrinsèques à court terme afin de s'engager dans une activité d'apprentissage (Vansteenkiste *et al.*, 2006). Les étudiants les mieux ajustés seraient donc ceux qui combinent une motivation intrinsèque (l'intérêt pour les cours) et extrinsèque (obtenir un diplôme, accéder à une profession) (Hayenga et Corpus, 2010). Si nous revenons aux résultats de l'étude de Biémar *et al.* (2003), nous constatons d'ailleurs que ce sont les étudiants éclectiques convergents qui présentent un niveau de satisfaction très important pour les études. Au-delà d'une simple satisfaction, ces étudiants sont également ceux qui vont le plus activement s'approprier leurs études. Ces auteurs expliquent que ces étudiants témoignent d'une motivation très importante, ce qui les pousse à s'engager très fortement dans les activités d'apprentissage et à rechercher activement des solutions aux problèmes rencontrés. Ce profil d'étudiants est d'ailleurs celui qui présente le plus haut taux de réussite en fin d'année.

Le deuxième profil rassemble les étudiants « **mus par un projet professionnel** ». Il s'agit d'étudiants qui ont opéré leur choix essentiellement en fonction des perspectives professionnelles que permettait d'atteindre la filière d'études. Certains d'entre eux sont avant tout poussés par les avantages perçus de la profession (statut, salaire, perspectives de carrières, etc.) alors que d'autres visent davantage les fonctions inhérentes à la profession visée (utilité sociale, aide à la personne, etc.). Les auteurs précisent que certaines préconceptions de la profession sont à ce stade naïves et stéréotypées (Biémar *et al.*, 2003). Par exemple, un étudiant qui décide de s'inscrire en criminologie pour devenir profiler comme dans les séries télévisées policières. La particularité de ce profil est de développer un rapport très instrumental à la formation. Ce concept renvoie à la notion de motivation extrinsèque (Deci et Ryan, 2000) au sein de laquelle l'étudiant s'engage dans une activité, non pour l'activité elle-même, mais pour les résultats que va générer cette dernière. Ces étudiants sont d'ailleurs caractérisés par une motivation forte en début d'année, mais qui peut progressivement s'essouffler s'ils ne parviennent pas à faire le lien entre la formation et la profession visée. Ces étudiants seraient très sensibles à la perception de valeur des cours telle que décrite dans le chapitre 1 (Eccles et Wigfield, 2002). Ils éprouveraient des difficultés à maintenir un engagement dans les cours plus généraux dont ils ne voient pas l'utilité pour leur formation future. Les filières plus axées sur la professionnalisation pourraient dès lors davantage leur convenir que les baccalauréats proposés par les universités qui offrent une formation souvent très généraliste. Au regard de la réussite finale, ce profil semble souffrir d'un taux d'échec important en première année, et ce, à cause des difficultés à maintenir l'engagement dans les cours moins appliqués. Néanmoins, la vision à long terme de ces étudiants leur fournit un soutien pour persévérer et pour atteindre la profession désirée. Les auteurs mettent d'ailleurs en garde sur « l'enfermement du jeune dans son projet » (Biémar *et al.*, 2003, p. 13). Cette idée renvoie à la limite que revêt la persévérance à tout prix faisant fi des réalités concrètes du contexte. Des recherches ont en effet montré qu'il était préférable pour certains étudiants d'abandonner leur projet s'il ne leur convenait plus, plutôt que de rester engagés dans des études qui ne les épanouissaient pas. Persévérer dans des études qui ne conviennent pas à l'étudiant risque d'avoir des effets plus négatifs que l'abandon en lui-même (Boudrenghien, Frenay et Bourgeois, 2013 ; Pomerantz *et al.*, 2000 ; Wrosch *et al.*, 2007). C'est d'ailleurs également le cas lorsqu'une personne se sent incapable de réussir les études dans lesquelles elle est engagée. Rester engagé envers un but inatteignable a, entre autres, un impact négatif sur le bien-être de la personne (Boudrenghien *et al.*, 2012 ; Heckhausen *et al.*, 2001 ; Pomerantz *et al.*, 2000 ; Wrosch *et al.*, 2007). Le désengagement est donc, dans certaines circonstances, utile et adaptatif (Heckhausen *et al.*, 2001 ; van Randenborgh *et al.*, 2010). Cette idée rejoint celle de Tinto (1997) selon qui l'adaptation de l'étudiant à ses études est primordiale pour assurer son bien-être à court et long terme.

Le dernier profil « **forcés et contraints** » est composé de jeunes qui expliquent être entrés dans l'enseignement supérieur essentiellement pour des facteurs externes. Certains témoignent ne pas avoir pris le temps de réfléchir à leur orientation. Ils choisissent l'enseignement supérieur sans réellement avoir pris conscience des implications d'un tel choix. Ils s'inscrivent dans un cursus pour rester dans la continuité de leur filière secondaire ou parce qu'ils y ont été encouragés par leur entourage ou encore parce que le contexte social dans lequel ils évoluent les pousse à une diplomation toujours importante. Certains des témoignages recueillis auprès d'étudiants dans nos travaux viennent d'ailleurs illustrer ces propos : « *Je ne savais pas vraiment vers quelles études me tourner, mais ma mère m'a dit : 'tente au moins l'université et après on verra'* » (De Clercq *et al.*, 2018). Selon Biémar *et al.* (2003), ces étudiants sont d'ailleurs caractérisés par un projet professionnel presque inexistant, un processus de choix faible et réalisé à la dernière minute ainsi qu'un choix basé sur des éléments périphériques (avis d'amis, investissement demandé dans la filière, réputation de l'établissement, etc.). Parmi ces étudiants, un grand nombre se retrouve très vite (après moins d'un mois) déçu de la formation initiée. Leur motivation se concentre essentiellement sur les bénéfices perçus que leur procure la formation au quotidien (apprentissage, espoir de réussir, etc.), mais peu sur les perspectives professionnelles associées. Ce groupe souffre d'un problème d'investissement important dans les cours, une difficulté à résister aux activités extra-académiques et d'un taux d'échec et d'abandon important en fin d'année. La plupart de ceux qui échouent se réorientent et prennent cette première année comme un moment de maturation du choix d'études. Les étudiants qui réussissent restent quant à eux généralement dans la filière initiale, mais avec une apparente inertie comme en témoigne cet étudiant : « *Je ne pense pas que j'aurai recommencé si j'avais raté* » (Biémar *et al.*, 2003, p. 14). Cela soulève donc la question de savoir si la réussite est positive pour tous. En effet, abandonner des études que l'on réussit semble plus compliqué qu'abandonner des études dans lesquelles on échoue. Certains étudiants qui réussissent peinent à abandonner leurs études malgré une insatisfaction croissante concernant leur choix d'orientation (Roland, De Clercq *et al.*, 2015). Cela pose ainsi la question de la pertinence de continuer des études quand la réussite de l'étudiant n'est pas accompagnée de bien-être, de motivation et/ou d'un désir vocationnel.

2.2. La place de l'intuition et les styles décisionnels

Comme nous venons de le montrer, l'orientation est un processus de décision complexe qui influence une part importante du reste de la vie du jeune. Nous avons pu constater que plusieurs profils vocationnels existaient avec différentes façons d'opérer son choix d'orientation. Pour certains, le choix d'études se base sur un processus de décision très contrôlé. Il existe à l'heure actuelle une multitude de moyens et de canaux d'information qui permettent aux futurs étudiants d'effectuer un choix mûrement réfléchi (Nils, 2011). Le choix d'orientation qui se pose lors de la transition entre l'enseignement secondaire et supérieur et l'attitude qu'un étudiant a envers ses études peuvent ainsi être très rationnels. Néanmoins, une part importante de la prise de décision humaine s'explique également par le caractère intuitif et spontané d'un choix, comme nous avons pu le constater ci-dessus. Beaucoup de jeunes se sentent attirés vers une filière d'études sans pour autant s'être renseignés à son propos ou sans pouvoir expliquer cette attirance de manière précise. Ainsi, cet attrait n'est pas toujours étayé par une bonne connaissance du domaine d'études et de ses débouchés et repose principalement sur un bon *feeling* (Biémar *et al.*, 2003). Cette distinction concernant la manière dont les étudiants prennent leurs décisions en matière d'orientation ressort d'ailleurs des études qui ont été menées sur les styles décisionnels de carrières. Dans ces recherches, on observe que les décisions d'orientation dans les études reposent pour certains étudiants sur un style décisionnel rationnel alors que, pour d'autres étudiants, cette décision est prise de manière plus intuitive (Arroba, 1977 ; Gati *et al.*, 2010 ; Harren, 1979). En outre, Gati *et al.* (2010) expliquent que, chez une même personne, les décisions vocationnelles peuvent être prises en s'appuyant sur plusieurs styles décisionnels.

Bien que les chercheurs reconnaissent depuis des années que les choix des individus ne sont pas toujours rationnels (Fazio, 1990, 2001 ; Ouellette et Wood, 1998 ; Triandis, 1977 ; Wegner et Bargh, 1998), assez peu de recherches ont investigué le rôle des processus intuitifs dans l'adaptation de l'étudiant à ses études. Ceci s'explique notamment à cause de la difficulté à mesurer les aspects spontanés du comportement. La plupart des études réalisées dans le champ de l'éducation tendent à évaluer les perceptions des personnes grâce à ce que l'on appelle des mesures directes qui se composent de mesures autorapportées, telles que la passation de questionnaires ou des interviews (Ajzen et Dasgupta, 2015 ; Gawronski *et al.*, 2007). Ces mesures font appel, de par leur nature, aux fonctionnements et pensées les plus rationnels et contrôlés des individus. Elles ne permettent donc pas d'appréhender les aspects plus spontanés qui influencent le comportement. Ces mesures dépendent à la fois de ce que les participants veulent bien dire (*désirabilité sociale*) et de ce qu'ils sont capables de dire (*capacité d'introspection*) (Barnes-Holmes *et al.*, 2010 ; Cunningham *et al.*, 2001 ; Gawronski *et al.*, 2007 ; Greenwald *et al.*, 2002 ; Karpinski et Hilton, 2001). Ces deux limites ont été bien illustrées par Dostoïevski (1864) :

> Tout individu a des souvenirs qu'il ne partagerait qu'avec ses amis. Il a d'autres pensées qu'il ne révélerait pas même à ses amis ; il ne se les avouerait qu'en secret. Mais il y a d'autres choses qu'un individu craint de se révéler à lui-même, et tout individu qui se respecte a un certain nombre de telles choses cachées dans son esprit (p. 12).

Malgré ces difficultés, des chercheurs belges (Roland *et al.*, 2018) ont voulu davantage creuser l'opposition qui semblait ressortir de la littérature entre un choix d'études rationnel et un choix intuitif. Plus précisément, ils se sont demandé si continuer ou arrêter ses études était toujours un choix rationnel. Pour répondre à cette question, ils ont fait passer un test d'association implicite (TAI) à 169 étudiants belges en première année à l'université. Il s'agit d'un test simple et flexible qui a vite remporté un immense succès parmi les chercheurs en psychologie sociale. Ce test a pour objectif d'évaluer le caractère spontané de la décision de persévérer et repose sur la supposition que si deux concepts sont fortement associés en mémoire, un individu les associera plus rapidement lors d'une tâche de temps de réaction (Fazio, 2001). Lors de cette étude, les chercheurs ont mesuré si les étudiants s'identifiaient spontanément à leurs études. Les étudiants les plus spontanément identifiés à leurs études se sont révélés être également ceux qui persévéraient le plus en fin d'année et ce indépendamment de leur niveau d'intention qu'ils nous ont rapporté. Cette recherche a dès lors permis de montrer que la décision de persévérer n'était pas toujours rationnelle. En effet, la décision de persévérer est mieux prédite par le TAI que par l'intention explicite formulée par le jeune de continuer ses études. Ces résultats confirment donc l'idée qu'il existe une part très intuitive, voire émotionnelle, associée aux prises de décisions vocationnelles. Ce constat est intéressant puisqu'il permet de remettre en perspective le rôle des informations objectives et rationnelles fournies entre autres par les conseillers en orientation ou autres personnes encadrant les étudiants.

3. Les profils d'entrée à l'université

Au-delà des travaux se concentrant sur les profils de choix et leur impact sur l'adaptation de l'étudiant, une autre question peut être posée : avec quel bagage l'étudiant entre-t-il dans l'enseignement supérieur ? Dans le premier chapitre, nous avons documenté un ensemble de caractéristiques d'entrée qui pouvaient faciliter ou freiner l'adaptation de l'étudiant. Néanmoins, ces caractéristiques ont été étudiées indépendamment, sans être mises en relation, alors qu'elles sont présentes ensemble chez les étudiants. La combinaison de ces caractéristiques d'entrée a dès lors été étudiée par des chercheurs belges afin de comprendre leur impact conjoint sur la réussite de l'étudiant (De Clercq *et al.*, 2017). Cette recherche s'est principalement concentrée sur quatre caractéristiques d'entrées identifiées dans le chapitre 1 comme primordiales à l'adaptation de l'étudiant : le passé scolaire, le niveau socio-économique, le processus de choix et le sentiment d'efficacité personnelle. Au travers d'analyses en clustering réalisées sur plus de 2 000 étudiants de première année à l'université et issus de 27 programmes d'études différents, cette étude a permis d'identifier six profils d'entrée. Chaque profil présente des besoins spécifiques en termes d'adaptation ainsi que des risques d'échec et d'abandon différents.

3.1. Les six profils types d'étudiants entrant à l'université

Les profils réalisés sur la base des quatre caractéristiques d'entrée susmentionnées et leurs niveaux respectifs sont illustrés dans la figure 10 ci-dessous. Nous pouvons observer deux types de profils : ceux cumulant un ensemble de forces et de faiblesses sur ces quatre caractéristiques (nommés profil avantagé et désavantagé) et ceux présentant une faiblesse spécifique en début d'année (respectivement nommés profil insouciant, mal outillé, démocratisé et inquiet). En voici une description plus complète.

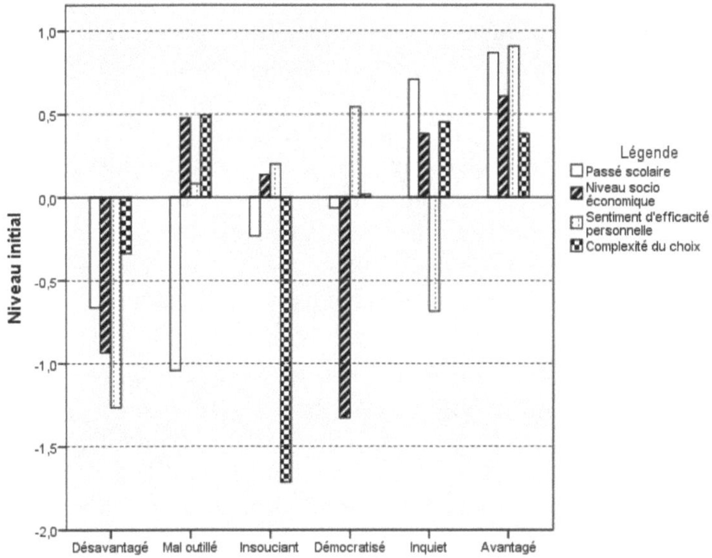

Figure 10. Niveau des caractéristiques initiales dans les différents profils d'étudiants entrant à l'université

Les étudiants **désavantagés** ou « mal préparés » (13 % des étudiants) présentent des niveaux plus faibles sur l'ensemble des caractéristiques initiales mesurées. Ce sont donc des étudiants qui rentrent à l'université avec un passé scolaire moins brillant que les autres, un capital culturel, social et économique plus faible[11], un choix moins étayé et une moins grande confiance en leur capacité de réussite. Ce profil rassemble les étudiants communément décrits comme « à risques ». Cette appellation est d'ailleurs confirmée lorsque nous analysons le taux d'échec et d'abandon de ces étudiants. En effet, ce groupe présente 50 % d'échec et d'abandon en plus que la moyenne des autres étudiants en fin de première année. De plus, il présente également 50 % en moins d'étudiants qui réussissent

11 Le niveau socio-économique a été ici mesuré au moyen d'un questionnaire interrogeant l'étudiant sur la possession de son foyer (nombre de télévisions, nombre de voitures, etc.), sur les activités culturelles réalisées avec sa famille (vacances au ski, visite de musée, etc.) et sur le niveau de diplôme de ses deux parents.

et près de 3 fois moins d'étudiants qui réussissent avec mention (au-delà de 70 % de moyenne en fin d'année).

À l'autre extrême du continuum, nous retrouvons les étudiants dits **avantagés** ou « bien préparés » (20 % des étudiants). Ces derniers présentent des niveaux initiaux plus élevés que les autres étudiants sur l'ensemble des caractéristiques d'entrée. Ce sont des étudiants plus performants en secondaire, plus confiants, issus d'un milieu socio-économique plus favorisé et ayant réalisé un choix d'études plus étayé. Ils présentent des taux d'abandon deux fois moins importants que la moyenne, 40 % en moins d'échecs, un taux de réussite légèrement supérieur à la moyenne et un taux de réussite avec une mention près de deux fois plus élevée que la moyenne des étudiants de première année.

Dans les profils caractérisés par une faiblesse spécifique, les étudiants **mal-outillés** sont ceux qui sont le plus à risque (20 % des étudiants). Ces étudiants entrent à l'université avec un choix d'études plus étayé que la plupart des autres, avec un capital social et économique favorisé et avec une confiance dans leur capacité se situant dans la moyenne. Néanmoins, ils arborent une faiblesse très fortement marquée : un passé scolaire particulièrement plus faible que les autres. Ces étudiants ont donc été identifiés comme « moins outillés », car nous pouvons postuler qu'ils rassemblent les étudiants avec le plus de lacunes disciplinaires et méthodologiques. Ces derniers risquent d'avoir des problèmes importants en termes de prérequis, mais également en termes de stratégies d'étude. Ceci fait écho avec les entretiens réalisés dans une étude qualitative belge (De Clercq *et al.*, 2018) et pour laquelle ce type d'étudiants disait n'avoir jamais réellement travaillé intensément en secondaire. Ils se contentaient d'étudier superficiellement la veille d'une évaluation. Ces étudiants semblaient également être ceux qui vivaient le plus le choc de la confrontation aux exigences universitaires. Le taux d'échec et d'abandon est d'ailleurs 20 % supérieur chez ces étudiants mal-outillés et, malgré un taux de réussite moyen, le taux de réussite avec mention est près de trois fois inférieur à la moyenne. Ce groupe est donc celui qui présente le taux de réussite avec mention le plus faible de toute l'étude.

Un quatrième profil est celui des étudiants dits **insouciants** (13 % des étudiants) ou que nous pouvons également appeler exagérément optimistes. Ce profil, essentiellement masculin (63 % de garçons), a été nommé de cette façon, car il rassemble des étudiants avec des points en secondaire légèrement plus faibles que la moyenne, ayant réalisé un choix d'études particulièrement peu étayé, mais ayant une confiance dans leur capacité légèrement supérieure à la moyenne. Nous pouvons ici entrevoir un parallèle avec le profil d'étudiants « forcés et contraints » décrit par Biémar *et al.* (2003). Ces étudiants auraient très peu réfléchi leur choix d'études en se basant essentiellement sur des facteurs externes ou des heuristiques de jugement. Néanmoins, ils aborderaient la première année avec une certaine confiance. Certains étudiants interviewés dans l'étude qualitative de De Clercq *et al.* (2018) peuvent être rattachés à ce profil. Ces étudiants nous témoignaient être entrés à l'université sur un coup de tête ; pour suivre des amis ou car la filière choisie constituait la suite logique des options qu'ils avaient suivies en secondaire. Ces étudiants abordaient la première année avec une certaine nonchalance : « *Je verrai bien comment ça va se passer* », « *Je n'ai jamais eu trop de problèmes en secondaire donc je ne vois pas pourquoi ce serait différent maintenant* ». D'un point de vue des résultats en fin d'année, ces étudiants présentent un niveau moyen. Ils ont un taux d'échec et de réussite qui se situe dans la moyenne, mais présentent un taux d'abandon qui est 20 % plus élevé que la moyenne et 40 % moins de réussite avec mention.

Le cinquième profil a été nommé **démocratisé** en référence au concept de la démocratisation de l'accès à l'enseignement supérieur (14 % des étudiants). Au sein de ce profil se retrouvent des étudiants plus confiants en leur capacité à réussir que la moyenne, ayant posé leur choix d'études de manière assez réfléchie et avec un passé scolaire dans la moyenne. Cependant, ils possèdent un bagage social, culturel et économique particulièrement plus faible que les autres étudiants. Ce profil inclut donc des étudiants d'un milieu moins favorisé qui sont d'ailleurs parfois les premiers de leur famille à venir tenter l'aventure universitaire. En termes de résultats en fin d'année, ces étudiants se rapprochent des étudiants insouciants avec un taux de réussite et d'échec dans la moyenne, mais avec un taux d'abandon 30 % plus élevé et un taux de réussite avec mention 40 % plus faible.

Le dernier profil, essentiellement féminin (68 % de filles), a été nommé « étudiants **inquiets** » de par sa faiblesse particulière au niveau de sa confiance dans ses capacités (20 % des étudiants). Ces étudiants sont caractérisés par un passé scolaire plus brillant que les autres ainsi qu'un processus de choix et un niveau socio-économique plus élevé. Néanmoins, ils présentent un sentiment d'efficacité personnelle particulièrement plus faible que les autres étudiants. Malgré un bagage adaptatif, ces étudiants entrent à l'université avec des doutes sur leurs capacités à devenir un bon étudiant, à comprendre la matière, à ajuster leurs stratégies d'étude et finalement à performer dans le contexte universitaire. Nous remarquons néanmoins que ce niveau plus faible de confiance en leur capacité de réussite ne se reflète pas dans leurs résultats finaux. En effet, ces étudiants sont les plus proches du profil avantagé décrit plus haut avec 40 % d'abandon en moins que la moyenne, 20 % d'échec en moins que la moyenne, un niveau de réussite moyen et 60 % d'étudiants en plus que la moyenne qui réussissent avec mention. Ces résultats permettent de relativiser l'effet très important du sentiment d'efficacité personnelle tel que présenté au chapitre 1. Bien que plusieurs auteurs le décrivent comme le prédicteur psychosocial le plus important de la réussite, nous constatons ici que, quand ce sentiment d'efficacité personnelle est contrebalancé par une combinaison d'autres facteurs de protection, son effet sur l'adaptation semble moindre.

Il est à noter qu'une récente recherche quantitative menée sur 1 048 étudiants belges a répliqué ces profils tout en amenant un nouveau profil : les étudiants « **privilégiés** » (De Clercq, Parmentier et Van Meenen, 2022). Ce nouveau profil ressemble au profil avantagé mais son niveau socio-économique est nettement plus élevé que les autres étudiants. Sans surprise, ce profil présente peu de difficultés d'adaptation et de très bonnes performances aux examens.

3.2. Différence de processus d'adaptation

La première phase de l'étude présentée ici a mis en évidence l'existence de ces différents profils d'entrée et la particularité de leurs résultats en fin d'année. Lors de la seconde phase, la recherche s'est concentrée sur l'analyse des processus d'adaptation au monde académique (De Clercq, Galand *et al.*, 2020). Les chercheurs voulaient savoir ce qui était commun et ce qui était propre à chacun des profils étudiants. Pour ce faire, des analyses (multigroupes en équations structurelles) ont été réalisées afin d'observer les variations de relations entre les composants du processus d'adaptation de l'étudiant. Le processus d'adaptation analysé est une version simplifiée du modèle intégratif (M.I.C.A.) présenté dans le chapitre 2 (De Clercq, 2019) (voir Figure 11).

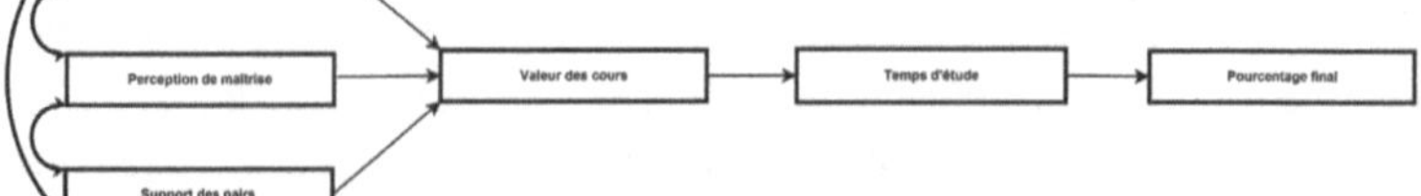

Figure 11. Modèle intégratif MICA simplifié.

Au sein de ce modèle, trois caractéristiques de l'environnement social ont été analysées : le support perçu d'autres étudiants, la perception que les enseignants poussent à la compétition et à la comparaison sociale (appelée perception de compétition dans le modèle) et la perception que les enseignements poussent les étudiants à apprendre en profondeur et à atteindre une maîtrise importante de la matière enseignée (appelée perception de maîtrise dans le modèle). Le modèle comprend également la valeur perçue des cours et l'engagement comportemental de l'étudiant dans ses études (temps passé à travailler).

Deux étapes d'analyses ont été réalisées. Tout d'abord, les variations de niveaux moyens de chacune des variables ont été évaluées entre les profils. Les chercheurs ont par exemple regardé quel était le temps d'étude moyen et dans quelle mesure celui-ci changeait d'un profil d'étudiant à l'autre. Ensuite, les changements de relations entre les caractéristiques du modèle ont été évalués. Par exemple, les chercheurs ont observé si la perception de soutien avait le même effet sur la valeur perçue des cours pour les différents profils d'étudiants.

Les résultats concernant les niveaux moyens permettent de constater que les différents éléments du processus d'adaptation, excepté la perception de compétition, peuvent varier d'un profil à l'autre. Plus précisément, l'ensemble des profils, à l'exception des profils désavantagé et mal-outillé, perçoivent de façon modérée que les enseignants les poussent à progresser et à maîtriser la matière en profondeur (M = 3,56/5). Les étudiants désavantagés et mal-outillés le perçoivent peu (M =2,65/5). Ces étudiants ont peut-être plus de difficultés à percevoir cette volonté d'approfondissement du professeur, car ils ont de plus fortes difficultés de gestion de la matière relatives à leur moindre bagage théorique et méthodologique.

Concernant le soutien perçu, ce sont les étudiants désavantagés et inquiets qui se sentent les moins soutenus par leurs pairs (M =3,32/5). Ceci peut être le reflet d'une plus faible intégration pouvant être liée à un moins grand sentiment d'efficacité personnelle. En effet, les recherches telles que présentées dans le chapitre 1 montrent un impact important de ce sentiment sur l'intégration sociale.

En ce qui concerne la valeur, des différences plus marquées apparaissent. Les groupes désavantagés et insouciants perçoivent fortement l'intérêt et l'utilité des cours (3,95/5). Les autres groupes la perçoivent moyennement (M =3,32/5), à l'exception du groupe avantagé qui perçoit peu la valeur des cours (M =2,68/5).

Finalement, au niveau du temps d'étude, des différences très marquées apparaissent entre les groupes. Les étudiants du profil désavantagé (M =0,77/3) et insouciant (M =1,09/3) rapportent des niveaux beaucoup moins importants d'étude que les autres groupes. Le profil insouciant travaille près de deux fois moins que les autres profils (M = 2,23/3) et le profil désavantagé travaille près de trois fois moins. Celui qui travaille le plus est le profil mal-outillé (M =2,31/3).

Lors de l'analyse de la variation des relations, d'autres différences importantes sont apparues. Au niveau de la perception de compétition, nous constatons que ce sont uniquement les profils désavantagés (β=-0,17 ; $p<0,05$) et insouciants (β=-0,39 ; $p<0,001$) qui en souffrent. En effet, pour ces deux groupes, plus la perception de compétition sera forte, moins ils arriveront à percevoir l'intérêt, l'utilité et l'importance des cours. Ces résultats pourraient s'expliquer par leurs plus faibles performances initiales. De ce fait, en situation de compétition, ces étudiants souffriraient davantage d'une comparaison sociale descendante (les autres sont meilleurs que moi) et auraient donc plus de difficultés à percevoir la réelle valeur du cours.

L'analyse concernant la perception de maîtrise a également montré des variations d'effet. Les résultats montrent que seuls les étudiants inquiets (β= 0,14 ; $p<0,05$) et avantagés (β= 0,17 ; $p<0,05$) bénéficieraient de cette perception. Pour ces étudiants, plus les enseignants les pousseraient à approfondir leur compréhension, à se questionner en profondeur et à se développer intellectuellement, plus les cours leur paraîtraient intéressants et utiles. Rappelons que ces deux profils sont les plus adaptatifs des six profils d'entrée. Il se pourrait alors qu'ils soient les seuls à avoir les facilités suffisantes à l'entrée pour percevoir la plus-value d'un apprentissage poussant à une compréhension complexe de la matière.

L'analyse du soutien social perçu obtient les résultats les plus divergents. Tout d'abord, ce soutien ne montre aucun effet significatif chez les étudiants désavantagés et insouciants. Il tendrait même à montrer un effet négatif chez ces derniers (β=-0,13 ; p =0,06). Il est donc possible que l'intégration sociale des étudiants insouciants ait un effet négatif sur la perception qu'ils ont de l'utilité et de l'importance des cours. Ensuite, nous remarquons que le soutien aurait un effet faible à modéré chez les étudiants inquiets (β= 0,14 ; $p<0,05$), mal-outillés (β= 0,24 ; $p<0,001$)

et avantagés (β= 0,29 ; p<0,001). Plus ces groupes sont intégrés, plus ils percevront l'utilité et l'importance de leurs cours. Finalement, c'est le profil démocratisé qui semble bénéficier le plus du soutien perçu des pairs (β= 0,38 ; p<0,001). Ce groupe a particulièrement besoin de ce support pour pouvoir percevoir la valeur de ses cours. Ceci est en accord avec plusieurs théories sociologiques et résultats empiriques (Hahs-Vaughn, 2004 ; McGregor *et al.*, 1991 ; Terenzini *et al.*, 1996 ; Westbrook et Scott, 2012) qui expliquent que les étudiants issus d'un milieu moins favorisé ont plus de difficultés avec la compréhension des codes universitaires, car ils ont peu de repères familiaux leur permettant de décoder ces règles et leur fonctionnement. Il sera alors particulièrement nécessaire pour ces étudiants de pouvoir compter sur leur groupe de pairs afin qu'ils puissent leur servir de source de décodage du fonctionnement universitaire et leur permettre de développer leur motivation et leur engagement dans ce contexte inconnu.

Au niveau de l'effet de la valeur perçue des cours sur l'engagement des étudiants, de grandes différences apparaissent également. L'ensemble des groupes bénéficient de la perception de la valeur des cours. En d'autres termes, plus ils trouveront les cours utiles et intéressants, plus ils s'engageront et étudieront. Néanmoins, cet effet est particulièrement important pour les étudiants désavantagés (β= 0,37 ; p<0,001) et insouciants (β= 0,27 ; p<0,001). Ceux-ci ont particulièrement besoin de percevoir la valeur des cours pour pouvoir s'y engager. Cette information est importante à considérer sachant que ce sont également les deux profils qui étudient et travaillent le moins. L'explication de ce lien fort peut résider dans le processus de choix de ces deux profils. En effet, ces deux derniers ont réalisé les choix les moins étayés. Il se peut alors qu'ils aient particulièrement besoin de percevoir la valeur de leur cours afin de maintenir leur engagement. Si ce n'est pas le cas, ils pourront moins se rattacher que les autres profils à un but à long terme leur permettant de surpasser un manque de perception de sens dans leur cursus. Ceci est à mettre en parallèle avec les propos exposés sur les profils d'orientation et sur l'importance pour l'étudiant de poursuivre des buts multiples afin de maintenir sa motivation face aux écueils du parcours académique (Boudrenghien *et al.*, 2012). Ces propos sont également soutenus par les entretiens de l'étude qualitative présentée plus haut (De Clercq *et al.*, 2018). Lors de ces entretiens, les étudiants au choix d'études peu élaboré étaient ceux qui vivaient avec le plus d'intensité le choc engendré par la confrontation aux caractéristiques réelles du monde universitaire (cours théoriques, grand auditoire, autonomie accrue, etc.). Plusieurs étudiants témoignent de leur désillusion par rapport à l'université et des conséquences sur leur motivation et leur engagement : « *Ce n'est pas du tout comme je l'ai imaginé* », « *Je ne vois vraiment pas l'intérêt de tous ces cours théoriques, du coup je n'arrive pas à aller aux cours et à rester attentif* ».

Finalement, les résultats montrent que le temps d'étude aura le même impact sur les performances sur tous les profils ($\beta = 0{,}18$; $p < 0{,}01$). Plus un étudiant étudie, mieux il réussira. Cette variable est donc un levier d'action important qui marche pour tous.

4. Les profils d'apprentissage de l'étudiant

Au-delà des recherches réalisées sur les profils d'orientation et d'entrée des étudiants, d'autres chercheurs se sont concentrés sur les profils d'apprentissage de l'étudiant et leurs impacts sur l'adaptation académique. Jan Vermunt a consacré une grande partie de ces travaux à cette question. Il est d'ailleurs l'auteur d'un questionnaire sur les patterns d'apprentissage très largement utilisé en psychologie de l'éducation (Vermunt, 1994, 1998). Quatre profils d'apprentissage ont été identifiés à l'issue de ses travaux (Boyle *et al.*, 2003). Un article de synthèse rédigé par Vermunt et Donche (2017) recense les résultats de plus de 900 études sur le sujet qui démontrent la stabilité de ces profils et la capacité de les identifier dans de nombreux pays et cultures différentes (Europe, Amérique, Asie).

Un premier profil nommé « *meaning directed* » et pouvant être traduit par « **axé sur le sens** » est un profil d'apprentissage qui vise une compréhension forte et détaillée de la matière enseignée. Les étudiants présentant ce profil tentent d'étudier la matière en profondeur en faisant des liens entre les différents chapitres d'un cours et entre les cours. Ils essaient également de porter un regard critique sur la matière et de la structurer autour d'un fil rouge cohérent. Ce sont également des étudiants avec de grandes compétences métacognitives. Ils ont une bonne connaissance de leur fonctionnement cognitif (quelle stratégie est efficace pour eux et dans quelles conditions) et une bonne gestion de leur apprentissage. Ils arrivent à planifier leurs apprentissages, à s'autoévaluer et à réajuster leurs stratégies en fonction des conditions du contexte. Pour eux, l'objectif d'un apprentissage est avant tout de construire et de restructurer leurs connaissances initiales en de nouvelles connaissances plus complètes, plus justes et plus nuancées. Finalement, ces étudiants veulent apprendre par intérêts personnels. Ils s'engageront dans un apprentissage s'ils y trouvent un intérêt personnel, quel qu'il soit (Vermunt et Vermetten, 2004). Les étudiants de ce profil auraient tendance à mieux s'adapter au monde académique et à y performer (Vermunt, 2005).

Un deuxième profil, appelé « *reproduction directed* », peut être traduit par « **axé sur la reproduction** ». Ces étudiants privilégient l'usage de stratégies d'apprentissage assez superficielles, telles que la mémorisation par cœur ou la répétition. Ils ont également tendance à développer un apprentissage dit hétérorégulé. Cela signifie que la façon dont ils vont structurer leur apprentissage et l'évaluer sera influencée avant tout par des sources externes. Ils attendront donc qu'une source externe (un enseignant, un membre de la famille) dirige leur apprentissage et leur dise quand et comment étudier. Ils auront également plus tendance à attendre une évaluation externe de leur apprentissage plutôt que de s'autoévaluer spontanément. Ces étudiants conçoivent l'objectif de l'apprentissage comme l'acquisition de connaissances de base nécessaires pour satisfaire à un niveau d'exigence. Ils ont d'ailleurs des difficultés à s'engager dans toutes activités d'étude dépassant le simple cadre de l'évaluation. Dans cette même idée, ce profil est avant tout mû par une volonté de certification. Il est important pour eux d'atteindre les exigences minimales pour valider leur unité d'enseignement. Ce type de profil d'apprentissage peut fonctionner efficacement dans un contexte d'enseignement très structuré. Néanmoins, dans un contexte plus autonome tel que celui de l'université, il peut rencontrer de nombreux problèmes. Dans la littérature scientifique, des résultats inconsistants émergent en ce qui concerne la réussite des étudiants de ce profil.

Un troisième profil a été originellement nommé « *undirected* » et peut être traduit comme « **non dirigé** ». Il rassemble des étudiants qui montrent une très faible utilisation de stratégies d'apprentissage qu'elles soient superficielles (simple mémorisation) ou en profondeur (mise en lien, approche critique, etc.). Ces étudiants souffrent d'un problème de manque important de régulation de leurs apprentissages. Ils ont beaucoup de difficultés à se mettre à étudier et, lorsqu'ils étudient, ont énormément de mal à gérer de façon efficace leur apprentissage que ce soit par eux-mêmes ou via l'aide d'une source externe. L'objectif même de l'apprentissage est d'ailleurs très ambivalent et plein d'hésitations chez ce profil. Ils ont du mal à donner une raison à leur apprentissage et cette raison peut rapidement changer en fonction du contexte. Ces étudiants ont d'ailleurs la vision la plus déresponsabilisée de l'apprentissage. Selon eux, l'intérêt de l'apprentissage d'une matière doit constamment être rappelé par les enseignants sinon ils ne s'y engagent pas (Vermunt et Vermetten, 2004). Ils préfèrent également être en situation d'apprentissage coopératif où ils ne sont pas les seuls responsables et où les autres peuvent également porter leur travail et leur étude. Sans surprise, ce groupe est celui qui présente le plus de problèmes dans le contexte de l'enseignement supérieur (Vermunt, 2005).

Finalement, un quatrième profil a été distingué par cette recherche : le profil « *application directed* » que nous traduirons par « **axé sur la pratique** ». Ce profil d'apprentissage rassemble les étudiants qui ont besoin d'une visée pratique et applicable dans n'importe quelle situation d'apprentissage. Leur étude sera d'ailleurs focalisée sur cette pratique. Ils étudieront en essayant de relier la matière théorique à leurs expériences personnelles ou à des applications concrètes. Pour ce faire, ils pourront tout autant réguler leurs apprentissages par eux-mêmes (fixation d'objectifs personnels, auto-évaluation) que via des facteurs externes (adaptation aux exigences de l'enseignant, évaluation externe). Ces étudiants conçoivent avant tout la finalité de l'apprentissage comme le développement de compétences ou de connaissances pratiques et applicables sur le terrain. Dans cette même idée, ils seront avant tout motivés par un apprentissage qui a des visées professionnalisantes (Vermunt et Vermetten, 2004). Un parallèle évident peut-être fait avec le profil de choix « mû par un projet professionnel » présenté par Biémar *et al.* (2003). Dans cette même idée, il serait alors difficile pour ce profil d'étudiant de supporter la frustration potentielle que peut amener une formation très théorique telle que celle du bachelier à l'université. Lors des entretiens qualitatifs réalisés par De Clercq *et al.* (2018), plusieurs étudiants témoignaient de cette frustration : « *Je suis venu à l'université pour devenir biologiste et j'ai plus de cours de chimie, de physique et de mathématique que de biologie. C'est très frustrant et je pense vraiment que ce programme brise des carrières* ». D'ailleurs des études menées en première année tendent à montrer que ce profil est délétère à une bonne adaptation à l'université (Vermunt, 2005).

5. Les situations de handicap

Lorsque nous parlons de diversité croissante au sein de la population étudiante, nous entendons également les différences en termes de besoins spécifiques, notamment liés à une éventuelle situation de handicap. Ces dernières années, le nombre d'étudiants en situation de handicap n'a cessé d'augmenter au sein de l'enseignement supérieur. Cette augmentation peut notamment s'expliquer par l'instauration de politiques inclusives qui promeuvent un accès à l'enseignement supérieur, aux formations professionnelles et à l'éducation tout au long de la vie sans discrimination et d'égale qualité pour les personnes en situation de handicap (UN, 2006). Les situations de handicap de ces étudiants sont très variées. Elles peuvent être d'ordre physique, sensoriel, psychiatrique, etc. Nous pouvons également y inclure les troubles de l'apprentissage tels que dyslexie, dyscalculie, dyspraxie, etc. À l'heure actuelle, les étudiants présentant des troubles de l'apprentissage sont devenus particulièrement nombreux dans l'enseignement supérieur alors que le taux d'inscription des étudiants en situation de handicap moteur et sensoriel reste plutôt stable (Dangoisse *et al.*, 2020).

Bien que l'accès à l'enseignement supérieur ait été facilité pour ces étudiants ces dernières années, certains auteurs observent toujours certaines difficultés dans leur parcours : échecs, cursus plus longs ou irréguliers, abandon des études, sortie de l'enseignement supérieur sans diplôme, changement de cursus ou d'établissement, etc. (Rick et Ebersold, 2011). Certaines de ces difficultés sont directement liées à leur situation de handicap. Les étudiants en situation de handicap moteur ou visuel rapportent par exemple sans surprise des difficultés au niveau de leurs déplacements sur le campus (Hewett *et al.*, 2017 ; Wessel *et al.*, 2015). Certaines difficultés sont toutefois plus insidieuses, voire invisibles. Dans une étude qualitative menée auprès d'étudiants en situation de handicap moteur ou sensoriel (Dangoisse *et al.*, 2020), deux étudiantes présentant une surdité évoquaient par exemple la fatigue accumulée que leur déficience engendrait. Pour pouvoir suivre les cours, leur attention devait être particulièrement soutenue. Elles expliquent :

> « *Mais aussi, le fait d'être malentendant, je trouve que ça recouvre plein d'autres problèmes qu'on ne voit pas, et ça, c'est vrai que c'est un problème que j'ai depuis des années, dans n'importe quelle infrastructure, en secondaire ou à l'unif. C'est qu'on ne se rend pas compte de tout ce que ça implique sur le côté.* »
>
> « *Moi c'est ce qui me pèse le plus, c'est la fatigue…* »

Au-delà de ces difficultés spécifiques, les étudiants en situation de handicap rencontrent également des difficultés communes à tout autre étudiant : gestion d'une charge de travail élevée, recherche d'un bon équilibre travail/loisir, gestion du temps, etc. (Dangoisse *et al.*, 2020 ; Madriaga *et al.* 2010).

Pour aider les étudiants en situation de handicap dans leur parcours, les établissements supérieurs sont tenus de leur offrir des aménagements raisonnables adaptés à leurs besoins, pendant l'année académique et pendant les examens (Décret relatif à l'enseignement supérieur inclusif : décret de la communauté française du 30 janvier 2014, 2014). Ces aménagements peuvent prendre différentes formes : académique (support pédagogique mis en ligne, temps supplémentaire à l'examen, format d'examen alternatif, etc.), humaine (tuteur, conseiller pédagogique, étudiant preneur de notes, etc.), physique (accessibilité d'un auditoire), technique (aide technologique), etc. (Schreuer et Sachs, 2014). Dans l'ensemble, les étudiants sont assez satisfaits des aménagements qui leur sont proposés (Berry et Domene, 2015 ; Hong, 2015). Ils sont considérés par beaucoup d'entre eux comme des aides indispensables à leur réussite (Dangoisse *et al.*, 2020 ; Dong et Lucas, 2016 ; Schreuer et Sachs, 2014). Ces aménagements ne sont toutefois pas suffisants pour aider ces étudiants à s'adapter dans l'enseignement supérieur. Ils ne sont pas toujours entièrement adaptés à leurs besoins spécifiques, mais surtout, ils ont tendance à discriminer les étudiants qui en font la demande (Moriña, 2017). Cela amène d'ailleurs de nombreux étudiants à cacher leur situation qui préfèrent alors ne pas bénéficier des aménagements auxquels ils ont droit. Cette crainte d'être mis à part est souvent rapportée par les chercheurs (Stein, 2012 ; Vickerman et Blundell, 2010). Cet étudiant en situation de handicap moteur illustre explicitement l'ambivalence qu'ils peuvent ressentir face à ces aides :

> « *Je vis ça tous les jours, ce côté stigmatisant de la différence, de se dire ben moi je vais passer mon examen dans un autre local… Je pense que c'est quand même intéressant, et c'est pour ça que j'ai envie de me dire, ok, je passe au-dessus et je vais prendre toute l'aide disponible parce que ça permet des meilleurs résultats et un gain de confort énorme.* »

Par ailleurs, ces aménagements ne répondent pas aux difficultés qu'ils partagent avec les étudiants sans handicap. Il est important que les dispositifs d'aide à la réussite leur soient aussi destinés et se montrent adaptés à la spécificité de leurs besoins.

D'un point de vue pédagogique, de nombreux auteurs proposent également que les enseignants appliquent les principes du design universel d'apprentissage à leur cours pour faciliter l'apprentissage de tous leurs étudiants, sans discrimination (Tremblay et Loiselle, 2016 ; Griful-Freixenet *et al.*, 2017, 2020). Cette approche consiste à varier les moyens de représentation, d'expression et les modalités d'engagement du cours pour qu'ils soient accessibles aux différents apprenants et favorisent leur motivation. Les enseignants peuvent par exemple proposer un support de cours à la fois écrit et audio pour que les étudiants puissent choisir la modalité qu'ils préfèrent. Les étudiants présentant des difficultés dans une modalité pourront alors choisir l'autre sans avoir à révéler leurs difficultés.

Enfin, il est important de souligner qu'il existe une grande diversité de profils parmi les étudiants en situation de handicap. Ils diffèrent en fonction de la situation de handicap à laquelle ils sont confrontés, mais également en fonction des différents facteurs que nous avons déjà mentionnés dans ce chapitre : passé scolaire, niveau socio-économique, sentiment d'efficacité personnelle, réflexion sur leur choix d'études, profil d'apprentissage, etc. Nous retrouverons donc des étudiants en situation de handicap plus ou moins à risque de décrochage en fonction de leur profil d'entrée et de leur histoire personnelle. Leur passé scolaire peut par exemple influencer de façon très différente leur parcours. Les étudiants qui ont éprouvé de grandes difficultés dans leur scolarité antérieure hésiteront peut-être davantage à s'inscrire dans le supérieur. Certains douteront également que leur choix d'études soit compatible avec leur handicap (Kortering *et al.*, 2010). Un accompagnement dans leur orientation scolaire pourrait donc leur être particulièrement bénéfique pour faire le point sur leurs forces et faiblesses de façon réaliste et envisager les compétences qu'ils doivent encore développer pour s'adapter au mieux dans le supérieur (Soresi *et al.*, 2013).

Néanmoins, nous avons également observé que les difficultés scolaires que ces étudiants avaient déjà rencontrées ne devaient pas toujours être considérées comme un frein. Elles ont permis à certains d'entre eux d'être plus conscients de leurs besoins et les ont amenés à développer une méthode de travail efficace propice à leur réussite dans le supérieur. Cette étudiante explique :

> « *Moi j'ai été habituée à travailler énormément en humanité, et je crois que je travaillais même parfois plus en humanité que je travaillais maintenant, tellement… Oui, parce que j'ai trouvé ma méthode avant, j'ai eu toutes les difficultés, les problèmes de mise au travail, de rythme, d'horaires, d'organisation… tout ça j'ai eu avant, et donc quelque part j'étais prête pour l'université, peut-être plus qu'une personne qui n'a pas dû se poser des questions avant en fait …* » (Dangoisse *et al.*, 2020, p. 521).

Cet exemple illustre bien comment certains facteurs du profil d'entrée de l'étudiant en situation de handicap peuvent agir différemment sur son parcours en fonction de son histoire personnelle.

En conclusion, pour aider les étudiants en situation de handicap à s'adapter à l'enseignement supérieur, il semble important de prendre en compte leurs besoins spécifiques liés à leur situation de handicap en évitant les mesures qui induiraient de la stigmatisation. Il convient également de ne pas oublier que leur situation de handicap n'est qu'une spécificité de leur profil parmi d'autres. Réduire l'aide à la réussite à cet élément pourrait s'avérer inadéquat et ne répondrait pas à l'ensemble de leurs besoins.

6. Conclusion. Dans quelle mesure le processus d'adaptation varie-t-il en fonction du profil de l'étudiant ?

Au travers de ce chapitre, nous avons montré toute la diversité inhérente au public de l'enseignement supérieur. Nous avons constaté que les étudiants peuvent se distinguer par leur processus de choix, leur bagage d'entrée et leur approche même de l'apprentissage. Ces distinctions ne sont évidemment pas exhaustives et relèvent majoritairement d'une approche psychosociale de la diversité étudiante. Il aurait été possible d'aborder la diversité étudiante sur le plan ethnoculturel, genré, de la personnalité, etc. Dans cette idée, l'article théorique de van der Meer (2021) tente d'étendre cette vision de la diversité avec la conception du *Whole student* qui y intègre alors les questions ethnoculturelles, de genre et émotionnelles. Bien que les propos tenus ne présentent pas une vision holistique de l'ensemble des diversités, nous pouvons toutefois en faire ressortir plusieurs implications.

Tout d'abord, il est indéniable que tous les profils étudiants ne sont pas égaux face au défi que représente l'adaptation au monde universitaire. Toutes les recherches présentées identifient des profils particulièrement favorables et défavorables à la réussite, que ce soit avant, à l'entrée ou pendant l'année. Ces profils nous enseignent donc qu'il serait possible de réaliser **une identification d'étudiants particulièrement à risque** afin de concentrer nos actions sur ces derniers. Une telle identification permettrait alors d'agir plus efficacement sur la réussite. Il faut toutefois rappeler le risque inhérent à une \telle identification. Un étudiant identifié comme à fort risque d'échec ou comme insouciant pourrait très rapidement se sentir stigmatisé, voire discriminé. Une telle identification pourrait également mener à des réactions contre-productives et délétères pour son adaptation telle que la prophétie autoréalisatrice. Ce processus psychologique inconscient, très étudié en psychologie sociale (pour une revue sur la réussite, voir : Guyll et, 2010), consiste en l'adoption par l'étudiant de comportements qui iront valider les croyances ou les attentes que son entourage aura formulées envers lui. Ainsi, un étudiant qui se verra étiqueté comme étudiant à risque pourrait très bien accroître les comportements qui viendront valider cette étiquette et réduire les comportements qui pourraient la contredire. Un exemple connu est celui de la stigmatisation de genre pour le cours de mathématiques. Des études ont montré que, lorsqu'on précisait à des étudiantes que les filles réussissaient moins bien en mathématiques que les garçons, ces étudiantes tendaient à effectivement moins bien réussir à un test de mathématiques que d'autres étudiantes à qui on n'avait pas précisé ce stéréotype de genre (Smeding, 2012). Pour revenir aux profils étudiants, il sera alors primordial de soigner la façon dont cette information sera communiquée et le feedback qui sera donné.

Dans un autre registre, les recherches menées sur le caractère spontané du choix montrent également toute **l'importance de considérer le caractère intuitif et parfois non rationnel d'un choix.** Selon nous, il serait donc vain d'essayer d'obtenir une parfaite rationalisation du choix d'études de l'étudiant qui se laisse porter par ses passions et ses pulsions. Il pourrait être beaucoup plus productif pour l'acteur de la réussite d'accorder une place plus importante à cette spontanéité dans l'aide qu'il peut proposer dans la construction du choix d'études. Discuter avec l'étudiant de ses attirances spontanées pour un domaine d'études lui permettra d'en prendre plus conscience et de les concilier avec les autres aspects de choix (messages transmis par la famille, comportement adopté par les amis, composition concrète des programmes d'études, débouchés, prestige perçu des études, etc.).

Au travers des différentes études présentées, nous pouvons entrevoir que les étudiants, de par leur diversité, ne présentent pas les mêmes besoins pour réussir. Leur processus d'adaptation varierait en fonction de leur profil. Les études réalisées sur les profils d'étudiants à l'entrée ont particulièrement développé cette idée en proposant des pistes d'action précises, telles qu'un renforcement du soutien perçu pour les étudiants démocratisés et une diminution de la compétitivité perçue pour les étudiants insouciants. Ces pistes encouragent donc à une **conception différenciée de la réussite**. Les particularités des étudiants ne sont pas sans incidence et nécessitent d'être considérées lorsque nous voulons agir sur leur réussite. En effet, tout ne marche pas avec tous et nous pourrions même imaginer que ce qui a un effet bénéfique pour certains peut avoir un effet délétère pour d'autres.

En conclusion, cette diversité ne peut être ignorée par les acteurs de la réussite. Même si les recherches ne permettent pas encore de déterminer quels sont les besoins de chacun des profils spécifiques, ces dernières montrent toute l'importance de cette diversité. Tel que conclu au chapitre 2, il sera alors nécessaire pour l'acteur de la réussite d'être attentif aux spécificités des étudiants auquel il est confronté et de prendre le temps de considérer l'importance de cette diversité. Il lui faudra alors **identifier dans son contexte spécifique les principaux types d'étudiants et comprendre quels sont leurs besoins afin d'ajuster son offre et ses actions.** Une réflexion plus étendue sur la façon de concilier variation de contextes et variation de publics étudiants a d'ailleurs été récemment menée dans un numéro spécial à ce sujet (De Clercq, Jansen *et al.*, 2021).

Chapitre 6.

L’approche centrée sur les actions d’accompagnement à l’adaptation

1. Introduction

Dans les précédents chapitres de cet ouvrage, nous avons réalisé un voyage au cœur de la littérature et des études belges francophones consacrées à l’adaptation de l’étudiant à l’enseignement supérieur. Ainsi, cet ouvrage a initié la réflexion en analysant les principaux adjuvants de la réussite et de la persévérance de l’étudiant. Ensuite, nous avons dépassé cette approche par facteurs isolés pour tenter de comprendre le processus d’adaptation et l’interrelation entre les facteurs précédemment développés. Nous avons soutenu que le tout était plus que la somme des parties et qu’un processus complexe ne pouvait se comprendre finement par une approche isolée. Finalement, nous avons argumenté l’importance d’adopter une vision multiple de la transition vers l’enseignement supérieur. En effet, il n’existerait pas un processus d’adaptation, mais bien une diversité de processus dépendant à la fois de la spécificité du contexte et de la diversité du profil étudiant. C’est selon cette logique que nous allons organiser ce chapitre 6. Le chapitre proposera des dispositifs de soutien adaptés à chacun des niveaux d’analyse proposés dans les chapitres précédents. Pour développer une réflexion sur la façon dont nous pouvons soutenir l’adaptation de l’étudiant, nous nous appuierons sur des exemples de dispositifs développés en Belgique francophone et faisant systématiquement écho à ces différents niveaux d’analyse. Au travers de ce cheminement réflexif, nous tenterons alors de répondre à la question : ***comment pouvons-nous efficacement soutenir l’étudiant dans son adaptation à l’enseignement supérieur ?*** Ce chapitre se différencie des précédents en proposant une approche centrée sur les interventions pratiques plutôt que sur la compréhension théorique. Il constitue d'ailleurs la seconde porte d'entrée de cet ouvrage évoquée dans l'introduction.

2. Caractériser et recenser les dispositifs existants

2.1. Catégorisation des actions

Dans cette partie, nous allons présenter quelques dispositifs permettant d'illustrer les principales catégories d'appui à la réussite ou à l'adaptation dans le supérieur que nous pouvons retrouver actuellement en Belgique francophone. Cependant, avant de les présenter, il est important de développer un cadre permettant de recenser et de catégoriser l'ensemble des dispositifs existants. En effet, comme le précise Perret (2014), l'étape primordiale avant d'évaluer un dispositif est de comprendre en détail les caractéristiques qui le composent. Pour ce faire, il est intéressant de pouvoir déterminer un référentiel commun de classification des dispositifs de façon à pouvoir ensuite les comparer plus facilement.

Plusieurs catégorisations des actions sont présentes dans la littérature. Nous en présenterons plusieurs qui nous permettront par la suite de réaliser une grille de synthèse.

La première a été réalisée par Robbins *et al.* (2009) lors de leur méta-analyse[12]. Ils ont proposé une classification des dispositifs de soutien en quatre catégories :

1. Les dispositifs de **développement des compétences académiques :** composés essentiellement des actions ponctuelles visant à développer une compétence ou connaissance qui permettra à l'étudiant de mieux performer à l'université (ex. : ateliers méthodologiques, tests blancs, ateliers d'analyse de la session d'examens, etc.).
2. Les dispositifs axés sur la **gestion de soi** : composés des actions ponctuelles visant à développer la gestion émotionnelle des études. On y retrouve les actions qui aident l'étudiant à prendre confiance, à gérer les potentielles sources de stress et à trouver le sens de ses études.

---

[12] Une méta-analyse est une étude analysant les résultats d'une multitude d'études antérieures sur un même sujet et permettant d'apporter une vision claire et solide de l'efficacité d'un dispositif ou d'une pratique.

3. Les dispositifs de **socialisation** : permettant à l'étudiant de bien s'intégrer dans l'enseignement supérieur (ex. : ateliers d'accueil).
4. Les dispositifs globaux centrés **sur le vécu de l'étudiant** : rassemblant des dispositifs plus larges et accompagnant l'étudiant sur une plus longue période.

Dans cette même idée, Perret (2014) a proposé une classification en cinq catégories :

1. Les **actions d'accueil et de suivis pédagogiques des étudiants :** à rapprocher de la catégorie de socialisation de Robbins *et al.* (2009), mais incluant également le caractère de suivi individuel tel que les parrainages.
2. Les **actions d'enseignement de la méthodologie du travail** : à rapprocher de la première catégorie de Robbins *et al.* (2009).
3. Les **modalités pédagogiques rénovées :** qui renvoient à l'ensemble des pratiques enseignantes innovantes mises en place pour favoriser la réussite et/ou l'apprentissage de l'étudiant.
4. Les **actions destinées à la réorientation des étudiants** en situation d'échec : qui posent la question du choix d'études très sensible dans notre système éducatif ouvert.
5. Les **actions de préparation à la vie professionnelle** : rassemblant les dispositifs relatifs à l'insertion future des étudiants sur le marché de l'emploi.

D'autres travaux tels que ceux de Bachy (2016) ont créé une typologie des aides qui si base sur les objets d'aide de l'étudiant. Ils en rapportent cinq :

1. Les **aides disciplinaires :** portant la focale sur le soutien de l'étudiant dans la matière spécifiquement abordée par son programme.
2. Les **aides pédagogiques** : centrées sur les connaissances et compétences transversales qui touchent à l'apprentissage et l'étude comme la prise de note, la mémorisation, la réalisation d'une synthèse, la compréhension des attentes des enseignants, la gestion du temps, etc.
3. Les **aides métacognitives** : destinées à former l'étudiant à la meilleure gestion de son apprentissage et de ses stratégies d'étude.
4. Les **aides à la maîtrise de la langue** se focalisant sur les dispositifs de soutien de l'étudiant au développement de ses compétences langagières et à l'appropriation du langage universitaire.

5. Les **aides à la maîtrise des outils numériques** : non évoquées par les précédentes grilles de lecture, cette catégorie est basée sur de précédents travaux de l'auteure qui démontrent l'importance grandissante pour l'étudiant de maîtriser ces outils de plus en plus présents en pédagogie universitaire (Bachy, 2014).

La richesse de cette dernière typologie est la spécification beaucoup plus grande des objets sur lesquels l'étudiant peut être accompagné. De plus, cette typologie propose également de classer les dispositifs de soutien en fonction du moment d'action et du type d'étudiants visés. Ainsi, ancrée dans la catégorie de Cartier et Langevin (2001), Bachy (2014) propose de distinguer les aides (1) de prévention primaire, s'adressant à l'ensemble des étudiants, (2) de prévention secondaire, se concentrant sur des publics à risque d'échec ou d'abandon et (3) de prévention tertiaire se focalisant sur les étudiants déjà en situation d'échec et en décrochage. Néanmoins, en comparaison avec les autres typologies, certaines limites apparaissent également. Par exemple, nous remarquons le manque de focalisation sur les dimensions sociales, motivationnelles et affectives qui peuvent impacter l'adaptation de l'étudiant dans l'enseignement supérieur.

Une approche plus récente peut également venir compléter les typologies d'actions présentées ci-dessus. Cette approche présente une taxonomie des difficultés rencontrées par l'étudiant dans l'enseignement supérieur et dont nous avons parlé dans la note de cadrage de cet ouvrage. Elle permet d'identifier les différents besoins d'accompagnement qui peuvent en découler. Cette taxonomie décrit quatre types de difficultés rencontrées par l'étudiant face aux obstacles de la transition (De Clercq, Van Meenen *et al.*, 2020 ; Trautwein et Bosse, 2017) :

1. Les **difficultés de contenu** relatives à l'ensemble des difficultés à gérer l'apprentissage, à faire face à la matière et à maîtriser le langage académique. Cette catégorie se rapproche des aides disciplinaires, pédagogiques et métacognitives de Bachy (2016).
2. Les **difficultés personnelles** rassemblent l'ensemble des difficultés plus affectives et motivationnelles de l'étudiant, telles que la gestion de la pression, la capacité à trouver le sens de ses études ou à justifier son choix d'études. Cette dimension se rapproche de la catégorie de gestion de soi présentée par Robbins *et al.* (2009).
3. **Les difficultés sociales** concernent toute la dimension sociale de l'adaptation à l'enseignement supérieur au travers de l'intégration

avec les autres étudiants, l'interaction avec les enseignants et la gestion du climat social (coopération, compétition). Cette dimension se rapproche de la notion de socialisation de Robbins *et al.* (2009) ou encore de la catégorie d'accueil et suivis de Perret (2014).

4. **Les difficultés organisationnelles** relèvent quant à elles de la complexité pour l'étudiant de gérer tout l'aspect administratif des études (gestion des horaires, inscriptions aux examens, etc.) et d'organiser son quotidien (gérer son logement, gérer des difficultés financières, gérer les différents aspects de sa vie). Ce caractère organisationnel est la dimension originale principale de cette taxonomie en comparaison aux travaux précédents.

Au vu de ces travaux, un premier constat peut être pointé : les catégories, bien que comparables, ne semblent pas exhaustives et ne renvoient pas à une même conception de ce qu'englobent les dispositifs de soutien à la réussite. Alors que Robbins *et al.* (2009) mettent l'emphase sur les compétences de gestion de soi, Perret (2014) insiste bien davantage sur les notions d'orientation et d'insertion socioprofessionnelle. Cette auteure recommande également de considérer les pratiques pédagogiques et d'enseignement comme étant une catégorie de dispositif de soutien à part entière. Ces propos sont soutenus par Pariat et Lafont (2018) qui maintiennent que les pratiques enseignantes sont importantes à considérer dans la réussite de l'étudiant. Elles seraient un réel levier de soutien au même titre que d'autres dispositifs indépendants de propédeutique ou d'orientation.

Il semble donc nécessaire ici de proposer une synthèse qui rassemble l'ensemble des spécificités et des apports de ces dernières catégorisations. Cette synthèse, présentée ci-dessous dans le tableau 2, prend la forme d'une grille de catégorisation se composant de sept types de dispositifs principaux.

Tableau 2: Grille de catégorisation des dispositifs d'accompagnement de l'étudiant, selon l'objectif principal poursuivi

Objectif principal du dispositif	*Exemples d'objets d'action :*
Développement de la gestion de soi	• Socialisation et accueil de l'étudiant • Maîtrise des émotions (stress, anxiété, etc.) • Gestion de la motivation, de l'effort et de la persévérance, etc.
Développement des compétences académiques	• Maîtrise de la langue • Méthodologie de travail • Propédeutique • Stratégie d'apprentissage • Gestion de l'étude
Développement des compétences disciplinaires	• Maîtrise des contenus de cours (connaissances et/ou compétences)
Développement des compétences numériques	• Maîtrise d'un outil numérique • Utilisation du numérique pour la gestion des études
Développement des compétences organisationnelles	• Gestion administrative des études • Gestion financière, problème personnel • Organisation du quotidien
Développement du projet personnel et professionnel	• Aide à l'orientation, réorientation • Préparation à la vie professionnelle
Développement de pratiques pédagogiques	• Activités d'apprentissage propice à l'apprentissage • Méthode d'enseignement innovante

Bien qu'une telle grille présente plusieurs atouts, certains questionnements restent en suspens. Au vu des divergences entre les différentes distinctions existantes, tenter de classer les dispositifs dans un ensemble fini de catégories serait-il la meilleure approche pour en comprendre les caractéristiques ? Ne risquons-nous pas d'éluder d'importantes spécificités et/ou d'avoir des chevauchements de catégories pour un même dispositif ? Une grille d'identification des dispositifs qui ne range pas les dispositifs dans des catégories, mais qui décrit en détail ses composants, pourrait être une alternative complémentaire à envisager.

2.2. Description des composants des dispositifs

Pour dépasser l'approche par catégories, Houart *et al.* (2011) ont proposé un outil leur permettant de décrire de façon précise les différentes caractéristiques des dispositifs d'aide au travers de leur grille de modalités de l'accompagnement pédagogique (Tableau 3). Cette grille montre que la question de l'objet d'action n'est qu'une des dimensions qui caractérise une action de soutien à la réussite. Ce questionnement est d'ailleurs en phase avec les propos de Bachy (2016) qui suggère de dépasser le simple objet d'action dans la compréhension d'un dispositif.

Tableau 3. Grille de modalités de l'accompagnement pédagogique (Houart *et al.*, 2011, p. 4)

	Modalités de l'accompagnement pédagogique					
Pour qui ? La population visée	Toute la population	Une population à risque	Une population en difficulté	Une population en décrochage		
Quand ? Le moment	Dans le secondaire	Avant entrée supérieur	Début 1ère année	En cours 1ère année	Après première évaluation	
Par qui ? Les intervenants	Professeur Assistant	Attaché encadrement	Professionnel accompagnement	Expert	Enseignant secondaire	Etudiant année sup.
Sur quoi ? L'objet	Appropriation des contenus	Développement des méthodes de travail	Intégration universitaire	Construction du projet personnel		
Pourquoi ? La fonction	Information	Prévention	Remédiation	Accompagnement formatif		
Avec quoi ? Les moyens	Syllabus - Manuel	Entretien individuel	CD Rom - Logiciel	TIC		
Où ? Le lieu	Auditorium	Salle de cours Salle info.	Bureau	Bibliothèque Salle de travail	Domicile	

Dans cette même idée, un projet coordonné au sein de la Chaire de Pédagogie Universitaire de l'UCLouvain a impliqué une recherche collaborative autour de cette question entre des chercheurs et des conseillers aux études, directement impliqués dans l'aide à la réussite. Il visait à décrire finement les dispositifs de soutien à la réussite (en proposant une grille adaptée à et par des professionnels de l'aide) afin de pouvoir ensuite en évaluer les effets, notamment en distinguant les niveaux de Kirkpatrick et Kirkpatrick (2006) qui seront détaillés dans le point 7. Dans ce projet, différentes dimensions, inspirées de plusieurs typologies de dispositifs (dont celle d'Houart *et al.*, 2011 et de Cartier et Langevin, 2001), ont été développées afin d'identifier les constituants d'un dispositif (Dony *et al.*, 2015). Les catégories descriptives retenues répondent aux cinq questions suivantes :

- **Par qui ?** Cette catégorie permet de comprendre quels seront les **intervenants** impliqués dans la mise en œuvre du dispositif : l'équipe enseignante, des professionnels de l'accompagnement, des enseignants du secondaire, des pairs étudiants, etc.
- **Pour qui ?** Il s'agit ici de comprendre **l'échelle du dispositif** : le dispositif est-il mis à l'œuvre à l'échelle d'un cours, d'un programme, d'une faculté, interfacultaire, institutionnelle, interuniversitaire ? – ainsi que le **public cible** : le dispositif vise-t-il tous les étudiants ou sous-groupes spécifiques d'étudiants (étudiants à risque, à difficultés avérées ou en décrochage) ?
- **Pourquoi ?** Cette catégorie permet d'identifier la **fonction du dispositif** : est-il avant tout préventif (anticipation de difficultés), formatif (développement de compétences) ou remédiatif (travail sur des difficultés avérées) ? – et **l'objet principalement visé**. En d'autres termes, il s'agit de comprendre précisément sur quel(s) facteur(s) de l'adaptation de l'étudiant le dispositif tente d'agir. Les dispositifs peuvent viser : l'appropriation de contenus disciplinaires, l'accompagnement méthodologique (stratégies cognitives, métacognitives, de gestion de ressources), la construction d'un projet personnel (réorientation, découverte des professions, buts personnels), l'affiliation sociale (à l'université et dans sa faculté), l'intégration académique, le soutien à la motivation, la gestion des émotions, la santé et l'équilibre de vie.
- **Quand ?** Cette catégorie vise à préciser la temporalité du dispositif : le moment dans l'année (avant l'entrée dans le supérieur, à l'entrée, dans les premiers mois ou plus tard dans l'année, après les sessions d'examens), la récurrence (activité ponctuelle, récurrente sur plusieurs moments clefs, récurrente d'année en année, suivi continu), l'intégration dans l'horaire (oui ou non), l'intégration dans le programme (via la reconnaissance ou non de crédits).
- **Comment ?** Cette catégorie permet de comprendre l'organisation concrète du dispositif et ses modalités pratiques : supports didactiques, modalités (en présentiel, non présentiel, en ligne), individuel ou en groupe, participation (optionnelle ou obligatoire) et présence (libre, pourcentage minimum de présence imposée, présence imposée à toutes les activités).

Ces cinq catégories permettent de décrire les différents dispositifs. Ce travail a été développé et renforcé récemment afin de fournir une grille descriptive encore plus complète telle que décrit l'article de De Clercq et ses collègues (2023). Une vue d'ensemble de celle-ci est reprise dans le tableau 4.

Cette classification permet de décrire plus finement et précisément l'ensemble des dispositifs proposés par une institution. Cela permet également de rapidement repérer si l'ensemble des objets sont travaillés avec l'étudiant ou s'il existe des lacunes dans l'offre proposée par le service de promotion de la réussite de l'établissement concerné. Ci-dessous, nous illustrerons brièvement six objets sur lesquels des dispositifs mis en place à l'UCLouvain visent à agir. Ces illustrations pourraient plus largement permettre d'inspirer de nouvelles actions.

3. Agir par facteurs isolés : plusieurs exemples d'actions

Actuellement, la plupart des dispositifs d'accompagnement de l'étudiant agissent sur un levier spécifique favorisant l'adaptation de l'étudiant. On trouvera par exemple des dispositifs visant spécifiquement l'intégration de l'étudiant, la gestion du stress ou l'apprentissage d'une méthode de travail. Pour plus d'informations théoriques sur les facteurs isolés qui influencent l'adaptation de l'étudiant, le lecteur peut consulter le chapitre 1. Nous trouvons un grand nombre de dispositifs aujourd'hui qui peuvent se placer parmi les actions ciblant un facteur isolé. En voici quelques exemples.

3.1. Passeport pour le bac : un dispositif préventif axé sur le contenu disciplinaire

Le passeport pour le bac est un dispositif largement diffusé en Belgique francophone (Rasson et Vieillevoye, 2012). Ce dernier permet à l'étudiant de s'évaluer sur différents contenus disciplinaires liés au programme d'études dans lequel il s'est inscrit (https://www.passeportspourlebac.be/). Concrètement, ce dispositif prend place très tôt dans l'année afin de permettre à l'étudiant de se tester rapidement sur les prérequis relatifs à une matière. Il prend la forme d'un test, il s'adresse à tous les étudiants d'un programme et est généralement obligatoire. Ce dispositif est avant tout préventif, car il vise à fournir à l'étudiant un feedback concret sur son niveau de maîtrise des prérequis attendus. Ces passeports s'accompagnent également d'ateliers remédiatifs visant à tenter de

Tableau 4. Grille descriptive des dispositifs d'aide à la réussite (De Clercq *et al.*, 2023)

Grille descriptive des pratiques d'accompagnement de l'étudiant							
Quoi ?							
• Forme	Accompagnement personnalisé		Accompagnement ponctuel et ciblé	Accompagnement large aux visées multiples		Accompagnement intégré aux activités d'enseignement	
• Visée(s)	Gestion de soi (socialisation, motivation, émotions)	Compétences disciplinaires	Compétences académiques (méthodologiques, cognitives, langagières)	Compétences numériques	Compétences organisationnelles	Santé et équilibre de vie	Construction d'un projet professionnel
• Fonctions	Accompagnement préventif/formatif			Accompagnement remédiatif			
Quand ?							
• Les moments de l'année	Avant la rentrée	Durant le premier semestre (sept. à fin janvier)		Durant le second semestre (février à juin)		Durant les congés d'été (juillet à sept.)	
• Intégration À l'horaire	Oui			Non			
• Intégration au programme	Intégré au programme (validé par ECTS)			Non intégré au programme (pas d'ECTS)			
COMMENT ?							
• Modalité(s)	En présentiel			À distance			
• Intervenant(s)	Professeurs	Étudiants		Accompagnateurs			
• Individuel ou en groupe	Individuel			Collectif : – de 20 étudiants ; 21–100 étudiants ; + de 100 étudiants			
• Présence	Libre		% minimum de présence imposée			Obligatoire	

combler les lacunes identifiées. Plusieurs passeports existent à ce jour : en mathématiques, en sciences et en maîtrise de lecture de textes.

3.2. *Blocus : un serious game destiné à l'accompagnement méthodologique des étudiants en philosophie, arts et lettres*

Le dispositif Blocus est un dispositif en ligne qui propose de se confronter virtuellement à quatre situations clefs du métier d'étudiant (écouter un cours pour en garder la trace ; lire un cours pour se l'approprier ; lire une question d'examen pour y répondre ; rédiger une réponse d'examen pour valider des connaissances). Au travers de chacune de ces situations, l'étudiant est amené à découvrir quelques aspects fondamentaux du travail intellectuel exigé à l'université : l'importance du langage dans le travail d'appropriation et de restitution des connaissances, les formes de lecture requises par les supports de formation, les critères d'efficacité d'un raisonnement scientifique, etc. (https://cursus.edu/formations/26668). Ce dispositif facultatif est proposé aux étudiants avant même qu'ils n'entament leurs études afin de leur permettre de commencer avec une meilleure formation aux compétences transversales du métier d'étudiant. L'aspect de gamification permet également aux étudiants de s'engager plus directement et largement dans le dispositif.

3.3. *Dispositif métier : comprendre le lien entre études en informatique et monde professionnel*

Le « dispositif métier » vise un objectif précis : rendre les étudiants en première année conscients des enjeux professionnels de leur futur métier. Dans cette visée professionnelle, ils sont prêts à s'investir pour acquérir les compétences transversales dont ils perçoivent rapidement l'importance. Le dispositif les pousse de plus à se projeter dans leur métier futur et à affiner leur perception des différentes fonctions d'un ingénieur informaticien (https://uclouvain.be/cours-2018-linfo1102). Le dispositif est constitué de trois projets successifs au cours du premier quadrimestre visant à gérer un problème informatique concret ancré dans une réalité professionnelle. Pour renforcer la crédibilité du dispositif, des professionnels sont impliqués dans l'évaluation, ils sont les garants des exigences professionnelles. Le dispositif est obligatoire, car il est directement inclus dans un cours. Cela signifie également qu'il est valorisé par des crédits.

Le dispositif métier se réalise tout au long du premier quadrimestre en groupe de quatre étudiants.

3.4. Blocbox : des messages de soutien pour maintenir la motivation des étudiants de droit

Le dispositif « blocbox » prend place pendant la première session d'examens des étudiants, période sensible de découragement et d'abandon. Le dispositif consiste à envoyer chaque matin un message automatique adressé à l'ensemble des étudiants de première année en droit, mais comprenant un ensemble d'aspects personnalisés donnant l'impression à l'étudiant que le message n'est pas générique, mais qu'il lui est directement adressé (https://www.polehainuyer.be/event/forum-pedagogique-2019/). L'idée est de renforcer la motivation de l'étudiant en lui montrant qu'il n'est pas « juste un numéro » et que l'institution se soucie de son bien-être et le soutient dans cette épreuve qu'est cette première session d'examens. Ainsi, tout au long de la session, un ensemble de messages de soutien contenant de petits conseils pratiques seront envoyés aux étudiants.

3.5. La semaine d'accueil : construire l'intégration sociale des étudiants en architecture

Lors de la « semaine d'accueil », tous les étudiants en architecture sont amenés à réaliser un ensemble d'« exercices d'accueil » (https://uclouvain.be/fr/facultes/loci/les-journee-d-accueil-sur-les-trois-sites.html). Ces exercices leur demandent entre autres de réfléchir collectivement à la façon dont ils pourraient favoriser l'accueil des prochaines générations d'étudiants. L'objectif de ce dispositif est de permettre de développer l'intégration sociale des étudiants dès les premiers jours à l'université. Plus précisément, ce dispositif permet à l'étudiant d'entrer en contact avec ses pairs, mais également d'interagir avec les enseignants, le tout au travers d'un travail collaboratif. Cette semaine permet également à l'étudiant de se familiariser avec le climat d'apprentissage du programme et de se voir insuffler un « esprit de travail » caractéristique de son programme d'études.

3.6. L'espace L : un lieu de relaxation pour les étudiants en langues

Un autre élément pouvant améliorer l'adaptation de l'étudiant est la gestion de ses émotions et plus particulièrement de son stress. Dans cette idée, l'institut des langues vivantes a conçu un espace qui vise à favoriser un maximum le bien-être de ses étudiants (https://uclouvain.be/fr/etudier/ilv/espacel.html). Cet espace est pensé de façon acoustique, modulaire et ergonomique pour offrir une bulle de détente et de déconnexion aux étudiants qui le souhaitent. Afin de maximiser l'efficacité de cet espace, des ateliers de relaxation réalisés dans d'autres langues (anglais, néerlandais, espagnol, etc.) sont proposés aux étudiants. Ces ateliers facultatifs leur permettent d'apprendre à mieux gérer leurs émotions tout en s'initiant de façon ludique aux autres langues.

4. Travailler sur des facteurs en interaction : le dispositif Pack en Bloque

Comme nous l'avons évoqué plusieurs fois dans cet ouvrage, l'étudiant peut être confronté à une série de difficultés au cours de son parcours. Beaucoup de dispositifs d'aide visent à aider les étudiants concernant une problématique spécifique (ex. méthodologie, remédiation thématique), comme nous l'avons vu au point précédent. Cependant, ils sont assez peu à cibler l'ensemble des difficultés rencontrées par l'étudiant. Ces dispositifs holistiques sont basés sur la conception que le processus d'adaptation résulte de l'interaction entre différentes dimensions et qu'il est donc plus porteur de travailler sur l'ensemble de ce processus plutôt que sur certaines de ses dimensions spécifiques. Pour plus d'informations théoriques sur le sujet, nous invitons le lecteur à parcourir le chapitre 2. Un exemple de dispositif développé dans cette perspective est le dispositif Pack en bloque.

Pack en bloque est un dispositif d'aide à la réussite qui a vu le jour en 2012 à l'UCLouvain au sein d'une seule faculté et qui s'est étendu au fil des années à plus de douze facultés de cette université. Pack en bloque se déroule durant les vacances de printemps et prend la forme d'une semaine d'études encadrée. Plus précisément, l'étudiant inscrit au dispositif voit sa semaine s'organiser autour d'un horaire prédéfini comprenant des plages d'étude de deux heures, des pauses, des collations et des repas préparés (matin et midi). Des accompagnateurs sont présents dans chacun des locaux d'étude afin de favoriser un bon climat de travail. Ce cadre permet de sensibiliser les étudiants à l'investissement dans les études. Ils y apprennent notamment la nécessité de fournir un travail conséquent, la gestion du temps et l'importance de trouver un équilibre entre les études et les loisirs. De plus, cet horaire structuré encourage à une meilleure gestion du sommeil et les repas permettent à l'étudiant de s'alimenter sainement. Au sein de ce cadre structuré, l'étudiant peut également profiter d'activités facultatives, telles que des ateliers méthodologiques et des ateliers questions-réponses sur leurs cours. L'étudiant apprend à mettre en place des stratégies d'étude efficaces, adaptées aux particularités des différents cours et à les ajuster en fonction du cours. Des ateliers de relaxation sont également proposés pour apprendre à mieux gérer son stress ainsi que des activités sportives permettant de favoriser une meilleure hygiène de vie. Finalement, au travers de l'ensemble du dispositif, l'accent est mis sur l'importance du caractère social de l'étude afin d'aider l'étudiant à mieux s'intégrer et développer un réseau favorisant l'entraide et la recherche d'aide. Ainsi, le dispositif vise la plupart des objets des catégorisations présentées dans le point 2 : le contenu disciplinaire, l'accompagnement méthodologique, l'affiliation sociale, la gestion des émotions, le développement de la motivation de l'étudiant, les émotions et la santé/équilibre de vie.

5. Adapter nos actions à la spécificité temporelle et de contexte : le cours « Projet de formation »

Ci-dessus, nous avons illustré plusieurs dispositifs isolés et un dispositif plus holistique. Une façon encore plus fine de pouvoir promouvoir la bonne adaptation de l'étudiant serait de pouvoir ajuster l'ensemble de l'offre de soutien à la réelle spécificité du contexte et des étapes que constitue le processus d'adaptation. Nous avons en effet constaté dans le chapitre 4 toute l'importance des spécificités du contexte d'apprentissage de l'étudiant. De plus, dans le chapitre 3, nous avons révélé que le processus était dynamique et se déroulait en différentes phases. La considération des aspects contextuels et temporels paraît donc plus que nécessaire pour pouvoir fournir un soutien de qualité. Notons que ces facteurs sont partiellement considérés dans les dispositifs présentés plus haut. Ces derniers tâchent de s'adapter aux spécificités du programme de l'étudiant et ont été réfléchis temporellement pour se dérouler au moment où le jeune en a réellement besoin. Les interventions préalablement présentées ne sont donc pas exemptes de réflexion à ce propos. Néanmoins, aucune d'entre elles ne peut se targuer d'être à la fois fortement contextualisée, adaptée aux différentes étapes d'adaptation de l'étudiant et offrant une palette complète de soutien à l'adaptation de l'étudiant. Dans ce point, nous vous présenterons un dispositif qui rejoint l'ensemble de ces éléments et qui permet de penser l'accompagnement dans une réelle « approche programme » (Frenay *et al.*, 2018, 2021). Ce dispositif est une unité d'enseignement qui se nomme « Projet de formation » et qui est dispensée à l'UCLouvain dans la faculté de sciences psychologiques et de l'éducation. Il fait partie intégrante du programme de formation de l'étudiant et, par là même, il porte le message que l'aide à l'adaptation de l'étudiant n'est pas un à côté s'ajoutant à la charge de travail de l'étudiant, mais bien un élément essentiel de son processus de formation. L'étudiant est donc automatiquement amené à développer des compétences liées au « métier d'étudiant » au même titre que toutes les compétences disciplinaires liées à sa formation. Le développement du métier d'étudiant n'est alors plus un prérequis implicite à l'adaptation de l'étudiant, mais une réelle compétence explicitement travaillée au sein du programme de cours.

Le cours « Projet de formation » a été intégré dans le programme de bachelier en sciences psychologiques et de l'éducation dès la rentrée académique 2012–2013. Il vise à accompagner l'étudiant tout au long du bachelier dans la construction progressive de son projet professionnel en lien avec son programme d'études (choix de stage, de filières d'études dans le master) en vue de sa réussite académique et de son insertion professionnelle future. Il cible l'ensemble des objets présentés dans la grille de catégorisation des dispositifs d'accompagnement dans le point 2 (Tableau 2), à savoir : le contenu disciplinaire, l'accompagnement méthodologique, la construction d'un projet personnel/professionnel, l'affiliation sociale, l'intégration académique, le soutien à la motivation, la gestion des émotions, la santé et l'équilibre de vie.

Plus précisément, le dispositif pédagogique adopté est construit autour de trois axes : (1) la connaissance approfondie que l'étudiant a de lui-même (exemple : la gestion de son étude et de ses apprentissages), (2) la connaissance de son parcours de formation (exemple : les possibilités de réaliser des stages ou de partir en Erasmus) et (3) la connaissance de la diversité du champ professionnel de la psychologie (exemple : la diversité des lieux où le psychologue peut exercer). Au travers des activités proposées aux étudiants, ces trois axes sont mis en relation pour permettre l'émergence d'un projet personnel cohérent. En s'inspirant de la méthode du développement vocationnel et personnel (pour une revue, voir Guichard et Huteau, 2006), cette mise en relation se structure autour de trois démarches interreliées : (1) découvrir (ex. : un stage d'immersion de 40 heures avec un public particulier), (2) questionner pour confronter les informations récoltées (ex. : Quels cours, options, stages, pour quel métier du psychologue ? Quels sont les acquis d'apprentissage à développer dans ses études en vue de sa future profession ?) et (3) synthétiser (ex. : un atelier pour optimiser son CV et sa lettre de motivation).

L'ensemble des activités sont ajustées aux spécificités du contexte de l'étudiant et s'organisent dynamiquement pour rencontrer les différents besoins qui ponctuent le processus d'adaptation à l'enseignement supérieur.

5.1. Une première année axée sur l'accompagnement méthodologique

Lors de la première année, la focale est mise sur l'accompagnement méthodologique, l'affiliation sociale, l'intégration académique et la gestion des émotions, car ces éléments sont identifiés comme des difficultés particulièrement prégnantes à l'entrée dans l'enseignement supérieur quand l'étudiant est encore dans la phase de rencontre telle que décrite par Nicholson (1990). Pour plus d'informations, le lecteur peut lire le point 5.2. du chapitre 2 s'y référant.

L'affiliation sociale, souvent décrite comme un élément à travailler dès l'entrée de l'étudiant, est soutenue dès le premier jour. À son arrivée, une séance en amphithéâtre accueille l'étudiant en lui souhaitant la bienvenue et en instaurant un climat chaleureux et accueillant. Ensuite, l'étudiant est amené à participer à des ateliers d'accueil durant lesquels il pourra découvrir la faculté, les règles administratives de l'université et également nouer des liens avec les étudiants de son groupe. Un temps est pris avec eux pour leur permettre d'exprimer leurs craintes quant à l'intégration sociale et les peurs sont progressivement désamorcées par l'échange et le partage respectifs des opinions de chaque étudiant. Les étudiants ont ainsi un espace pour échanger sur leurs appréhensions, ce qui les soulage et leur permet de se rapprocher.

Au fil de l'année, dans la phase d'ajustement de l'adaptation (voir chapitre 2, points 5.3.), l'affiliation continue à être travaillée de par la structure des activités. En effet, l'ensemble des activités sont organisées avec le même petit groupe de travail et avec un assistant de référence qui suivra le groupe d'étudiants toute l'année. Cette configuration permet de trancher avec le reste des cours suivis en grand amphithéâtre anonyme et permet à l'étudiant d'avoir un espace d'échange plus privilégié avec les autres étudiants et les assistants.

La gestion des émotions est également travaillée de diverses manières. Tout d'abord, plusieurs ateliers liés aux grandes étapes de l'année (premiers tests, première session d'examens, première annonce des résultats) sont proposés aux étudiants. Au-delà de l'accompagnement méthodologique, ils offrent également un espace pour partager leurs craintes et échanger sur la façon de gérer leur anxiété. De plus, des ateliers spécifiquement dédiés à la gestion de leurs émotions leur sont proposés. Ces ateliers leur apprennent des techniques de relaxation qu'ils pourront réutiliser pour se détendre rapidement et efficacement lorsque l'anxiété se fait trop forte.

La majorité des ateliers accompagnent l'étudiant dans le développement de son métier d'étudiant. Ainsi, plusieurs ateliers méthodologiques composent l'année de l'étudiant et abordent des questions méthodologiques transversales (prise de notes, comment étudier, comment gérer une session d'examens, etc.). Ces ateliers sont proposés à des moments où l'étudiant en a le plus besoin. Par exemple, un atelier de « retour sur la session d'examens » est organisé durant le début du deuxième quadrimestre pour permettre à l'étudiant de réaliser un recul réflexif sur sa première session, en tirer les enseignements et ainsi ajuster sa méthode de travail pour la prochaine session. L'accompagnement méthodologique se fait également de manière contextualisée, en travaillant les compétences spécifiques au programme de formation de l'étudiant. Ainsi, tout un travail est fait sur l'acquisition des compétences de psychologue. Ce travail est par exemple réalisé au moyen des ateliers « regard de psy » où l'étudiant est confronté à une situation clinique qu'il doit pouvoir traiter comme un psychologue professionnel. Ces ateliers développent certaines compétences spécifiques, telles que le non-jugement, la considération positive inconditionnelle ou l'empathie qui constituent également le métier d'étudiant en psychologie. Notons que, si le travail est axé sur l'accompagnement méthodologique, l'ensemble des activités proposées s'ancrent dans un contenu disciplinaire spécifique au contexte de l'étudiant. Le cours projet de formation travaille par exemple en collaboration avec d'autres cours disciplinaires, tels que celui de psychologie générale ou de sociologie.

Bien que ce ne soit pas la priorité de cette première année, la construction d'un projet professionnel prend également une place importante dans le cours de première année. Lors de la première semaine, l'étudiant complète un questionnaire qui lui permettra de savoir de quel profil de psychologue il semble le plus proche (Neuville *et al.*, 2004). Il lui est aussi demandé de rédiger une lettre exprimant ses motivations à entrer dans le programme de psychologie. Par la suite, l'étudiant sera progressivement confronté à diverses facettes du métier au travers de témoignages d'étudiants de master revenant de stage, de découverte d'offres d'emploi, de réflexions sur les différents publics, lieux et actions du psychologue. L'objectif de l'ensemble de ces activités est double. Tout d'abord, il permet à l'étudiant de s'ouvrir à la diversité du métier et aux multiples possibilités de professions à l'issue de sa formation. Cela lui permet de faire un premier tri entre les facettes du métier qui l'attirent et celles qui ne lui conviennent pas. Il peut alors affiner sa perception de la profession et ajuster sa formation en fonction. Ensuite, cette ouverture permet de maintenir et d'augmenter la motivation de l'étudiant. Ce dernier peut directement voir l'utilité de ses cours pour sa profession future, comprendre l'importance de certaines compétences pour devenir psychologue et également augmenter son intérêt personnel pour certains métiers qui lui sont présentés.

5.2. Une deuxième année à la frontière entre méthodologie et projet professionnel

Lors de la deuxième année, nous pouvons postuler que l'étudiant a depuis longtemps dépassé la phase de rencontre et se situe à la fin de la phase d'ajustement (Nicholson, 1990). Les besoins d'affiliation sociale, de gestion des émotions et d'accompagnement méthodologique seront alors moins présents et laisseront la place à un accompagnement disciplinaire et à une construction du projet professionnel.

Pour ce faire, un travail d'accompagnement méthodologique sera développé en s'ancrant fortement dans le contenu disciplinaire propre à cette seconde année. Ainsi, les activités méthodologiques restantes se feront sur le développement de compétences spécifiquement sollicitées par les cours du programme de l'étudiant à ce niveau de formation. Par exemple, des ateliers destinés à la recherche documentaire formeront l'étudiant à l'utilisation de logiciels permettant de sonder la littérature sur un sujet directement lié aux thématiques abordées lors de leur deuxième année.

Au-delà de ces ateliers, plusieurs activités permettront à l'étudiant de se confronter beaucoup plus concrètement à la réalité professionnelle afin d'affiner encore sa perception du métier. Lors de cette deuxième année, il est demandé à l'étudiant d'aller directement sur le terrain. Il doit notamment interviewer un psychologue sur son lieu de travail et réaliser un stage d'observation de 40h pour se confronter à un public spécifique. Ces expériences lui permettront encore de réfléchir à son projet professionnel en ouvrant de nouvelles portes de formation et en en fermant d'autres.

5.3. *Une troisième année centrée sur l'affirmation du projet d'études et professionnel*

En troisième année, nous pouvons attester que la très grande majorité des étudiants est rompue au métier d'étudiant et se situe dans une phase de stabilisation selon Nicholson (1990) (voir chapitre 2, point 5.4.). Lors de cette phase, l'étudiant est devenu un apprenant compétent et performant qui maîtrise les codes de son contexte et y évolue sans grande difficulté. À ce moment, l'étudiant est alors dans la phase de préparation de ses prochaines transitions : le passage au master et l'entrée dans le monde professionnel (Nicholson, 1990). Il est important de l'aider à ce stade à maintenir sa motivation pour la suite de ses études, à développer des attentes réalistes par rapport à son projet professionnel et à développer des compétences spécifiques pour réaliser au mieux cette nouvelle transition. C'est à ces fins que les activités du projet de formation en troisième année s'attellent.

Au sein des activités proposées, l'étudiant sera amené à synthétiser sa réflexion professionnelle et à préciser la voie qu'il désire prendre pour la suite de sa formation (à savoir son choix d'option et de stage), comme le suggèrent Guichard et Huteau (2006). Plusieurs ateliers (sur la construction d'un CV, d'une lettre de motivation) lui permettront de développer les compétences propices à la concrétisation de son choix via l'obtention d'un stage dans le domaine qu'il désire. De plus, le cours se conclut par la réalisation par l'étudiant d'une présentation, en 180 secondes, de son choix de master et stage étayé par l'ensemble de son processus de réflexion sur les trois années de bachelier. Cet exercice de présentation incite l'étudiant à clarifier sa réflexion, à l'étayer au moyen des différentes activités réalisées et à la verbaliser afin de s'en emparer activement. Au travers de ce travail de synthèse, l'étudiant est amené à démontrer sa motivation et à prouver à l'audience que son projet est clair et réaliste.

Deux articles récents traitent plus largement des effets de ce dispositif « Projet de formation » conçu sur les trois années de bachelier (De Clercq, Leroy *et al.*, 2022 ; Leroy *et al.*, 2021). Ces derniers font état des effets positifs sur l'étudiant dans son adaptation au monde universitaire et dans sa construction du projet professionnel, mais ont permis également de repérer les points à préciser encore pour les étudiants.

6. Réfléchir nos actions en fonction de la diversité du public : un objectif pour demain

Bien que le cours « Projet de formation » s'adapte au contexte, à la temporalité du processus d'adaptation et aux multiples facettes de promotion de la réussite, ce dispositif ne s'ajuste pas directement à la diversité des publics étudiants à proprement parler. En effet, il fournit à chaque étudiant le même accompagnement sans réellement tenir compte de la spécificité potentielle de ses besoins. En réalité, cet écueil peut se rencontrer dans la quasi-totalité des dispositifs de soutien de l'étudiant. Les dispositifs proposés aux étudiants étant la plupart du temps facultatifs, il devient de leur responsabilité de trouver celui qui leur conviendrait le mieux ou celui qui répondrait à leur besoin. Cependant, certaines recherches tendent à montrer que l'étudiant est un mauvais juge lorsqu'il doit choisir de participer ou non à une activité de soutien (Perret et De Clercq, 2022). En effet, lorsqu'on lui laisse la responsabilité du choix, l'étudiant aurait tendance à opter pour des dispositifs qui ne rencontrent pas ses besoins réels ou à décider de ne pas participer à un dispositif qui lui serait nécessaire. Cette conclusion rencontre l'avis de nombreux acteurs de soutien de l'étudiant qui observent que les étudiants qui participent à leurs dispositifs sont souvent les plus performants ou les plus perfectionnistes qui n'en ont pas réellement besoin. Ils déplorent de ne pas arriver à toucher les étudiants réellement en difficulté et en besoin d'aide.

Proposer un soutien global et sous la responsabilité de l'étudiant ne serait alors pas la meilleure façon de procéder et contribuerait à l'image parfois mauvaise que se font les étudiants des dispositifs de soutien (dispositifs parfois jugés inutiles ou infantilisants).

Une perspective intéressante serait dès lors de diagnostiquer les besoins spécifiques des étudiants entrant à l'université afin de leur offrir un soutien directement axé sur leurs faiblesses. Des pistes de développement dans cette direction peuvent être retrouvées dans le chapitre 5. D'un point de vue pratique, nous pouvons retrouver des tentatives de ce type au niveau disciplinaire du côté du dispositif passeport pour le bac qui permettrait d'identifier les étudiants avec des difficultés disciplinaires spécifiques. Néanmoins, ce dispositif est isolé et ne considère pas les autres aspects du processus d'adaptation, tels que la motivation ou le processus de choix d'études.

Un dispositif innovant, qui a vu le jour en 2018 et qui permet d'avancer dans cette direction, est le projet Columbus développé en Flandres (https://columbus.onderwijskiezer.be/). Ce dispositif permet à tout jeune de fin de secondaire de passer un test lui permettant de faire état de ses désirs professionnels, de sa motivation et de ses compétences disciplinaires et cognitives. Ce dernier peut alors recevoir un feedback précis sur les études qui correspondraient le mieux à ses objectifs et ses compétences. De plus, une fois le choix d'études réalisé, le test Columbus permet, avant l'entrée dans l'enseignement supérieur, de travailler sur ses faiblesses spécifiques tant disciplinaires, méthodologiques, que motivationnelles afin de maximiser ses chances d'adaptation. En plus de permettre ce travail spécifique adapté aux besoins du jeune, ce dispositif permet à l'étudiant de recevoir un feedback précis sur ses atouts et ses faiblesses, ce qui lui permet de développer une vision plus réaliste de son choix d'études. Ces informations sont extrêmement précieuses dans un système ouvert tel que le système belge où l'étudiant a une grande liberté de choix. Notons qu'un projet similaire est en cours au niveau de la Fédération Wallonie-Bruxelles permettant d'obtenir le même outil en Belgique francophone.

7. Comment évaluer les dispositifs de soutien ?

Bien que de nombreuses initiatives encourageantes et créatives voient le jour chaque année dans les établissements d'enseignement supérieur, nous avons peu de preuves concernant leurs effets et leur efficacité. En effet, certains dispositifs ne sont presque jamais évalués, alors que d'autres sont évalués à l'aide d'une simple mesure de satisfaction des participants, ce qui manque considérablement de rigueur (Stes *et al.*, 2010). Il est *de facto* difficile de savoir aujourd'hui si les différents dispositifs existants atteignent bien leurs objectifs, touchent bien leur public cible et n'ont pas de potentiels effets indésirables. L'amélioration de l'évaluation des dispositifs mis en place constitue donc une piste très claire de développement de l'efficacité de notre soutien de l'étudiant (Perret et De Clercq, 2022). Ce travail de réflexion sur l'évaluation a été développé dans le projet de la Chaire de Pédagogie Universitaire finalisé en 2015 qui visait, comme précisé plus haut, à développer une grille descriptive fine des dispositifs d'aide à la réussite, afin de pouvoir en évaluer les effets. Un rapport de recherche permettant de guider les différents acteurs de ces dispositifs dans la construction de leur évaluation a d'ailleurs été conçu (Dony *et al.*, 2015). Ce travail propose une modélisation de l'évaluation en cinq niveaux inspirée des travaux de Kirkpatrick et Kirkpatrick (2006) (voir Figure 12) et qui a ensuite été appliquée dans le cadre de l'évaluation du dispositif Pack en bloque (De Clercq *et al.*, 2016).

Concrètement, le modèle de Kirkpatrick et Kirkpatrick (2006) structure l'évaluation d'un dispositif en quatre niveaux : la réaction, l'apprentissage, le comportement et les résultats. Néanmoins, étant donné que la compréhension de l'effet d'un dispositif ne peut se faire sans considérer les caractéristiques des participants à une formation (Homklin *et al.* 2013), plusieurs auteurs ont particulièrement insisté sur l'importance d'également considérer les caractéristiques du public touché par l'intervention (Burke et Hutchins, 2007 ; Homklin *et al.*, 2013 ; Ruona *et al.*, 2002). Ce point rejoint la préoccupation que nous avions explicitée plus haut concernant les caractéristiques du public à qui sont adressés les dispositifs. C'est pourquoi, le modèle présenté ci-dessous comporte cinq niveaux : le public cible, la satisfaction, l'évolution des apprentissages, le transfert de compétences et l'atteinte résultat.

Tout d'abord, un niveau zéro intitulé ***public cible*** vise à estimer si le dispositif proposé a permis d'attirer le public cible du dispositif. Ce niveau nous permettra donc de répondre à la question : « L'étudiant participant est-il l'étudiant visé par le dispositif? ».

Le niveau 1 renvoie aux réactions du public cible par rapport au contenu du dispositif. C'est ici que nous pouvons rassembler les évaluations ayant trait à la participation au dispositif et à la ***satisfaction*** des participants envers ce même dispositif (Steinert *et al.*, 2006). Nous répondrons ici à la question : « Les participants ont-ils été satisfaits par le dispositif ? ».

Le deuxième niveau est initialement nommé « apprentissage », car il renvoie à la perception par les participants d'avoir acquis de nouvelles connaissances lors de la formation. Ce niveau se focalise donc sur l'***évolution des apprentissages***, des attitudes, des conceptions et des connaissances. Ce niveau correspond à l'évaluation à chaud de ce que les participants estiment avoir retiré de la formation (Chochard, 2010 ; Le Louarn et Pottiez, 2009). Nous répondrons ici à la question : « Les participants ont-ils atteint les objectifs qu'ils s'étaient fixés en participant à ce dispositif ? ». Au travers de cette question, nous tentons donc d'estimer dans quelle mesure l'étudiant a la perception d'avoir appris lors de ce dispositif.

Le niveau appelé « comportement » renvoie, quant à lui, aux changements effectifs de comportements engendrés par un dispositif (Kirkpatrick et Kirkpatrick, 2006). Selon Steinert et ses collègues (2006), il s'agirait du niveau d'évaluation documentant le transfert et l'application des nouvelles compétences sur le lieu d'études. Contrairement au deuxième niveau, il s'agira donc de l'évaluation à froid de l'impact du dispositif (Le Louarn et Pottiez, 2009). Nous pourrions donc parler de niveau de ***transfert des compétences***. Nous répondrons ici à la question : « Dans quelle mesure les participants ont-ils réussi à transférer les compétences acquises lors du dispositif ? ».

Finalement, le dernier niveau est intitulé « résultats », car il évalue l'effet du dispositif au travers de l'amélioration des performances effectives (Steinert *et al.*, 2006). Il s'agit de l'évaluation objective de l'efficacité de l'intervention avec des indicateurs externes tels que les résultats académiques. Nous pourrions donc parler ***d'atteintes de résultats***. Nous répondrons ici à la question : « Le dispositif a-t-il eu un impact sur les performances des étudiants ? ».

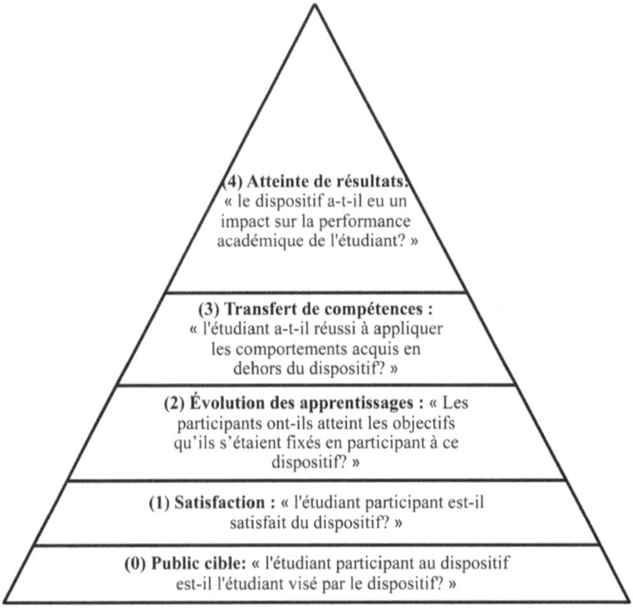

Figure 12: Adaptation du modèle de Kirkpatrick et Kirkpatrick (2006) au contexte de la réussite universitaire (De Clercq *et al.*, 2016)

Pour évaluer l'efficacité des dispositifs, les chercheurs recommandent de réaliser une comparaison entre étudiants-participants et étudiants-non participants en début et en fin de dispositif. Ceci permet de voir si l'évolution des participants est due au dispositif ou à une évolution naturelle des étudiants associée par exemple à l'acquisition d'une plus grande expérience. De plus, cela permet de tenir compte du niveau initial des étudiants concernés. En effet, sans contrôle du niveau initial, si nous constatons en fin de dispositif que les étudiants qui ont participé ne sont pas meilleurs que les autres, il sera difficile de dire que notre dispositif a été efficace. Néanmoins, si nous savons que nos participants étaient plus faibles au départ, alors constater qu'ils ne sont plus différents des autres en fin de dispositif devient une bien meilleure nouvelle. Cette pratique est nécessaire afin d'attester des effets indépendants du dispositif mis en place (Stes *et al.*, 2010). L'évaluation via un groupe contrôle n'est cependant pas la seule option possible. Il est également intéressant de pouvoir réaliser un suivi qualitatif longitudinal des participants afin de pouvoir comprendre les effets de la pratique sur le court, moyen et long terme.

Parmi les dispositifs présentés dans ce chapitre, le dispositif Pack en bloque a fait l'objet de plusieurs évaluations suivant ces recommandations afin de pouvoir juger de son efficacité (De Clercq *et al.*, 2016). Plus précisément, en discussion avec les professionnels de l'aide à la réussite qui ont collaboré à ces évaluations, les chercheurs ont voulu savoir à quel niveau ce dispositif avait agi et si on observait bien une différence entre les étudiants qui y avaient participé et les autres. Ces évaluations ont touché l'ensemble des niveaux d'analyse présentés dans le point précédent et ont fait état d'effets positifs sur ces cinq dimensions. Nous ne reviendrons pas ici sur les résultats précis de cette évaluation (pour plus de précisions, voir De Clercq *et al.*, 2016). Notre objectif est plutôt de mettre encore en lumière la nécessité d'utiliser une approche évaluative rigoureuse afin de tester l'efficacité d'un dispositif.

8. Conclusion : quel soutien pour quel effet ?

Dans ce chapitre, nous avons présenté de nombreux dispositifs de soutien à l'adaptation de l'étudiant. Ces dispositifs sont aussi multiples que variés et ont des objectifs et des formats différents. Certains sont centrés sur un aspect unique (ex. Passeport pour le bac) alors que d'autres sont plus généraux et essayent d'aider l'étudiant dans sa globalité (ex. Pack en bloque). Certains font partie intégrante du programme d'études de l'étudiant (ex. Projet de formation) alors que d'autres ne font pas partie d'un parcours obligatoire pour les étudiants (ex. l'espace L). Ainsi, nous avons montré que la conception même de l'aide à la réussite ne se limite pas à un monitoring de l'étudiant, mais peut prendre directement place dans les activités d'enseignement. L'enseignant et ses pratiques peuvent être considérés comme des leviers de poids dans l'adaptation de l'étudiant. Un travail important devrait alors pouvoir être fait au sein du programme afin de réfléchir collectivement à une façon de travailler conjointement à l'atteinte de ce but.

À l'heure actuelle, il n'existe pas de dispositif idéal. Il est en effet très difficile de prendre tout en compte lorsque l'on crée un dispositif. L'ensemble des dispositifs présentés ont tous leurs forces et leurs faiblesses, mais ont le mérite d'exister et d'essayer d'aider au mieux les étudiants. Certains dispositifs tels que Pack en bloque, qui tiennent compte de multiples facteurs impliqués dans l'adaptation de l'étudiant, semblent toutefois réellement prometteurs et présenteraient des effets non négligeables.

Au-delà du caractère complet d'un dispositif, il est également important d'attirer l'attention du lecteur sur l'importance de l'évaluation des dispositifs. Même avec les meilleures bases, un dispositif doit être mis à l'épreuve d'une évaluation rigoureuse. Or, ce n'est encore que rarement le cas. En outre, il est extrêmement important de régulièrement se questionner sur les objectifs visés par nos dispositifs. Ces objectifs peuvent-ils être atteints ? Le public visé est-il le public qui a bénéficié du dispositif ? Cela a-t-il un sens de pérenniser telle ou telle activité ? Ne pas rester sur nos acquis et remettre en question nos dispositifs semble être essentiel pour pouvoir répondre aux attentes des étudiants et les aider au mieux.

Conclusion générale

En bref ...

Ce livre avait pour objectif de fournir un état de la littérature sur l'adaptation dans l'enseignement supérieur afin d'en critiquer les approches, de les situer et de les intégrer progressivement dans une compréhension systémique complexe et nuancée de la transition vers l'enseignement supérieur. Ce travail avait également pour ambition d'établir des ponts entre les résultats empiriques et les actions concrètes de terrain. Ce double travail permet alors d'interroger nos actions et d'identifier des leviers scientifiques afin de les renforcer.

Nous avons ainsi pu mettre en évidence qu'initialement, le phénomène d'adaptation a été étudié via une approche par facteurs isolés. Cette approche a permis de mettre en avant l'ensemble des déterminants potentiels de l'adaptation. Des facteurs tels que le sentiment d'efficacité personnelle, le passé scolaire ou encore le statut socio-économique ont ainsi émergé et ils ont été reconnus, grâce à de nombreuses recherches, comme ayant une importance capitale dans le parcours d'un étudiant.

Cependant, des chercheurs se sont vite aperçus que ces facteurs n'étaient pas si isolés que cela et avaient en fait des liens les uns avec les autres. Il a par exemple été montré que la valeur perçue accordée à un cours dépendait en partie du sentiment de compétence de l'étudiant et inversement (voir modèle de *l'expectancy-value*). C'est pourquoi des modèles théoriques reprenant certains de ces facteurs et leurs interactions ont été développés. Ces modèles, bien qu'ils aient tous le même but (comprendre le phénomène d'adaptation dans l'enseignement supérieur), ont une vision différente du phénomène et des interactions entre facteurs. Cette diversité d'approches par modèles constitue une richesse pour comprendre ce phénomène.

Outre ces modèles théoriques qui ont permis de mettre en avant les interactions des facteurs entre eux, une autre approche a émergé afin de rendre compte de l'évolution temporelle des relations entre les facteurs. En effet, l'influence d'un facteur sur un autre évolue dans le temps. Il semblait donc indispensable de ne pas omettre le caractère dynamique et changeant de ces relations, aspects qui ne transparaissaient pas dans l'approche par modèles. À titre d'exemple, il a été montré que ce sont durant les premières semaines dans l'enseignement supérieur que se joue l'intégration sociale et académique des étudiants.

Au-delà des changements temporels, certains auteurs ont aussi voulu mettre l'accent sur les différences qui pouvaient apparaître en fonction des contextes éducatifs, disciplinaires, personnels, culturels, etc. En effet, la réalité n'est pas la même pour un étudiant inscrit à l'UCLouvain en sciences psychologiques que pour un étudiant inscrit à l'Université de Sydney en sciences biologiques. Les conditions d'admission, les modes d'évaluations, les frais d'inscriptions, etc. diffèrent et l'adaptation à ces deux contextes n'est donc pas comparable.

Enfin, la diversité des contextes nous a amenés à présenter des recherches qui se sont focalisées sur la diversité des individus. En effet, en fonction de son profil, un étudiant n'aura pas les mêmes besoins et ne sera pas sensible aux mêmes facteurs. Il est donc essentiel de tenir compte de cette diversité individuelle également lorsque l'on tente de comprendre le phénomène d'adaptation dans l'enseignement supérieur. Chaque individu est un être unique qui a une sensibilité unique et des besoins spécifiques.

Concrètement, sur quoi pouvons-nous agir ?

Ces cinq chapitres nous ont permis de mettre en évidence les différents éléments sur lesquels les acteurs des dispositifs d'aide peuvent agir pour favoriser l'adaptation de l'étudiant. Ces cinq approches ont chacune leurs points forts et leurs points faibles, mais semblent toutes utiles et permettent de mettre en place des interventions spécifiques en fonction des besoins et du contexte dans lesquels elles sont mises en place. Le chapitre 6 en a illustrées quelques-unes.

À titre d'exemple, nous avons vu que le choix d'études était primordial et qu'un travail important pouvait être fait avec les futurs étudiants afin de s'assurer de leur bonne orientation. La confiance que l'étudiant a en lui peut également faire l'objet d'intervention via, par exemple, la proposition d'ateliers sur la gestion du stress ou la méthode de travail. Enfin, l'intégration sociale via des dispositifs de soutien semble également très utile pour renforcer la motivation et l'adaptation de l'étudiant dès l'entrée dans l'enseignement supérieur. N'oublions toutefois pas que l'effet général de ces interventions peut varier d'un étudiant à l'autre, d'un contexte à l'autre ou encore d'un moment à l'autre. C'est pourquoi il est notamment nécessaire de tenir compte des caractéristiques du contexte éducatif et de questionner le type d'apprentissage fourni, mais également la volonté institutionnelle de promouvoir l'adaptation. Dans ce cadre, l'évaluation de l'efficacité des dispositifs est indispensable.

Ces évaluations permettent en effet d'améliorer et de pérenniser les dispositifs (De Clercq *et al.*, 2016 ; Dony *et al.*, 2015). Cependant, peu de programmes sont évalués (Tinto, 2006). Or, ce sont les évaluations qui permettent de soulever les éventuelles lacunes d'un dispositif et de cibler les changements à apporter (Salmon *et al.*, 2011). Qui plus est, les décisions de pérennisation, d'extension ou de révision pourraient être prises au regard d'arguments objectifs et documentés. Au jour d'aujourd'hui, avec le foisonnement des dispositifs d'appui à la réussite proposés dans l'enseignement supérieur, un tel travail devient indispensable afin de permettre une organisation globale, efficace et claire. Sauvé *et al.* (2007) pointent le morcellement des activités de soutien, le manque d'approche intégrée et les conséquences négatives que cette situation engendre sur l'accompagnement de l'étudiant. Cette démarche d'évaluation permettrait de repenser les objectifs de ces dispositifs et donc de les adapter à ce que l'enseignement supérieur vise réellement à travers eux. Cartier et Langevin (2001) insistent également sur la nécessité de mise en lien des dispositifs proposés et de leur intégration cohérente dans le programme de formation. En documentant et en communiquant les effets précis des dispositifs, une mutualisation des connaissances pourra s'opérer entre les différents acteurs, ce qui permettra d'améliorer l'efficacité et l'attrait de l'offre d'aide proposée à l'étudiant (De Clercq *et al.*, 2016).

Qu'est-ce que s'adapter à l'enseignement supérieur ?

La question des dispositifs mis en place pour favoriser l'adaptation de l'étudiant amène une série de questionnements. Finalement, qu'est-ce que s'adapter ? A priori, l'adaptation implique qu'un étudiant se sente à sa place et bien dans sa peau dans les études choisies. Or, généralement l'adaptation a été étudiée via deux de ses indicateurs, la réussite et la persévérance. Nous allons donc revenir sur la complexité de ces deux concepts enchevêtrés.

La réussite peut être définie comme la satisfaction d'un étudiant aux critères minimaux de maîtrise des compétences relatives à son programme d'études, actée par la décision du jury de délibération (Roland, De Clercq *et al.*, 2015).

La persévérance est quant à elle définie comme un processus d'adoption et de maintien d'engagement d'un étudiant dans ses études, tout au long de son cursus universitaire, indépendamment des obstacles rencontrés, même si ceux-ci rendent son parcours plus difficile. Ce processus d'adoption et de maintien de l'engagement s'initierait dès les premières semaines de cours et aboutirait à la réinscription en fin d'année ainsi qu'à l'obtention d'un diplôme à la fin du cursus. La persévérance n'est donc pas un acte ponctuel posé en fin d'année lors de la réinscription, mais plutôt une série d'actes prenant place tout au long du parcours académique (Roland, De Clercq *et al.*, 2015).

Sur base de ces définitions, nous pouvons supposer que les étudiants qui réussissent sont ceux qui ont persévéré jusqu'à la fin de l'année. En effet, la persévérance tout au long de l'année est indispensable à la réussite (Kern *et al.*, 1998). Cependant, la réussite est également un prédicteur important de la persévérance (Boudrenghien *et al.*, 2012). Il est néanmoins à noter que, si la persévérance est nécessaire à la réussite, l'étudiant qui réussit sa première année ne va pas nécessairement persévérer. En effet, certains étudiants décident d'abandonner leurs études, et ce même s'ils ont réussi. Dans le même ordre d'idées, la persévérance ne dépend pas complètement de la réussite, car la persévérance finale (à savoir la réinscription à une nouvelle année) peut être posée indépendamment de la maîtrise des compétences relatives à l'année académique en cours. La réussite est néanmoins un facilitateur de la persévérance et peut être une condition nécessaire en cas d'échecs répétés. Dans de nombreux systèmes éducatifs, dont le système éducatif belge francophone, un des critères de poursuite en cas d'échecs répétés est d'avoir réussi au moins une année d'études. Dans ce cas, la réussite devient alors une condition nécessaire à la persévérance.

La frontière entre les concepts inverses, à savoir l'échec et l'abandon, est également assez mince. En effet, les auteurs distinguent rarement abandon et échec et rapportent généralement un taux d'échec global au sein duquel se trouvent les étudiants qui ont abandonné et les étudiants qui ont échoué (Droesbeke *et al.*, 2008). Cette perspective revient à considérer l'abandon comme une forme d'échec. Or, même si l'abandon et l'échec sont liés, l'abandon n'est pas toujours la résultante d'un échec. C'est notamment ce qu'a révélé l'étude de Roland (2017) qui a montré que, parmi les étudiants qui réussissent et qui échouent, il y a une proportion plus ou moins égale d'étudiants qui abandonnent leurs études. Ces résultats ne sont pas si étonnants puisqu'un abandon peut être la résultante d'une prise de conscience d'une impossibilité à pouvoir atteindre les exigences universitaires (Boudrenghien *et al.*, 2012), mais cette décision peut également être un choix posé suite à un désintérêt pour les études (Eccles et Wigfield, 2002), à une difficulté à s'intégrer socialement au monde académique, etc. (Tinto, 1993).

Ces définitions et le lien entre ces deux concepts montrent à quel point la question de l'adaptation dans l'enseignement supérieur est complexe. Au vu de ces réflexions, nous pouvons nous interroger sur la question de savoir si la réussite et la persévérance sont toujours le signe d'une bonne adaptation. À en croire quelques-unes des études présentées ci-dessus, ça ne serait pas toujours le cas.

Que visions-nous ?

Le flou qui règne sur la question de l'adaptation nous pousse à nous interroger sur la visée des dispositifs de soutien mis en place.

En regardant ces dispositifs de plus près (voir chapitre 6), nous constatons qu'ils visent ultimement à favoriser la réussite ou la persévérance de l'étudiant. Dans ce cadre, il semble important de s'interroger sur l'intérêt de promouvoir la réussite et la persévérance à tout prix. Cela pose une série de questions telles que : réussir pour réussir est-il positif ? N'est-il pas préférable, dans certains cas, d'abandonner un cursus afin d'éviter un acharnement insensé au nom de la réussite ? Quand la réussite de l'étudiant n'est pas accompagnée de bien-être, de motivation ou d'un choix vocationnel, est-il indiqué de continuer dans cette voie ? Qu'en est-il de l'adaptation ?

Dans la littérature, on part du principe que persévérer et réussir est quelque chose de positif en soi et qu'il est important d'essayer d'augmenter le taux de réussite et de persévérance des étudiants. En effet, la promotion de la persévérance, mais également de la réussite permettrait de réduire les coûts financiers et psychologiques causés par l'abandon en première année (DeBerard *et al.*, 2004 ; Grayson, 2003 ; Pascarella et Terenzini, 2005 ; Sauvé et Viau, 2003 ; Schmitz et Frenay, 2013). Cependant, promouvoir la persévérance à tout prix peut mener à des dérives aux conséquences néfastes pour l'étudiant (Boudrenghien, Frenay et Bourgeois, 2013). Des études montrent en effet que, dans certaines situations, la persévérance dans des études qui ne conviennent pas à l'étudiant peut être délétère et une réorientation est parfois bien plus adaptée qu'un acharnement insensé (Boudrenghien *et al.*, 2012 ; Wrosch *et al.*, 2007). Il est donc important de considérer la promotion de la persévérance en prenant en compte l'expérience de l'étudiant et l'accompagner afin que la décision de persévérer ou d'abandonner corresponde réellement à ses aspirations profondes.

Cependant, les gens ont tendance à penser que persévérer est toujours quelque chose de positif. Des études menées sur l'engagement ont montré qu'un engagement élevé était associé à des conséquences positives en termes de réussite académique (Fredricks *et al.*, 2004 ; Pirot et De Ketele, 2000 ; Webb et Sheeran, 2005), mais aussi de bien-être (Brault-Labbé et Dubé, 2010), alors que le désengagement menait à des effets opposés (DeBar *et al.*, 2011 ; Delhomme *et al.*, 2008 ; Nyer et Dellande, 2010). Il nous semble toutefois important de noter que l'abandon peut également être salutaire pour l'étudiant. En effet, même si cette perspective a été peu prise en compte dans la littérature, persévérer dans des études qui ne conviennent pas à l'étudiant risque d'avoir des effets plus négatifs que l'abandon en lui-même (Boudrenghien, Frenay et Bourgeois, 2013). C'est notamment le cas lorsqu'une personne perçoit le but envers lequel elle est engagée comme inatteignable. Ainsi, rester engagé envers un but inatteignable a, entre autres, un impact négatif sur le bien-être subjectif de la personne. Inversement, se désengager (c'est-à-dire abandonner) d'un tel but est associé à des conséquences positives (Boudrenghien *et al.*, 2012 ; Heckhausen *et al.*, 2001 ; Pomerantz *et al.*, 2000 ; Wrosch *et al.*, 2007). Le désengagement est donc, dans certaines circonstances, utile et adaptatif (Heckhausen *et al.*, 2001 ; van Randenborgh *et al.*, 2010). Nous pourrions ainsi penser qu'il en est de même pour l'abandon qui est un concept lié.

Persévérer n'est donc pas quelque chose de bon ou de mauvais en soi. Pour juger de son caractère adaptatif, il est indispensable de prendre en considération des facteurs tels que le caractère atteignable ou non de l'objectif poursuivi, mais également d'autres aspects tels que la satisfaction de l'étudiant envers ses études. Cette idée rejoint celle de Tinto (1997) selon qui l'adaptation de l'étudiant à ses études est primordiale pour assurer son bien-être à court et long terme. Cela pose toutefois de nouvelles questions ouvrant la voie à de nouveaux travaux : comment évaluer concrètement l'adaptation de l'étudiant ? Comment agir pour concilier la persévérance et la réussite de l'étudiant et son adaptation personnelle ?

Ces différentes réflexions permettent de poser la question de ce que vise l'enseignement supérieur. Son objectif est-il de diplômer le plus d'étudiants possibles ou d'aider des jeunes à trouver leur juste place dans la société par le biais d'une formation qui les aidera à développer des connaissances et des compétences adéquates dans un domaine dans lequel ils se sentent bien ? Même s'il n'existe pas de réponse toute faite à cette question, il nous semble nécessaire d'essayer de davantage l'investiguer afin que les institutions puissent ajuster leurs pratiques.

Au-delà de la question de la promotion de la persévérance et de la réussite se pose également la question de l'accès à l'enseignement supérieur. En effet, pour persévérer et réussir, encore faut-il y avoir accès. Deux questions découlent de cette réflexion.

Tout d'abord, les jeunes ont-ils tous les mêmes chances d'accès à l'enseignement supérieur ? Théoriquement oui, puisque l'accès à l'enseignement supérieur et universitaire est libre en Belgique. Ainsi, les étudiants peuvent choisir la filière d'études qu'ils désirent suivre à condition d'avoir obtenu leur certificat d'enseignement secondaire supérieur (C.E.S.S) (Romainville, 2006). Nous pouvons donc considérer que l'accès à l'enseignement supérieur est particulièrement aisé en Belgique, ce qui n'est pas le cas d'une série d'autres pays voisins. Néanmoins, en pratique, certaines inégalités sociales peuvent apparaître. Le public universitaire est majoritairement composé de jeunes dont au moins un des deux parents a fait des études supérieures/universitaires (Vermandele *et al.*, 2012). En outre, les étudiants dont les parents ont fait des études appréhendent la persévérance différemment des étudiants dont aucun des parents n'a fait d'études supérieures (Roland *et al.*, 2017). La question de savoir si la réussite est une fin en soi touche donc différemment les étudiants dont les parents ont fait des études des étudiants dont aucun parent n'a fait d'études supérieures ou universitaires puisque leur rapport aux études et l'influence familiale à ce propos diffèrent.

La seconde question cherche à savoir si l'université doit être accessible à tous. En effet, au vu du nombre important d'abandons précoces, cette question a tout son sens. Selon Elffers (2016), nous sommes face à un trilemme (Figure 13). Nous souhaitons à la fois un libre accès à l'enseignement supérieur pour tous afin que chacun ait la chance d'exploiter son potentiel, à la fois un enseignement de qualité et à la fois que les étudiants persévérèrent et réussissent. Cependant, selon cette chercheuse, il s'agit d'un idéal difficilement atteignable. Est-il possible d'accueillir tous les étudiants qui le souhaitent tout en conservant un enseignement de qualité (sachant que les ressources disponibles n'augmentent pas en fonction du nombre d'étudiants) et en faisant réussir les étudiants, qui n'ont peut-être pas tous acquis les compétences nécessaires ou qui ne sont simplement pas épanouis dans les études qu'ils ont choisies ?

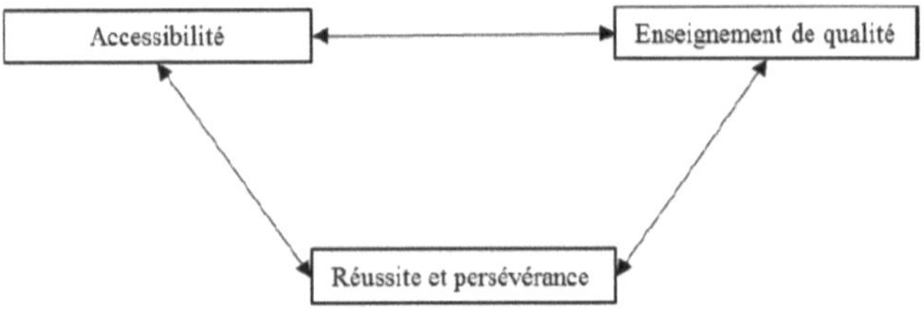

Figure 13. Le Trilemme : accessibilité, qualité et réussite/persévérance

Ce trilemme a comme intérêt de nous faire encore davantage réfléchir aux objectifs que nous visons en tant qu'acteurs de l'enseignement supérieur non universitaire et universitaire. Si nous visons la réussite et la persévérance, nous serons obligés de délaisser un des aspects de ce trilemme. En effet, nous devrons soit réduire l'accès à l'enseignement supérieur en nous montrant plus sélectifs, soit diminuer les exigences en termes de qualité d'enseignement afin que davantage d'étudiants réussissent. Cependant, il ne s'agit pas de solutions qui semblent satisfaisantes.

C'est pourquoi viser l'adaptation de l'étudiant semble être une piste. En effet, l'adaptation n'implique pas nécessairement qu'un étudiant réussisse ou persévère à tout prix, mais plutôt qu'il se sente à sa place et épanoui, même si cela implique qu'il ait dû passer par un redoublement ou une réorientation. Dans ce cadre, ce trilemme n'aurait plus lieu d'exister puisque l'adaptation de l'étudiant n'implique pas que l'on restreigne l'accès à l'université ni que l'on diminue la qualité de l'enseignement. Cela implique simplement que l'on mette davantage l'accent sur l'importance que les jeunes s'orientent le plus adéquatement possible en fonction de leurs intérêts, leurs compétences, qu'ils s'épanouissent dans une formation et dans une future profession qui cadrent avec leurs aspirations professionnelles et personnelles et qu'ils se sentent bien dans l'établissement qui les accueille (voir implications pratiques). De cette meilleure adaptation découleront d'ailleurs probablement tout naturellement plus de réussite et de persévérance. Ce n'est, selon nous, pas en visant plus de réussite et de persévérance que nous en obtiendrons plus.

Comment aller plus loin ?

Alors que la recherche en pédagogie universitaire sur les facteurs de réussite et de persévérance dans la transition académique a déjà une longue tradition, les résultats de ces recherches sont relativement peu connus et peu pris en compte quand il s'agit, pour les acteurs de terrain ou les décideurs politiques à l'échelle institutionnelle ou nationale, de proposer des actions pour soutenir l'adaptation des étudiants dans l'enseignement supérieur (Rocher, 2015).

Or, la synthèse présentée dans ce livre pointe : (1) la complexité des processus d'adaptation et la multiplicité des types de variables en interaction ; (2) l'importance de la compréhension de la temporalité de ces processus et le fait que certains moments sont particulièrement sensibles ; (3) la nécessité de considérer ces résultats au regard de la spécificité du public et du contexte, et (4) l'importance, pour les dispositifs de soutien ou d'appui à la réussite, de clarifier ce qu'ils visent et d'évaluer leurs effets.

Même si cette recherche est éclatée entre approches disciplinaires et méthodologiques, et entre des études portant sur la compréhension ou sur l'intervention, c'est un domaine de recherche porteur et très prolifique, dont les enjeux sociétaux sont importants dans des contextes d'enseignement supérieur en pleine évolution.

Pour relever ces enjeux, les défis pour la recherche sont nombreux (Frenay *et al.*, 2019). Il s'agit à la fois de prendre en compte la complexité des facteurs en interaction et à la fois d'être pertinent pour les questions spécifiques des étudiants, des acteurs et des contextes.

Dans une perspective multifactorielle, un enjeu théorique est de construire des modèles théoriques intégratifs, permettant de prendre en compte les interactions entre variables individuelles, sociales et contextuelles. Au niveau méthodologique, le défi est d'étudier la complexité des facteurs en interaction, en combinant des approches qualitatives (permettant une approche fine et processuelle) et des approches quantitatives (permettant d'étudier non seulement les effets directs, mais aussi les effets modérateurs et médiateurs).

Dans une perspective contextualisée, la compréhension des différences dans les effets de ces facteurs et des interventions selon les programmes, facultés, disciplines et selon les profils étudiants constitue un autre défi de taille. Ceci n'est possible que si ces recherches sont ancrées et faites en collaboration avec les acteurs et actrices de terrain (enseignants, professionnels de l'accompagnement) et si les dispositifs d'intervention se nourrissent de ces interactions avec les équipes de recherche.

Sur le plan des implications pratiques, quelques enjeux peuvent être relevés au vu des résultats des recherches : (1) différencier les actions pour ajuster l'offre aux besoins spécifiques des étudiants dans leurs programmes, tout en guidant activement l'étudiant dans le foisonnement des aides à la réussite ; (2) différencier l'attention en ciblant les publics à risque et les contextes à fort taux d'échec ou d'abandon ; (3) agir au plus tôt pour contrer le caractère cumulatif d'une mauvaise adaptation et investir dans l'orientation et (4) évaluer les effets des actions.

Au-delà des enjeux scientifiques et pratiques relevés ici, la question de la définition même de la réussite et de la persévérance (et de ce qui est socialement souhaitable) soulève un trilemme important, entre la qualité et les exigences des formations, l'accessibilité de l'enseignement supérieur à un plus grand nombre et la réussite ou la persévérance des étudiants (Elffers, 2016). De ce point de vue, il serait tout d'abord nécessaire de clarifier quel est l'objectif principal visé par les différents acteurs en présence. En effet, aujourd'hui, il est notable de constater que, derrière un même objectif annoncé, les acteurs de soutien de l'étudiant ont des visées très différentes : certains veulent l'épanouissement de l'étudiant, d'autres le développement de l'esprit critique et de la profondeur de la pensée, d'autres encore avoir un système sélectionnant les plus performants et les plus méritants ou, au contraire, voulant une réussite du plus grand nombre. Tous ces sous-objectifs impliquent des stratégies spécifiques et parfois contradictoires. S'accorder sur l'objet principal visé serait alors une première étape vers une plus grande efficacité de nos actions.

Postface : La pédagogie peut (aussi) faire la différence

MARC ROMAINVILLE
Professeur ordinaire à l'Université de Namur

À la lecture de la remarquable synthèse qui précède sur les facteurs de réussite et de persévérance en première année d'enseignement supérieur, un lecteur peu coutumier de ce type de littérature ne manquera pas d'être surpris par la place finalement modeste réservée par le discours de la recherche aux enseignants et à leur pédagogie.

Comme le montrent les auteurs des différents chapitres, la question de l'adaptation à une première année d'enseignement supérieur est abordée, par la majorité des recherches, à partir du postulat selon lequel c'est plutôt du côté de l'étudiant qu'il faut chercher les principaux facteurs explicatifs de cette adaptation. Repris dans le titre même de l'ouvrage, le terme d'*adaptation* est d'ailleurs significatif de cette tendance : selon le Trésor de la langue française, l'adaptation, dans le domaine psychologique, consiste en la « modification des fonctions psychiques de l'individu qui, sans altérer sa nature, le rendent apte à vivre en harmonie avec les nouvelles données de son milieu ou un nouveau milieu[13] ». Le milieu, ici l'enseignement supérieur, n'est donc pas censé se transformer pour accueillir les étudiants, fussent-ils « nouveaux » ; il est envisagé implicitement comme intangible et non questionnable. Dans cette perspective, c'est aux étudiants qu'il incombe de modifier certaines de leurs « fonctions psychiques » pour s'assimiler à ce nouveau milieu. Lorsque des problèmes d'adaptation sont observés – notamment à la suite de l'élargissement et de la diversification des profils étudiants que l'enseignement supérieur a connus dans le dernier tiers du XXe siècle –, les recherches se focalisent sur les caractéristiques des étudiants qui pourraient en être la source : disposent-ils des prérequis nécessaires ? Sont-ils suffisamment

[13] http://atilf.atilf.fr/dendien/scripts/tlfiv5/advanced.exe?8;s=2373121800;

motivés ? Adoptent-ils les comportements d'étude requis ? Se sont-ils suffisamment intégrés socialement et académiquement ? Etc.

Par analogie avec la célèbre dichotomie piagétienne, l'arrivée de « nouveaux étudiants » dans l'enseignement supérieur a été étudiée plutôt sous un angle relevant de l'assimilation, à savoir en termes d'intégration d'éléments externes nouveaux dans une structure interne préexistante et immuable. Dans cette perspective, la place accordée à un éventuel processus d'accommodation – à savoir un réaménagement de l'organisme d'accueil lui-même à la suite de nouveautés externes qu'il ne réussit pas à simplement assimiler – est réduite à la portion congrue, comme le signalent à plusieurs reprises les auteurs de l'ouvrage.

Ainsi, dès le chapitre 1, les auteurs soulignent que :

> Malgré un investissement parfois conséquent de la part des universités dans la formation des professeurs, il est paradoxal de constater que l'analyse de leur rôle sur la réussite étudiante est peu investiguée dans la littérature. Dans deux analyses très larges de la littérature sur la réussite à l'université (Robbins *et al.*, 2004 ; Richardson *et al.*, 2012), aucune étude sur le rôle joué par le professeur n'a été mentionnée (p. 30).

Dans le même sens, ils relèvent, au début du chapitre 4, que :

> Lorsque la problématique de l'adaptation au contexte universitaire est abordée, il arrive bien souvent que la question de contexte soit éludée. En effet, lorsque nous nous penchons sur la littérature scientifique sur le sujet, le caractère contextuel de la transition universitaire est souvent laissé de côté, voire même considéré comme équivalent et universel pour tous les étudiants (p. 86).

Les thématiques abordées au chapitre 6 auraient pu faire exception à la règle puisque ce chapitre est consacré à une analyse des dispositifs de soutien à l'adaptation. Toutefois, la majorité des dispositifs identifiés ne vont en général pas jusqu'à interroger les enseignements eux-mêmes, mais tentent plutôt d'accompagner, de manière plus périphérique, le processus d'adaptation des étudiants en leur offrant des aides palliatives.

Pour en revenir à la recherche, il existe bien sûr des exceptions. Les auteurs évoquent notamment une étude déjà ancienne de Lizzio *et al.* (2002), sur laquelle je reviendrai plus loin et celle de Jansen (2004) selon laquelle « les pratiques d'enseignement jouent également un rôle dans l'explication de la variation de réussite entre les programmes » (p. 96). Mais ces exceptions ne font que confirmer la règle générale de perspective : la recherche s'est principalement penchée sur la question de la réussite et de la persévérance en début d'enseignement supérieur à travers le prisme des caractéristiques et des pratiques étudiantes. Elle contribue donc à asseoir une conception particulière des mécanismes de transformation de l'enseignement supérieur, axée sur la nécessaire adaptation *de* l'étudiant.

Les causes de cette frilosité des enseignants-chercheurs à inclure, dans leurs études sur la réussite et la persévérance, des facteurs explicatifs relatifs aux enseignements et à la pédagogie sont multiples. Observé à tous les paliers des systèmes éducatifs, l'attrait pour la « pédagogie Ponce Pilate » (Astolfi, 1993) n'est sans doute pas étranger à cette tendance : il est toujours plus aisé et confortable d'estimer que la cause d'un problème vous échappe et de vous en laver ainsi les mains. À tire d'exemple, un texte de 2003 remettait, dans une logique d'hétéroattribution, tout le poids de l'échec massif à l'entrée du supérieur sur les étudiants ainsi que sur les enseignants des paliers scolaires précédents :

> Les réformateurs refusent d'admettre que cet échec est dû à des lacunes profondes chez les étudiants, héritées du primaire et du secondaire. [...] Tout enseignant du supérieur sait parfaitement que les universités ont dû accueillir des masses d'étudiants incapables de suivre un cours élémentaire, de rédiger un texte simple et de le comprendre (Jourde, 2003, p. 5).

Après tout, les chercheurs sont des êtres humains comme les autres et on ne voit pas pourquoi ils échapperaient totalement aux biais d'attribution causale, en particulier au biais d'autocomplaisance. Ce biais consiste à plutôt expliquer ses succès par des facteurs internes, mais à attribuer des échecs à des facteurs externes, ce qui permet de se dédouaner de toute responsabilité en la matière. D'autant que les chercheurs se retrouveraient dans une fâcheuse posture s'ils se mettaient à enclencher, d'eux-mêmes, des questionnements sur leurs pratiques enseignantes ainsi que, exercice plus périlleux encore, sur celles de leurs collègues. Bourdieu (1984) a bien analysé cette difficulté spécifique des enseignants-chercheurs à prendre pour objet d'étude « un monde dans lequel ils sont pris (p. 3) ».

Par ailleurs, l'enseignement supérieur et singulièrement l'université ont de tout temps rechigné à envisager la massification des effectifs étudiants comme une opportunité ou, du moins, comme une nécessité sociétale. Au contraire, l'ouverture à de nouveaux publics a été – et l'est encore souvent – vécue comme un cataclysme, une condamnation qui aurait définitivement éloigné l'université d'un paradis perdu, aux portes duquel seuls les « héritiers » se présentaient jadis.

Et pourtant... Un des mérites du présent ouvrage est de montrer que les recherches qui privilégient un autre prisme ouvrent des perspectives particulièrement intéressantes, que ce soit en matière de transformations des pratiques enseignantes ou de recherches sur ces transformations. Revenons un instant sur l'étude de Lizzio *et al.* (2002). Cherchant à expliquer la réussite selon trois indicateurs (la moyenne académique de l'étudiant, sa satisfaction par rapport au programme et sa perception d'y avoir acquis des compétences), ces auteurs observent qu'en définitive ce ne sont pas les caractéristiques des étudiants – ni celles de départ ni celles de leur approche d'apprentissage – qui s'avèrent être les meilleurs prédicteurs, mais bien la qualité des enseignements telle que perçue par les étudiants. Attardons-nous quelque peu sur la conclusion de cette étude, essentielle pour notre propos :

> Firstly, and fundamentally, the results confirm that elements of the learning environment which are under teacher control can, and do, positively influence both the way students approach their study, and the learning outcomes they may achieve. Thus, interventions, if appropriately conceived and implemented, can and will 'make a difference' (Lizzio *et al.*, 2002, p. 28).

Autrement dit, il est instructif de (re)parcourir l'ensemble du présent ouvrage en se posant une double question prospective. D'une part, quelles seraient les principales implications des recherches évoquées en termes de reconfigurations des pratiques pédagogiques elles-mêmes permettant de contribuer à l'adaptation des étudiants ? Et d'autre part, quelles seraient les recherches à développer pour identifier sous quelles conditions et à l'aide de quels dispositifs les enseignants, par leur pédagogie même, pourraient faire la différence, à savoir peser sur les facteurs reconnus de réussite et de persévérance ?

Cette double (re)lecture est particulièrement stimulante, car bon nombre des facteurs épinglés dans l'ouvrage peuvent, en quelque sorte, être retournés comme des gants de manière à développer une perspective centrée sur les pratiques d'enseignement. Prenons quelques exemples.

La motivation de l'étudiant et son engagement dans les études font clairement partie des facteurs facilitant son adaptation à l'enseignement supérieur. Mais sont-ils du seul ressort de l'étudiant ? Ou, dans la perspective défendue par Lizzio *et al.*, ce levier est-il, au moins en partie, sous le contrôle des enseignants ? On connaît en effet les critiques qui ont été adressées au concept de motivation en contexte éducatif, notamment en ce qu'il focalise l'attention sur les apprenants et laisse, du même coup, dans l'ombre les deux autres pôles du triangle didactique : les savoirs, d'une part et l'enseignant, d'autre part. La motivation en devient une caractéristique des apprenants eux-mêmes, comme le montre l'adjectivation du terme en élève « motivé ». Or, particulièrement dans l'enseignement supérieur ouvrant à l'exercice de professions, on peut raisonnablement penser que des enseignements davantage réalisés dans des contextes authentiques ou semi-authentiques, représentatifs de situations professionnelles et abordés via des problèmes que ces situations soulèvent, contribuent à accroître la motivation des étudiants (voir, par exemple, Viau *et al.*, 2004). Autrement dit, la motivation dont feront preuve les étudiants dépend aussi de la nature des acquis qui sont placés au centre de la formation – en particulier de leur lien avec le monde professionnel auquel donne accès le diplôme – et du type de dispositifs élaborés pour les développer – en particulier leur plus ou moins grande propension à rendre les étudiants actifs. D'ailleurs, c'est sans doute par leur effet positif sur la motivation que les méthodes actives semblent favoriser la réussite dans les filières scientifiques (Freeman *et al.*, 2014).

Même les prérequis, qui semblent pourtant appartenir au passé de l'étudiant, ne constituent pas un facteur sur lequel les enseignements n'ont aucune prise. Leur impact sur la réussite et la persévérance dépend aussi de la manière dont les premiers enseignements en tiennent, ou pas, compte. Ils vont bien sûr jouer à plein si la différence de maîtrise des prérequis entre étudiants entrants est ignorée. Par contre, des premiers enseignements conçus de manière à renforcer les prérequis essentiels, dont la maîtrise a été identifiée comme déficitaire chez certains étudiants, contribuent à la réussite de ces derniers (Wathelet et Vieillevoye, 2013).

Autre exemple, la capacité de l'étudiant à gérer de façon autonome son étude constitue également un facteur crucial dans un environnement caractérisé par une importante raréfaction des feedbacks. Moins piloté et guidé de l'extérieur qu'au secondaire, l'étudiant doit davantage compter sur ses propres forces. Mais ici aussi, la médaille comporte bien deux faces. En effet, il est possible d'agir sur les environnements d'apprentissage en veillant à ce qu'ils offrent quelques balises minimales pour guider les étudiants dans leur étude. Bien sûr, le renvoi par les enseignants eux-mêmes de feedbacks précoces, réguliers et informatifs à de grands groupes d'étudiants requiert des ressources importantes dont beaucoup de programmes ne disposent pas. Néanmoins, des procédures alternatives et moins énergivores existent, telles que le recours à l'auto-évaluation ou à l'évaluation par les pairs sur la base d'une grille de feedbacks type. Ainsi, un enseignement qui intègre des dispositifs réguliers de développement explicite des compétences d'autorégulation encourage la réussite des étudiants (Belski et Belski, 2014).

Dernier exemple enfin, la découverte par les jeunes entrant dans l'enseignement supérieur des ficelles de leur nouveau « métier d'étudiant » constitue également un facteur crucial de leur intégration académique. Une des facettes de ce métier est d'apprendre à décoder les exigences effectives et souvent implicites de leurs enseignants en matière d'évaluation des acquis. Mais, à nouveau – et plus clairement encore –, on voit bien qu'il serait paradoxal de considérer qu'il s'agit d'une question à régler par les seuls étudiants. En effet, tout en reconnaissant qu'il est sans doute formateur que des étudiants apprennent à décoder des implicites – notamment parce que beaucoup de pratiques professionnelles exigeront cette compétence –, une conception progressive de la formation peut encourager à ce que les contrats didactiques soient les plus explicites possible en première année d'enseignement supérieur, ce qui éviterait de transformer la relation pédagogique en jeu du chat et de la souris. Des études montrent qu'à peu de frais des dispositifs internes aux enseignements et relativement simples contribuent à l'appropriation par les étudiants des critères d'évaluation et aboutissent à un accroissement du taux de réussite. C'est notamment le cas d'une expérience menée par Rust *et al.*: ils ont d'abord demandé aux étudiants de prendre connaissance et d'évaluer trois travaux d'années antérieures. En groupe, ils étaient ensuite invités à parvenir à un accord sur leur appréciation de ces travaux, à les noter et à les commenter. Une discussion des points de désaccord a enfin été réalisée par l'enseignant, toujours en regard de la grille et en profitant de cette occasion pour l'exemplifier (Rust *et al.*, 2003).

Bref, si pour les raisons évoquées plus haut, la recherche s'est historiquement focalisée d'abord sur les facteurs de réussite et de persévérance liés à l'étudiant, les résultats ainsi engrangés peuvent être relus à la lumière d'une question complémentaire : dans quelle mesure et à l'aide de quels dispositifs pédagogiques, les enseignements eux-mêmes peuvent-ils aussi jouer sur ces différents facteurs ? Parfois, ces actions ne seront possibles qu'à la marge. Mais, pour d'autres facteurs, nous nous apercevrons que notre marge de manœuvre est non négligeable et que, pour reprendre les termes de Lizzio *et al.* (2002 *; p. 50)*, notre pédagogie peut vraiment « faire la différence ».

D'ailleurs, si vous voulez continuer la réflexion par le prisme de la pédagogie de l'enseignement supérieur, n'hésitez pas à vous orienter vers la lecture de l'ouvrage : « Pédagogie active et enseignement supérieur : description de pratiques et repères théoriques » (De Clercq, Frenay *et al.*, 2022).

Références

Académie de Recherche et d'Enseignement Supérieur [ARES] (2020). Base de données SATURN. Repéré à https://aresdigitalwallonia.opendatasoft.com/explore/?sort=modifiedetrefine.keyword=SATURN

Ajzen, I. et Dasgupta, N. (2015). *Explicit and implicit beliefs, attitudes, and intentions: The role of conscious and unconscious processes in human behavior.* Dans B. Eitam et P. Hag-gard (dir.), *Human agency: Functions and mechanisms* (p. 115–144). Oxfold University Press.

Alava, S. et Romainville, M. (2001). Les pratiques d'étude, entre socialisation et cognition. *Revue française de pédagogie, 136*, 159–180. https://doi.org/10.3406/rfp.2001.2836

Allen, J., Robbins, S. B., Casillas, A. et Oh, I. S. (2008). Third-year college retention and transfer: Effects of academic performance, motivation, and social connectedness. *Research in Higher Education, 49*(7), 647–664. https://doi.org/10.1007/s11162-008-9098-3

Allen, J., Robbins, S. B., et Sawyer, R. (2010). Can measuring psychosocial factors promote college success? *Applied Measurement in Education, 23*(1), 1–22. https://doi.org/10.1080/08957340903423503

Ames, C. (1992). Achievement goals, motivational climate, and motivational processes. Dans G. Roberts (dir.), *Motivation in sport and exercise* (p. 161–176). Human Kinetics Publishers.

Anderman, E. M. et Patrick, H. (2012). Achievement goal theory, conceptualization of ability/intelligence, and classroom climate. Dans S. L. Christenson, A. L. Reschly et C. Wylie (dir.), *Handbook of Research on Student Engagement* (p. 173–191). Springer.

Anderson, M., Goodman, J. et Schlossberg, N. K. (2011). *Counseling adults in transition: Linking Schlossberg's theory with practice in a diverse world.* Springer Publishing Company.

Appleton, J. J., Christenson, S. L. et Furlong, M. J. (2008). Student engagement with school: Critical conceptual and methodological issues of the construct. *Psychology in the Schools, 45(*5), 369–386. https://doi.org/10.1002/pits.20303

Arroba, T. (1977). Styles of decision making and their use: An empirical study. *British Journal of Guidance and Counselling, 5*(2), 149–158. https://doi.org/10.1080/03069887708258110

Assor, A., Kaplan, H. et Roth, G. (2002). Choice is good, but relevance is excellent: Autonomy-enhancing and suppressing teacher behaviours predicting students' engagement in schoolwork. *British journal of educational psychology, 72*(2), 261–278. https://doi.org/10.1348/000709902158883

Assor, A., Roth, G. et Deci, E. L. (2004). The emotional costs of parents' conditional regard: A Self-Determination Theory analysis. *Journal of personality, 72*(1), 47–88. https://doi.org/10.1111/j.0022-3506.2004.00256.x

Assor, A. et Tal, K. (2012). When parents' affection depends on child's achievement: Parental conditional positive regard, self-aggrandizement, shame and coping in adolescents. *Journal of adolescence, 35*(2), 249–260. https://doi.org/10.1016/j.adolescence.2011.10.004

Astin, A. (1975). *Preventing students from dropping out.* Jossey-Bass.

Astin, A. (1984). Student involvement: A developmental theory for higher education. *Journal of College Student Personnel, 25*(4), 297–308.

Astin, A. (1993). *What matters in college: Four critical years revisited.* Jossey-Bass.

Astin, A. (1997). How "good" is your institution's retention rate? *Research in Higher Education, 38*(6), 647–658. https://doi.org/10.1023/A:1024903702810

Astin, A. W., Green, K. C. et Korn, W. S. (1987). *The American freshman: Twenty year trends.* Higher Education Research Institute.

Astolfi, J.-P. (1993). *L'école pour apprendre.* ESF.

Bachy, S. (2014). Un modèle-outil pour représenter le savoir technopédagogique disciplinaire des enseignants, *Revue internationale de pédagogie de l'enseignement supérieur, 30*(2), 1–28. https://doi.org/10.4000/ripes.821

Bachy, S. (2016). Des valeurs politiques aux valeurs de terrain : actions et outils pour les services d'aide à la réussite. *Actes du 29ème Congrès de l'AIPU 2016 (Lausanne, 6–9 juillet 2016).* Repéré à https://www.aipu-international.org/sites/default/files/fichiers/Actes_AIPU2016_tr.pdf

Bailey, T., Jenkins, D. et Leinbach, T. (2005). *What We Know about Community College Low-Income and Minority Student Outcomes: Descriptive Statistics from National Surveys.* Community College Research Center.

Bandura, A. (1991). Social cognitive theory of self-regulation. *Organizational Behavior and Human Decision Processes, 50*, 248–287. https://doi.org/10.1016/0749-5978(91)90022-L

Bandura, A. (1997). *Self-efficacy: The exercise of control.* Freeman

Bandura, A. (2003). *Auto-efficacité. Le sentiment d'efficacité personnelle* (traduit par J. Lecomte). De Boeck.

Bandura, A., Lecomte, J. et Carré, P. (2003). *Auto-efficacité : le sentiment d'efficacité personnelle.* De Boeck.

Barnes-Holmes, D., Barnes-Holmes, Y., Stewart, I. et Boles, S. (2010). A Sketch of the Implicit Relational Assessment Procedure (IRAP) and the Relational Elaboration and Coherence (REC) Model. *The Psychological Record, 60*(3), 527–542. https://doi.org/10.1007/BF03395726

Bean, J. P. (1980). Dropouts and turnover: The synthesis and test of a causal model of student attrition. *Research in higher education, 12*(2), 155–187. https://doi.org/10.1007/BF00976194

Bean, J. P. (1983). The application of a model of turnover in work organizations to the student attrition process. *The review of higher education, 6*(2), 129–148. https://doi.org/10.1353/rhe.1983.0026

Bean, J. P. et Metzner, B. S. (1985). A conceptual model of non-traditional undergraduate student attrition. *Review of Educational Research, 55*(4), 485–540. https://doi.org/10.3102/00346543055004485

Belski, R. et Belski, I. (2014). Cultivating stydent skills in self-regulated learning through evaluation of task complexity. *Teaching in higher education, 19*(5), 459–469. https://doi.org/10.1080/13562517.2014.880685

Berry, S. J. et Domene, J. F. (2015). Supporting postsecondary students with sensory or mobility impairments in reaching their career aspirations. *Career Development and Transition for Exceptional Individuals, 38*(2), 78–88. https://doi.org/10.1177/2165143413490792

Biémar, S., Philippe, M. et Romainville, M. (2003). L'injonction au projet : Paradoxale et infondée ? Approche longitudinale du choix d'études supérieures. *L'orientation Scolaire et Professionnelle, 32*(1), 1–17. https://doi.org/10.4000/osp.3167

Biggs, J. B. (1984). Learning strategies, Student Motivation Patterns, and Subjectively Perceived Success. Dans J. R. Kirby (dir.), *Cognitive Stategies and Educational Performance* (p. 111–134). Academic Press.

Billett, S. (2001), *Learning in the Workplace: Strategies for effective practice.* Allen et Unwin.

Billett, S. (2009). Realising the educational worth of integrating work experiences in higher education. *Studies in Higher Education, 34*(7), 827–843. https://doi.org/10.1080/03075070802706561

Birch, S. H. et Ladd, G. W. (1997). The teacher-child relationship and children's early school adjustment. *Journal of School Psychology, 35*, 61–79. https://doi.org/10.1016/S0022-4405(96)00029-5

Boekaerts, M., Pintrich P. R. et Zeidner, M. (2005), *Handbook of Self-Regulation: Theory, research and applications.* Academic Press.

Bong, M. (2005). Within-grade changes in Korean girls' motivation and perceptions of the learning environment across domains and achievement levels. *Journal of Educational Psychology, 97*(4), 656–672. https://doi.org/10.1037/0022-0663.97.4.656

Boudrenghien, G. (2011). *Élève aujourd'hui… et demain ? Étude des antécédents et des conséquences de l'engagement envers un but de formation* (Thèse de doctorat), Université catholique de Louvain.

Boudrenghien, G., Frenay, M. et Bourgeois, E. (2011). La transition de l'enseignement secondaire vers l'enseignement supérieur : Rôle des représentations et motivations à l'égard de son projet de formation. *L'orientation scolaire et professionnelle, 40*(2). https://doi.org/10.4000/osp.3073

Boudrenghien, G., Frenay, M. et Bourgeois, E. (2012). Unattainable educational goals: Disengagement, reengagement with alternative goals, and consequences for subjective well-being. *European Review of Applied Psychology, 62*(3), 147–159. https://doi.org/10.1016/j.erap.2012.04.002

Boudrenghien, G., Frenay, M. et Bourgeois, E. (2013). La transition de l'enseignement secondaire vers l'enseignement supérieur : Rôle des représentations et motivations de l'étudiant à l'égard de son projet de formation. Dans S. Neuville, M. Frenay, B. Noël et V. Wertz (dir.), *Persévérer et réussir à l'Université.* Presses Universitaires de Louvain.

Boudrenghien, G., Frenay, M., Bourgeois, E., Karabenick, S. A. et Eccles, J. S. (2013). Antecedents of educational goal commitment: an experimental investigation of the role of goal abstraction, integration, and importance. *The Canadian Journal of Career Development, 12*(1), 18–26.

Bourdieu, P. (1984). *Homo academicus.* Les Éditions de Minuit.

Bourgeois, E. (2014). Expérience et figures de l'apprentissage adulte. Dans J. Friedrich et J.C. Pita Castro (dir.), *Recherches en formation des adultes. Un dialogue entre concepts et réalité* (p. 69–92). Éditions Raison et Passions.

Boyle, E.A., Duffy, T. et Dunleavy, K. (2003). Learning styles and academic outcome: The validity and utility of Vermunt's Inventory of Learning Styles in a British higher education setting. *British Journal of Educational Psychology, 73*(2), 267–290. https://doi.org/10.1348/0007099036 0626976

Brault-Labbé, A. et Dubé, L. (2010). Engagement scolaire, bien-être personnel et autodétermination chez des étudiants à l'université. *Canadian Journal of Behavioural Science/Revue canadienne des sciences du comportement, 42*(2), 80–92. https://doi.org/10.1037/a0017385

Braxton, J. M. (2000). *Reworking the student departure puzzle.* Vanderbilt University Press.

Braxton, J. M. et Hirschy, A. S. (2005). Theoretical developments in the study of college student departure. Dans A. Seidman (dir.), *College student retention: Formula for student success* (p. 67–87). Greenwood Press.

Braxton, J. M., Hirschy, A. S. et McClendon, S. A. (2004). *Understanding and reducing college student departure.* Jossey-Bass.

Braxton, J. M. et Lien, L. A. (2000). The viability of academic integration as a central construct in Tinto's interactionalist theory of college student departure. Dans J.-M. Braxton (dir.), *Reworking the student departure puzzle* (p. 11–28). Vanderbilt University Press.

Braxton, J. M., Sullivan, A. V. S. et Johnson, R. M. (1997). Appraising Tinto's theory of college student departure. Dans J. C. Smart (dir.), *Higher Education: Handbook of Theory and Research* (vol. 12, p. 107–164). Agathon Press.

Brouwer, J., Jansen, E., Hofman, A. et Flache, A. (2016). Early tracking or finally leaving? Determinants of early study success in first-year university students. *Research in Post-Compulsory Education, 21*(4), 376–393. https://doi.org/10.1080/13596748.2016.1226584

Bruinsma, M. (2004). Motivation, cognitive processing and achievement in higher education. *Learning and Instruction, 14*(6), 549–568. https://doi.org/10.1016/j.learninstruc.2004.09.001

Burke, L. A. et Hutchins, H. M. (2007). Training transfer: An integrative literature review. *Human resource development review, 6*(3), 263–296. https://doi.org/10.1177/1534484307303035

Burrus, J., Elliott D., Brenneman, M., Markle, R., Carney, L., Moore, G., Betancourt, A., Jackson, T., Robbins, S., Kyllonen, P. et Roberts, R. D. (2013). *Putting and keeping students on track: Toward a comprehensive model of persistence and goal attainment.* Educational Testing Service

Busato, V. V., Prins, F. J., Elshout, J. J. et Hamaker, C. (2000). Intellectual ability, learning style, personality, achievement motivation and academic success of psychology students in higher education. *Personality and Individual Differences, 29*(6), 1057–1068. https://doi.org/10.1016/s0191-8869(99)00253-6

Cabrera, A. F., Burkum, K. R., LaNasa, S. M. et Bibo, E. W. (2012). Pathways to a four-year degree: Determinants of degree completion. Dans A. Seidman (dir.), *College student retention: Formula for student success* (p. 167–210). Praeger Publishers.

Cabrera, A. F., Castaneda, M. B., Nora, A. et Hengstler, D. (1992). The convergence between two theories of college persistence. *Journal of Higher Education, 63*(2), 143–164. https://doi.org/10.2307/1982157

Cabrera, A. F., Nora, A. et Castaneda, M. B. (1993). College persistence: Structural equations modeling test of an integrated model of student retention. *The Journal of Higher Education, 64*(2), 123–139. https://doi.org/10.2307/2960026

Cartier, S. et Langevin, L. (2001). Tendances et évaluations des dispositifs de soutien aux étudiants du postsecondaire dans le Québec francophone. *Revue des sciences de l'éducation*, 27(2), 353–381. https://doi.org/10.7202/009937ar

Carver, C. S. et Scheier, M. E. (1998). *On the self-regulation of behavior.* Cambridge University Press.

Chemers, M. M., Hu, L. et Garcia, B. F. (2001). Academic self-efficacy and first year college student performance and adjustment. *Journal of Educational Psychology, 93*(1), 55–64. https://doi.org/10.1037/0022-0663.93.1.55

Chen, X. et Carroll, D. C. (2005). *First generation students in postsecondary education: A look at their college transcripts.* U.S. Department of Education, National Center for Education Statistics.

Chevrier, B. (2021). Approche longitudinale de l'ajustement psychosocial des étudiants primo-entrants en contexte universitaire : une question de transition vers l'âge adulte. *Bulletin de psychologie, 571*(1), 55–59. Repéré à https://www.cairn.info/revue-bulletin-de-psychologie-2021-1-page-55.htm

Chickering, A. W. et Reisser, L. (1993). *Education and Identity* (2e éd.). Jossey-Bass.

Chochard, Y. (2010). Et si on évaluait le rendement de la formation en entreprise sur la base des compétences développées par le personnel ? Présentation d'une nouvelle approche. *Bulletin de l'Observatoire Compétences-Emploi, 1*(2), 14.

Clifton, R. A., Perry, R. P., Roberts, L. W. et Peter, T. (2008). Gender, psychological dispositions, and the academic achievement of college students. *Research in Higher Education, 49*(8), 684–703. https://doi.org/10.1007/s11162-008-9104-9

Cohen, S. (2004). Social relationships and health. *American Psychologist, 59*(8), 676–84. https://doi.org/10.1037/0003-066X.59.8.676

Connell, J. P. et Wellborn, J. G. (1991). Competence, autonomy, and relatedness: A motivational analysis of self-system processes. Dans M. R. Gunnar et L. A. Sroufe (dir.), *Self-processes and development* (vol. 23, p. 43–77). Lawrence Erlbaum.

Coulon, A. (1997). *Le métier d'étudiant : l'entrée dans la vie universitaire.* PUF.

Coulon, A. (2017). Le métier d'étudiant : l'entrée dans la vie universitaire. *Educação e Pesquisa, 43*(44), 1239–1250.

Credé, M., Roch, S. G. et Kieszczynka, U. M. (2010). Class attendance in college: A meta-analytic view of the relationship of class attendance with grades and student characteristics. *American Educational Research Association, 80*(2), 272–295. https://doi.org/10.3102/0034654310362998

Crider, C., Calder, C. R., Bunting, K. L. et Forwell, S. (2015). An integrative review of occupational science and theoretical literature exploring transition. *Journal of Occupational Science, 22*(3), 304–319. https://doi.org/10.1080/14427591.2014.922913

Cunningham, W. A., Preacher, K. J. et Banaji, M. R. (2001). Implicit Attitude Measures: Consistency, Stability, and Convergent Validity. *Psychological Science, 12*(2), 163–170. https://doi.org/10.1111/1467-9280.00328

Cutrona, C. E., Cole, V., Colangelo, N., Assouline, S. G. et Russell, D. W. (1994). Perceived parental social support and academic achievement: An attachment theory perspective. *Journal of Personality and Social Psychology, 66*, 369–378. https://doi.org/10.1037/0022-3514.66.2.369

Dangoisse, F., De Clercq, M., Van Meenen, F., Chartier, L. et Nils, F. (2020). When disability becomes ability to navigate the transition to higher education: a comparison of students with and without disabilities, *European Journal of Special Needs Education*, *35*(4), 513–528. https://doi.org/10.1080/08856257.2019.1708642

Daniels, L. M., Haynes, T. L., Stupnisky, R. H., Perry, R. P., Newall, N. E. et Pekrun, R. (2008). Individual differences in achievement goals: A longitudinal study of cognitive, emotional, and achievement outcomes. *Contemporary Educational Psychology*, *33*(4), 584–608. https://doi.org/10.1016/j.cedpsych.2007.08.002

DeBar, L. L., Schneider, M., Drews, K.L., Ford, E.G., Stadler, D.D., Moe, E.L., White, M., Hernandez, A. E., Solomon, S., Jessup, A., et Venditti, E.M. (2011). Student public commitment in a school-based diabetes prevention project: impact on physical health and health behaviour. *Public Health, 11*, 1–11. https://doi.org/10.1186/1471-2458-11-711

DeBerard, M. S., Spielmans, G. I. et Julka, D. L. (2004). Predictors of academic achievement and retention among college freshmen: A longitudinal study. *College student journal*, *38*(1), 66–81.

De Clercq, M. (2017). *L'étudiant face à la transition universitaire : Approche multidimensionnelle et dynamique du processus de réussite académique* (Thèse de doctorat). Université catholique de Louvain.

De Clercq, M. (2019). L'étudiant sur les sentiers de l'enseignement supérieur : Vers une modélisation du processus de transition académique. *Les Cahiers de recherche du Girsef, 116*, 1–27.

De Clercq, M., Frenay, M., Wouters, P. et Raucent, B. (2022). *Pédagogie active et enseignement supérieur : description de pratiques et repères théoriques.* Peter Lang.

De Clercq, M., Galand, B., Dupont, S. et Frenay, M. (2013). Achievement among first-year university students: An integrated and contextualised approach. *European Journal of Psychology of Education, 28*(3), 641–662. https://doi.org/10.1007/s10212-012-0133-6

De Clercq, M., Galand, B. et Frenay, M. (2013). Learning processes in higher education: Providing new insights into the effects of motivation and cognition on specific and global measures of achievement. Dans D. Gijbels, V. Donche, J. T. E. Richardson et J. D. Vermunt (dir.), *Learning patterns in higher education: dimensions and research perspectives* (p. 141–162). Routeledge.

De Clercq, M., Galand B. et Frenay, M. (2014, Mai). *From academic engagement to academic achievement: path analysis of freshmen achievement process*. Communication présentée à SIG-4 EARLI Conference, Louvain, Belgique.

De Clercq, M., Galand, B. et Frenay, M. (2017). Transition from high school to university: a person-centered approach to academic achievement. *European Journal of Psychology of Education, 32*(1), 39–59. https://doi.org/10.1007/s10212-016-0298-5

De Clercq, M., Galand, B. et Frenay, M. (2020). One goal, different pathways: Capturing diversity in processes leading to first-year students' achievement. *Learning and Individual Differences, 81*(101908), 1–11. https://doi.org/10.1016/j.lindif.2020.101908

De Clercq, M., Galand, B., Hospel, V. et Frenay, M. (2021). Bridging contextual and individual factors of academic achievement: a multi-level analysis of diversity in the transition to higher education. *Frontline Learning Research, 9*(2), 96–120. https://doi.org/10.14786/flr.v9i2.671

De Clercq, M. et Jacquemart, J. (2021, août). *The black box revelation of instructional practices: a multi-level analysis of the transition to HE*. Communication présentée à la 21e EARLI Conference.

De Clercq, M. et Jacquemart, J. (2022, mai). *Examining the role of instructional practices into the transition to Higher Education: a mixed study*. Communication présentée à EARLI SIG 1 et 4 Joint Conference, Cadix, Espagne.

De Clercq, M., Jansen, E., Brahm, T. et Bosse, E. (2021). From Micro to Macro: Widening the Investigation of Diversity in the Transition to Higher Education. *Frontline Learning Research, 9*(2), 1–8. https://doi.org/10.14786/flr.v9i2.783

De Clercq, M., Leroy, V., Stinglhamber, F. et Frenay, M. (2022). « Projet de formation » : accompagner vers la réussite universitaire et l'insertion professionnelle. *Revue Internationale de Pédagogie Universitaire, 38*(1). https://doi.org/10.4000/ripes.3808

De Clercq, M., Michel, C., Remy, S. et Galand, B. (2019) Providing Freshmen with a Good "Starting-Block": Two Brief Social-Psychological Interventions to Promote Early Adjustment to the First Year at University. *Swiss Journal of Psychology, 78*(1–2), 69–75. https://doi.org/10.1024/1421-0185/a000217.

De Clercq, M., Parmentier, M. et Van Meenen, F. (2022). Fair enough?! Investigating the specific challenges of diverse university first-year students.

Research Papers in Education, 1–21. https://doi.org/10.1080/02671522.2022.2089214

De Clercq, M. et Perret, C. (2020). Étude exploratoire des obstacles à la transition universitaire selon le vécu d'étudiants français et belges. *Éducation et socialisation. Les Cahiers du CERFEE, 58.*

De Clercq, M. et Roland, N. (2018, août). *Perceived similarity in achievement and integration process among first year at the university.* Communication présentée à *EARLI SIG 4*, Giessen, Allemagne.

De Clercq, M., Roland, N., Brunelle, M., Galand, B. et Frenay, M. (2018). The delicate balance to adjustment: A qualitative approach of student's transition to the first year at university. *Psychologica Belgica, 58*(1), 67. https://doi.org/10.5334/pb.409

De Clercq, M., Roland, N., Dupont, S., Parmentier, P. et Frenay, M. (2014). De la persévérance à la réussite universitaire : réflexion critique et définition de ces concepts en contexte belge francophone. *Les Cahiers de recherche du Girsef, 98*, 1–26.

De Clercq, M., Roland, N., Milstein, C. et Frenay, M. (2016). Promouvoir la gestion autonome de l'étude en première année à l'université : Évaluation du dispositif d'aide "Pack en bloque". *Evaluer-Journal International de Recherche en Éducation et Formation, 2*(1), 7–36.

De Clercq, M., Salmon, A., Jacquemart, J. et Bachy, S. (2023). Favoriser l'évaluation des pratiques d'accompagnement de l'étudiant dans l'enseignement supérieur : entre clarification conceptuelle et discussion méthodologique. *Revue des sciences de l'éducation. 48 (3).*

De Clercq, M., Van Meenen, F. et Frenay, M. (2020). Les écueils de la transition universitaire : validation française du questionnaire des obstacles académiques (QoA). *Évaluer. Journal international de Recherche en éducation et formation. 6*(2), 73–106.

Deci, E. L. et Ryan, R. M. (1985). *Intrinsic motivation and self-determination in human behavior.* Plenum.

Deci, E. L. et Ryan, R. M. (1995). Human autonomy: The basis for true self-esteem. Dans M. Kemis (dir.), *Efficacy, agency, and self-esteem* (p. 31–49). Plenum

Deci, E. L. et Ryan, R. M. (2000). The "what" and "why" of goal pursuits: Human needs and the self-determination of behavior. *Psychological Inquiry, 11*(4), 227–268. https://doi.org/10.1207/S15327965PLI1104_01

Deci, E. L. et Ryan, R. M. (2008). Self-determination theory: A macrotheory of human motivation, development, and health. *Canadian Psychology, 49*(3), 182–185. https://doi.org/10.1037/a0012801

Décret définissant le paysage de l'enseignement supérieur et l'organisation académique des études. (2013). Moniteur Belge, 18 décembre 2013, p. 99347. Repéré à http://www.ejustice.just.fgov.be/eli/decret/2013/11/07/2013029625/justel

Décret relatif à l'enseignement supérieur inclusif : décret de la communauté française du 30 janvier 2014. (2014). Moniteur belge, 9 avril, 1–10.

Delhomme, P., Kreel, V. et Ragot, I. (2008). The effect of the commitment to observe speed limits during rehabilitation training courses for traffic regulation offenders in France. *European Review of Applied Psychology, 58*(1), 31–42. https://doi.org/10.1016/j.erap.2005.07.005

De Luigi, N. et Martelli, A. (2015). Attitudes and practices of parents: Disadvantage and access to education. *European Education, 47*(1), 46–60. https://doi.org/10.1080/10564934.2015.1001259

Dennis, J. M., Phinney, J. S. et Chuateco, L. I. (2005). The Role of Motivation, Parental Support, and Peer Support in the Academic Success of Ethnic Minority First-Generation College Students. *Journal of College Student Development, 46*(3), 223–236. https://doi.org/10.1037/0033-295x.98.2.224

Devos, C., Boudrenghien, G., Van Der Linden, N., Azzi, A., Frenay, M., Galand, B. et Klein, O. (2016). Doctoral students' experiences leading to completion or attrition: a matter of sense, progress and distress. *European Journal of Psychology of Education, 32*(1), 1–17. https://doi.org/10.1007/s10212-016-0290-0

Diseth, A. (2011). Self-efficacy, goal orientations and learning strategies as mediators between preceding and subsequent academic achievement. *Learning and Individual Differences, 21*(2), 191–195. https://doi.org/10.1016/j.lindif.2011.01.003

Diseth, A., Pallesen, S., Brunborg, G. S. et Larsen, S. (2010). Academic achievement among first semester undergraduate psychology students: the role of course experience, effort, motives and learning strategies. *Higher Education, 59*(3), 335–352. https://doi.org/10.1007/s10734-009-9251-8

Dollinger, S. J., Matyja, A. M. et Huber, J. L. (2008). Which factors best account for academic success: Those which college students can control or those they cannot? *Journal of Research in Personality, 42*(4), 872–885. https://doi.org/10.1016/j.jrp.2007.11.007

Dong, S. et Lucas, M. S. (2016). An Analysis of Disability, Academic Performance, and Seeking Support in One University Setting. *Career Development and Transition for Exceptional Individuals, 39*(1), 47–56. https://doi.org/10.1177/2165143413475658

Dony, M., De Clercq, M., Frenay, M. et Parmentier, P. (2015). *Outil pour la construction d'une évaluation d'un dispositif d'aide à la réussite.* Chaire UNESCO de Pédagogie Universitaire, UCLouvain.

Dostoïevski, F. (1864). *Les Carnets du sous-sol* (traduit par A. Markowicz). Actes Sud.

Dowd, C. A. et Coury, T. (2006). The effect of loans on the persistence and attainment of community college students. *Research in Higher Education, 47*(1), 33–62. https://doi.org/10.1007/s11162-005-8151-8

Dozot, C. (2018). *Rôle de l'estime de soi et des émotions dans le traitement des feed-back académiques par les étudiants universitaires* (Thèse de doctorat). Université catholique de Louvain.

Dozot, C., Romainville, M. et Frenay, M. (2016, Juin). *Réception et perceptions des feed-back par les étudiants de première année à l'université.* Communication présentée au 29e Congrès de l'Association Internationale de Pédagogie Universitaire (AIPU), Lausanne, Suisse.

Droesbeke, J.-J., Lecrenier, C., Tabutin, D. et Vermandele, C. (2008). *Réussite ou échec à l'université : trajectoire des étudiants en Belgique francophone.* Ellipses.

Dubet, F. et Duru-Bellat, M. (2009), *L'hypocrisie scolaire, pour un collège enfin démocratique.* Seuil.

Duguet, A. (2014). *Les pratiques pédagogiques en première année universitaire: description et analyse de leurs implications sur la scolarité des étudiants* (Thèse de doctorat). Université de Bourgogne.

Duguet, A. et Morlaix, S. (2012). Les pratiques pédagogiques des enseignants universitaires : Quelle variété pour quelle efficacité ? *Questions vives. Recherches en éducation*, *6*(18), 93–110. https://doi.org/10.4000/questionsvives.1178

Dumay, X. et Dupriez, V. (2014). Educational quasi-markets, school effectiveness and social inequalities. *Journal of Education Policy, 29*(4), 510–531. https://doi.org/10.1080/02680939.2013.850536

Dupeyrat, C., Escribe, C. et Mariné, C. (2006). Buts d'accomplissement et qualité de l'engagement dans l'apprentissage : le coût de la compétition. Dans B. Galand et E. Bourgeois (dir.), *(Se) motiver à apprendre* (p. 64–74). PUF.

Dupeyrat, C. et Mariné, C. (2005). Implicit theories of intelligence, goal orientation, cognitive engagement, and achievement: A test of Dweck's model with returning to school adults. *Contemporary Educational Psychology, 30*(1), 43–59. https://doi.org/10.1016/j.cedpsych.2004.01.007

Dupont, S. (2013). *Si près du but : facteurs et processus liés au dépôt différé du mémoire de fin d'études* (Thèse de doctorat). Université catholique de Louvain.

Dupont, S., Galand, B. et Nils, F. (2014). Factors predicting postponement of a final dissertation: Replication and extension. *Psychologica Belgica, 54*(1). https://doi.org/10.5334/pb.ac

Dupont, S., Galand, B., Nils, F. et Hospel, V. (2014). Social context, self-perceptions and student engagement: A SEM investigation of the self-system model of motivational development (SSMMD). *Revista Electronica de Investigacion Educativa y Psicopedagogica,12*, 5–32. https://doi.org/10.14204/ejrep.32.13081

Dupont, S., De Clercq, M. et Galand, B. (2015). Les prédicteurs de la réussite dans l'enseignement supérieur. Revue critique de la littérature en psychologie de l'éducation. *Revue française de pédagogie. Recherches en éducation, 191*, 105–136. https://doi.org/10.4000/rfp.4770

Duru-Bellat, M. (2002). *Les inégalités sociales à l'école. Genèse et mythes*. PUF.

Dweck, C. S. et Leggett, E. L. (1988). A social-cognitive approach to motivation and personality. *Psychological Review, 95*, 256–273. https://doi.org/10.1037/0033-295X.95.2.256

Eagly, A. H. et Chaiken, S. (1993). *The psychology of attitudes*. Harcourt Brace Jovanovich.

Eccles, J. S. (1983). Expectancies, values, and academic behavior. Dans J. T. Spence (dir.), *Achievement and achievement motivation* (p. 75–146). W. H. Freeman.

Eccles, J. S. (2005). Subjective task value and the Eccles et al. model of achievement related choices. Dans A. S. Elliot et C. S. Dweck (dir.), Handbook of competence and motivation (p. 105–121). The Guildford Press.

Eccles, J. S., Adler, T. F., Futterman, R., Goff, S. B., Kaczala, C. M., Meece, J. L. et Midgley, C. (1983). Expectancies, values, and academic behaviors.

Dans J. T. Spence (dir.), *Achievement and Achievement Motives. Psychological and sociological approaches* (p. 75–146). W. H. Freeman.

Eccles, J. S. et Wigfield, A. (2002). Motivational beliefs, values, and goals. *Annual Review of Psychology, 53*, 109–132. https://doi.org/10.1146/annurev.psych.53.100901.135153

Elffers, L. (2016, Juillet). *Higher education as a multidimensional learning environment.* Communication présentée à The Higher Education Conference, Amsterdam, Pays-Bas.

Elias, S. M. et MacDonald, S. (2007). Using past performance, proxy efficacy, and academic self-efficacy to predict college performance. *Journal of Applied Social Psychology, 37*(11), 2518–2531. https://doi.org/10.1111/j.1559-1816.2007.00268.x

Elliot, A. J. et Church, M. A. (1997). A hierarchical model of approach and avoidance achievement motivation. *Journal of Personality and Social Psychology, 72*, 218–232. https://doi.org/10.1037/0022-3514.72.1.218

Entreprise des Technologies Nouvelles de l'Information et de la Communication (ETNIC) (2015). *Les indicateurs de l'enseignement.* Jean-Pierre Hubin.

Etcheverry, E., Clifton, R. et Roberts, L. (2001). Social Capital and Educational Attainment: A Study of Undergraduates in a Faculty of Education. *Alberta Journal of Educational Research, 47*(1), 24–39. https://doi.org/10.11575/ajer.v47i1.54841

Eurydice (2014). *Modernisation of Higher Education in Europe: Access, Retention and Employability.* Brussels, European Commission.

Farsides, T. et Woodfield, R. (2007). Individual and gender differences in "good" and "first-class" undergraduate degree performance. *British Journal of Psychology, 98*, 467–483. https://doi.org/10.1348/000712606X150246

Fazio, R. H. (1990). A practical guide to the use of response latency in social psychological research. Dans C. Hendrick et M. S. Clark (dir.), *Research methods in personality and social psychology* (p. 74–97). Sage Publications

Fazio, R. H. (2001). On the automatic activation of associated evaluations: An overview. *Cognition et Emotion, 15*(2), 115–141. https://doi.org/10.1080/0269993004200024

Feldman, K. A. (1989). The association between student ratings of specific instructional dimensions and student achievement: Refining and extending the synthesis of data from multisection validity studies. *Research in Higher Education, 30*, 583–645. https://doi.org/10.1007/BF00992392

Feldman, K. A. (2007). Identifying exemplary teachers and teaching: Evidence from student ratings. Dans R. P. Perry et J. C. Smart (dir.), *The scholarship of teaching and learning in higher education: An evidence-based approach* (p. 93–143). Springer.

Fenollar, P., Romajn, S. et Cuestas, P. J. (2007). University students' academic performance: An integrative conceptual framework and empirical analysis. *British Journal of Educational Psychology, 77*(4), 873–891. https://doi.org/10.1348/000709907X189118

Finn, J. D., Pannozzo, G. M. et Voelkl, K. E. (1995). Disruptive and inattentive-withdrawn behavior and achievement among fourth graders. *Elementary School Journal, 95*, 421–454. https://doi.org/10.1086/461853

Finnie, R., Childs, S. et Wismer, A. (2011). *Under-represented groups in postsecondary education in Ontario: Evidence from the Youth in Transition Survey.* Higher Education Quality Council of Ontario.

Fischer, L. (2022). *Régulation des émotions académiques d'étudiants universitaires lors de leur première session d'examens* (Thèse de doctorat). Université catholique de Louvain.

Fischer, L., Romainville, M. et Philippot, P. (2022). Accompagner les étudiant·es universitaires dans la régulation des émotions vécues dans l'apprentissage : pistes d'intervention. *L'orientation scolaire et professionnelle, 51*(1). https://doi.org/10.4000/osp.15520

Flavell, J. H. (1976). Metacognitive aspects of problem-solving. Dans L. B. Resnick (dir.), *The nature of intelligence* (p. 231–235). Lawrence Erlbaum Associates.

Flavell, J. H. (1981). Cognitive monitoring. Dans W. P. Dickens (dir.), *Children's oral communication skills* (p. 35–60). Adademic Press.

Flavell, J. H. (1987). Speculations about the nature and development of métacognition. Dans F. E. Weinert et R. H. Kluwe (dir.), *Métacognition, motivation and understanding* (p. 17–29). Lawrence Erlbaum Associates.

Fredricks, J.A., Blumenfeld, P.C. et Paris, A.H. (2004). School engagement: potential of the concept, state of the evidence. *Review of Educational Research, 74*(1), 59–109. https://doi.org/10.3102/00346543074001059

Freeman, S., Eddy, S. L., McDonough, M., Smith, M. K., Okoroafor, N., Jordt, H., et Wenderoth, M. P. (2014). Active learning increases student performance in science, engineering, and mathematics. *PNAS, 111*(23), 8410–8415. https://doi.org/10.1073/pnas.1319030111

Frenay, M., De Clercq, M. et Roland, N. (2019). Réussir et persévérer dans l'enseignement supérieur : Apports des recherches pour la compréhension et l'intervention. Dans S. Chaliès et L. Talbot (dir.), *La pédagogie universitaire : quelles perspectives* (p. 81–88). Cépaduès.

Frenay, M., Parmentier, P., Warnier, L. et Wouters, P. (2018). Implémenter l'approche-programme. Une perspective de développement de la qualité de l'enseignement universitaire. Dans C. Loisy et J.C. Coulet (dir.), *Compétences et approche-programme. Outiller le développement d'activités responsables* (p. 217–231). ISTE Editions

Frenay, M., Warnier, L. et Wouters, P. (2021). Les enjeux de l'accompagnement dans une approche-programme. Dans B. Raucent, C. Verzat, C. Jacqmot et C. Van Nieuwenhoven, (dir.), *Accompagner les étudiants : rôles de l'enseignant, dispositifs et mises en œuvre* (p. 425–448). De Boeck

Frouillou, L., Pin, C. & van Zanten, A. (2020). Les plateformes *APB* et *Parcoursup* au service de l'égalité des chances : L'évolution des procédures et des normes d'accès à l'enseignement supérieur en France. *L'Année sociologique*, 70, 337–363. https://doi.org/10.3917/anso.202.0337

Fuertes, J. N. et Sedlacek, W. E. (1994). Using the SAT and noncognitive variables to predict the grades and retention of Asian American. *Measurement et Evaluation in Counseling et Development (American Counseling Association), 27*(2), 74.

Furrer, C. et Skinner, E. (2003). Sense of relatedness as a factor in children's academic engagement and performance. *Journal of Educational Psychology, 95*(1), 148–162. https://doi.org/10.1037/0022-0663.95.1.148

Galand, B. (2006). La motivation en situation d'apprentissage : les apports de la psychologie de l'éducation. *Revue française de pédagogie. Recherches en éducation, 155*, 5–8. https://doi.org/10.2307/41202145

Galand, B. et Frenay, M. (2005), *L'approche par problèmes et par projets dans l'enseignement supérieur : Impact, enjeux et défis*, Presses Universitaires de Louvain.

Galand, B., Neuville, S. et Frenay, M. (2005). L'échec à l'université en Communauté française de Belgique : Comprendre pour mieux prévenir. *Les cahiers de recherche en éducation et formation, 39*, 5–17.

Galand, B. et Philippot, P. (2002). Style motivationnel des élèves du secondaire : Développement d'un instrument de mesure et relations avec d'autres variables pédagogiques. *Revue canadienne des sciences du comportement, 34*(4), 261–275. https://doi.org/10.1037/h0087179

Galand, B. et Vanlede, M. (2004). Le sentiment d'efficacité personnelle dans la formation : Quel rôle joue-t-il ? D'où vient-il ? Comment intervenir ? *Savoirs, 5*, 91–116. https://doi.org/10.3917/savo.hs01.0091

Galdiolo, S., Nils, F. et Vertongen, G. (2012). Influences indirectes de l'origine sociale sur la réussite académique à l'Université. *L'orientation scolaire et professionnelle, 41*(1), 125–250. https://doi.org/10.4000/osp.3723

Gale, T. et Parker, S. (2014). Navigating change: A typology of student transition in higher education. *Studies in Higher Education, 39*(5), 734–753. https://doi.org/10.1080/03075079.2012.721351

Garcia, S. (2010). Déscolarisation universitaire et rationalités étudiantes. *Actes de la recherche en sciences sociales, 183*(3), 48–57. https://doi.org/10.3917/arss.183.0048

Gati, I., Landman, S., Davidovitch, S., Asulin-Peretz, L. et Gadassi, R. (2010). From career decision-making styles to career decision-making profiles: A multidimensional approach. *Journal of Vocational Behavior, 76*(2), 277–291. https://doi.org/10.1016/j.jvb.2009.11.001

Gawronski, B., LeBel, E. P. et Peters, K. R. (2007). What do implicit measures tell us?: Scrutinizing the validity of three common assumptions. *Perspectives on psychological science, 2*(2), 181–193. https://doi.org/10.1111/j.1745-6916.2007.00036.x

Germeijs, V., Luyckx, K., Notelaers, G., Goossens, L. et Verschueren, K. (2012). Choosing a major in higher education: Profiles of students' decision-making process. *Contemporary Educational Psychology, 37*(3), 229–239. https://doi.org/10.1016/j.cedpsych.2011.12.002

Germeijs, V. et Verschueren, K. (2006). High school students' career decision-making process: A longitudinal study of one choice. *Journal of Vocational Behavior, 68*(2), 189–204. https://doi.org/10.1016/j.jvb.2005.08.004

Germeijs, V. et Verschueren, K. (2007). High school students' career decision-making process: Consequences for choice implementation in higher education. *Journal of Vocational Behavior, 70*(2), 223–241. https://doi.org/10.1016/j.jvb.2006.10.004

Grant, M., Hamer, A. et Steptoe, A. (2009). Social isolation and stress-related cardiovascular, lipid, and cortisol responses. *Annals of Behavioral Medicine, 37*(1), 29–37. https://doi.org/10.1007/s12160-009-9081-z.

Grayson, J. P. (2003). The consequences of early adjustment to university. *Higher Education, 46*(4), 411–429. https://doi.org/10.1023/A:1027315020856

Greenwald, A. G., Banaji, M. R., Rudman, L. A., Farnham, S. D., Nosek, B. A. et Mellott, D. S. (2002). A unified theory of implicit attitudes, stereotypes, self-esteem, and self-concept. *Psychological Review, 109*(1), 3–25. https://doi.org/10.1037/0033-295X.109.1.3

Griful-Freixenet, J., Struyven, K., Verstichele, M. et Andries, C. (2017). Higher education students with disabilities speaking out: Perceived barriers and opportunities of the Universal Design for Learning framework. *Disability et Society, 32*(10), 1627–1649. https://doi.org/10.1080/09687599.2017.1365695

Griful-Freixenet, J., Struyven, K., Vantieghem, W. et Gheyssens, E. (2020). Exploring the interrelationship between Universal Design for Learning (UDL) and Differentiated Instruction (DI): A systematic review. *Educational Research Review, 29*, 100306. https://doi.org/10.1016/j.edurev.2019.100306

Guay, F., Larose, S. et Boivin, M. (2004). Academic self-concept and educational attainment level: A ten-year longitudinal study. *Self and Identity, 3*(1), 53–68. https://doi.org/10.1080/13576500342000040

Guichard, J. et Huteau, M. (2006). *Psychologie de l'orientation*. Dunod.

Guyll, M., Madon, S., Prieto, L. et Scherr, K. C. (2010). The potential roles of self-fulfilling prophecies, stigma consciousness, and stereotype threat in linking Latino/a ethnicity and educational outcomes. *Journal of Social Issues, 66*(1), 113–130. https://doi.org/10.1111/J.1540-4560.2009.01636.X

Hackett, G., Betz, N. E., Casas, J. M. et Rocha-Singh, I. A. (1992). Gender, ethnicity, and social cognitive factors predicting the academic achievement of students in engineering. *Journal of Counseling Psychology, 39*(4), 527–538. https://doi.org/10.1037/0022-0167.39.4.527

Hahs-Vaughn, D. (2004). The Impact of Parents' Education Level on College Students: An Analysis Using the Beginning Postsecondary Students Longitudinal Study 1990–92/94. *Journal of College Student Development 45*(5), 483–500. https://doi.org/10.1353/csd.2004.0057

Harackiewicz, J. M., Barron, K. E., Pintrich, P. R., Elliot, A. J. et Thrash, T. M. (2002). Revision of achievement goal theory: Necessary and illuminating. *Journal of Educational Psychology, 94*(3), 638–645. https://doi.org/10.1037/0022-0663.94.3.638

Harackiewicz, J. M., Barron, K. E., Tauer, J. M. et Elliot, A. J. (2002). Predicting success in college: A longitudinal study of achievement goals and ability measures as predictors of interest and performance from freshman year through graduation. *Journal of Educational Psychology, 94*(3), 562–575. https://doi.org/10.1037/0022-0663.94.3.562

Harren, V. A. (1979). A model of career decision making for college students. *Journal of vocational behavior, 14*(2), 119–133. https://doi.org/10.1016/0001-8791(79)90065-4

Harris, M. (2014). *I'm not supposed to be here: The unsettling transition to Higher Education*. Communication présentée à la 17e International FYHE Conference, Darwin, Australie.

Harris, M., Myhill, M. E. et Walker, J. H. (2012). A promising career? The thriving transition cycle. *International Journal of Sports Science, 2*(3), 16–23. https://doi.org/10.5923/j.sports.20120203.01

Hart, B. et Risley, T. R. (1995). *Meaningful differences in the everyday experience of young American children*. Brookes.

Harter, S. (1990). Developmental differences in the nature of self-representations: Implications for the understanding, assessment, and treatment of maladaptive behavior. *Cognitive Therapy and Research, 14*(2), 113–142. https://doi.org/10.1007/BF01176205

Hayenga, A. O. et Corpus, J. H. (2010). Profiles of intrinsic and extrinsic motivations: A person-centered approach to motivation and achievement in middle school. *Motivation and Emotion, 34*(4), 371–383. https://doi.org/10.1007/s11031-010-9181-x

Heckhausen, J., Worsch, C. et Fleesoon, W. (2001). Developmental regulation before andafter a developmental deadline: the sample case of biological clock for childbearing. *Psychology and Aging, 16*(3), 400–413. https://doi.org/10.1037/0882-7974.16.3.400

Hewett, R., Douglas, G., McLinden, M. et Keil, S. (2017). Developing an inclusive learning environment for students with visual impairment in higher education: progressive mutual accommodation and learner experiences in the United Kingdom. *European Journal of Special Needs Education, 32*(1), 89–109. https://doi.org/10.1080/08856257.2016.1254971

Holahan, C. J. et Moos, R. H. (1981). Social support and psychological distress: A longitudinal analysis. *Journal of Abnormal Psychology, 90*(4), 365–370. https://doi.org/10.1037/0021-843X.90.4.365

Hollenbeck, J. R. et Klein, H. J. (1987). Goal commitment and the goal-setting process: problems, prospects, and proposals for future research. *Journal of Applied Psychology, 72*(2), 212–220. https://doi.org/10.1037//0021-9010.72.2.212

Holmes, T. H. et Rahe, R. H. (1967). The social readjustment rating scale. *Journal of Psychosomatic research, 11*(2), 213–221. https://doi.org/10.1016/0022-3999(67)90010-4

Homklin, T., Takahashi, Y. et Techakanont, K. (2013). Effects of Individual and Work Environment Characteristics on Training Effectiveness: Evidence from Skill Certification System for Automotive Industry in Thailand. *International Business Research, 6*(12), 1–16. https://doi.org/10.5539/ibr.v6n12p1

Hong, B. S. S. (2015). Qualitative Analysis of the Barriers College Students With Disabilities Experience in Higher Education. *Journal of College Student Development, 56*(3), 209–226. https://doi.org/10.1353/csd.2015.0032

Hospel, V. (2015). *Des apprenants engages et performants ? Effets respectifs de la structure, du soutien à l'autonomie et du soutien social* (Thèse de doctorat). Université catholique de Louvain.

Houart, M., Baillet, D., Cobut, B., Vanden Eynde, C., Duchâteau, D., Goemaere, S., Lanotte, A-F., Plumat, J., Pollet, M-C., Slosse, P., et Salmon, D. (2011). Focus sur les déclencheurs de l'évolution des actions d'accompagnement pédagogique. *Revue internationale de pédagogie de l'enseignement supérieur, 27*(1). http://ripes.revues.org/464

Hulleman, C.S., Godes, O., Hendricks, G.L. et Harackiewicz, J.M. (2010). Enhancing interest and performance with a utility value intervention. *Journal of Educational Psychology, 102*(4), 880–895. https://doi.org/10.1037/a0019506

Ishitani, T. T. (2003). A longitudinal approach to assessing attrition behavior among first generation students: Time-varying effects of pre-college characteristics. *Research in Higher Education, 44*(4), 433–449. https://doi.org/10.1023/A:1024284932709

Ishitani, T. T. (2006). Studying attrition and degree completion behavior among first-generation college students in the United States. *The Journal of Higher Education, 77*(5), 861–885. https://doi.org/10.1353/jhe.2006.0042

Jansen, E. P. W. A. (2004). The influence of the curriculum organization on study progress in higher education. *Higher Education, 47*(4), 411–435. https://doi.org/10.1023/B:HIGH.0000020868.39084.21

Jansen, E. P. W. A. et Bruinsma, M. (2005). Explaining Achievement in Higher Education. *Educational Research et Evaluation, 11*(3), 235–252. https://doi.org/10.1080/13803610500101173

Jansen, E. P. W. A. et van der Meer, J. (2012). Ready for university? A cross-national study of students' perceived preparedness for university. *The Australian Educational Researcher, 39*(1), 1–16. https://doi.org/10.1007/s13384-011-0044-6

Jenert, T., Brahm, T., Gommers, L. et Kühner, P. (2016, Juillet). *A typology of student's enculturation during the first year at the University.* Communication présentée à Sig-4 EARLI Conference, Amsterdam, Pays-Bas.

Jorro, A., De Ketele, J. M. et Merhan, F. (2017). *Les apprentissages professionnels accompagnés.* De Boeck Supérieur.

Jourde, P. (2003). Ce qui tue l'université française, *Le monde diplomatique, 594*, 4–5.

Justice, E. M. et Dornan, T. M. (2001). Metacognitive differences between traditional-age and nontraditional-age college students. *Adult education quarterly, 51*(3), 236–249. https://doi.org/10.1177/07417130122087269

Kahn, J. H. et Nauta, M. M. (2001). Social-cognitive predictors of first-year college persistence: The importance of proximal assessment. *Research in Higher Education, 42*(6), 633–652. https://doi.org/10.1023/A:1012225510213

Kamanzi, P. C., Doray, P., Bonin, S., Groleau, A. et Murdoch, J. (2010). Les étudiants de première génération dans les universités : l'accès et la persévérance aux études au Canada. *Canadian Journal of Higher Education, 40*(3), 1–24.

Kamanzi, P. C., Maroy, C. et Magnan, M.-O. (2020). L'accès aux études supérieures au Québec : l'incidence du marché scolaire. *Revue française de pédagogie, 208*(3), 49–64. https://doi.org/10.4000/rfp.9481

Kao, G. et Thompson, J. S. (2003). Racial and ethnic stratification in educational achievement and attainment. *Annual Review of Sociology, 29*(1), 417–442. https://doi.org/10.1146/annurev.soc.29.010202.100019

Karpinski, A. et Hilton, J. L. (2001). Attitudes and the Implicit Association Test. *Journal of Personality and Social Psychology, 81*(5), 774–788. https://doi.org/10.1037/0022-3514.81.5.774

Kasworm, C. (2005). Adult student identity in an intergenerational community college classroom. *Adult Education Quarterly, 56*(1), 3–20. https://doi.org/10.1177/0741713605280148

Kember, D. et Gow, L. (1994). Orientations to teaching and their effect on the quality of student learning. *The Journal of Higher Education*, *65*(1), 58–74. https://doi.org/10.2307/2943877

Kern, C. W., Fagley, N. S. et Miller, P. M. (1998). Correlates of college retention and GPA: Learning and study strategies, testwiseness, attitudes, and ACT. *Journal of College Counseling*, *1*(1), 26–34. https://doi.org/10.1002/J.2161-1882.1998.TB00121.X

Kirkpatrick, D. L. et Kirkpatrick, J. D. (2006). *Evaluating training programs: The four levels*. Berrett-Koehler.

Kortering, L. J., Braziel, P. M. et McClannon, T. W. (2010). Career Ambitions: A Comparison of Youth With and Without SLD. *Remedial and Special Education, 31*(4), 230–240. https://doi.org/10.1177/0741932508324404

Kossinets, G. et Watts, D. J. (2009). Origins of homophily in an evolving social network. *American journal of sociology*, *115*(2), 405–450. https://doi.org/10.1086/599247

Kovač, V. B. (2015). Transition: A Conceptual Analysis and Integrative Model. In. D. L. Caeron et R. Thygesen (dir.), *Transitions in the Field of Special Education: Theoretical Perspectives and Implications for Practice* (p. 19–33). Waxmann.

Krapp, A. (2007). An educational-psychological conceptualisation of interest. *International Journal for Educational and Vocational Guidance, 7*(1), 5–21. https://doi.org/10.1007/s10775-007-9113-9

Kuh, G. D., Kinzie, J., Buckley, J. A., Bridges, B. K. et Hayek, J. C. (2006). *What matters to student success: A review of the literature* (Research Report). National Postsecondary Education Cooperative, Washington.

Kuh, G. D., Kinzie, J., Schuh, J. H. et Whitt, E. J. (2011). Fostering student success in hard times. *Change: The magazine of higher learning*, *43*(4), 13–19. https://doi.org/10.1080/00091383.2011.585311

Lagase-Vandercammen, D. (2011). Modèle heuristique relatif aux situations de formation formelle facilitant la dynamique du projet personnel de l'étudiant. In *Proceedings of the 2013 Conference of the ESREA Network on Life History and Biografical Research* (pp. 217–233).

Lagase, D. et Charlier, B. (2016). Fonctions d'aide à l'apprentissage : analyse de la variabilité des perceptions d'étudiant-es de l'enseignement supérieur. *Éducation et Formation*, 7, 8–21.

Lekholm, A. K. et Cliffordson, C. (2008). Discrepancies between school grades and test scores at individual and school level: effects of gender and family background. *Educational Research et Evaluation, 14*(2), 181–199. https://doi.org/10.1080/13803610801956663

Le Louarn, J. Y. et Pottiez, J. (2009). Évaluer pour mieux former : comment évaluer efficacement ses formations. *Personnel, 500*, 38–40.

Leppel, K. (2002). Similarities and differences in the college persistence of men and women. *The Review of Higher Education, 25*(4), 433–450. https://doi.org/10.1353/rhe.2002.0021

Leroy, V. (2012). *La réévaluation cognitive pour maîtriser la tentation en situation d'apprentissage* (Thèse de doctorat). Université catholique de Louvain.

Leroy, V., De Clercq, M., Stinglhamber, F. et Frenay, M. (2021). L'étudiant face à son projet de formation : présentation et première évaluation d'un dispositif d'accompagnement innovant. *Les Cahiers de recherche du Girsef, 124*, 1–35.

Lizzio, A., Wilson, K., et Hadaway, V. (2007). University students' perceptions of a fair learning environment: A social justice perspective. Assessment et Evaluation in Higher Education, 32(2), 195–213. https://doi.org/10.1080/02602930600801969

Lizzio A., Wilson, K. et Simons, R. (2002). University students' perceptions of the learning environment and academic outcomes. *Studies in Higher Education, 27(1),* 27–52. https://doi.org/10.1080/03075070120099359

Lohfink, M. et Paulsen, M. B. (2005). Comparing the determinants of persistence for first-generation and continuing-generation students. *Journal of College Student Development, 46*(4), 409–428. https://doi.org/10.1353/csd.2005.0040

Lopez, F. G., Campbell, V. L. et Watkins, C. E. (1989). Effects of marital conflict and family coalition patterns on college student adjustment. *Journal of College Student Development, 30*, 46–52.

Madriaga, M., Hanson, K., Heaton, C., Kay, H., Newitt, S. et Walker, A. (2010). Confronting similar challenges? Disabled and non-disabled students' learning and assessment experiences. *Studies in Higher Education, 35*(6), 647–658. https://doi.org/10.1080/03075070903222633

Marks, G. N. (2020). Is the relationship between socioeconomic status (SES) and student achievement causal? Considering student and parent abilities. *Educational Research and Evaluation, 26*(7–8), 344–367. https://doi.org/10.1080/13803611.2021.1968442

Marks, H. M. (2000). Student engagement in instructional activity: Patterns in the elementary, middle, and high school years. *American Educational Research Journal, 37,* 153–184. https://doi.org/10.3102/00028312037001153

Marsh, H. W. (1987). Students' evaluations of university teaching: Research findings, methodological issues, and directions for future research. *International Journal of Educational Research, 11,* 253–388. https://doi.org/10.1016/0883-0355(87)90001-2

Marton, F. (1988). Describing and improving learning. Dans R. R. Scmeck (dir.), *Learning strategies and learning styles* (p. 54–82). Plenum.

Marton, F. et Säljö, R. (1997). *Approaches to learning.* Dans F. Marton, D. J. Hounsell et N. J. Entwistle (dir.), *The Experience of Learning* (p. 1–24). Scottish Academic Press.

Masui, C. et De Corte, E. (2005). Learning to reflect and to attribute constructively as basic components of self-regulated learning. *British Journal of Educational Psychology, 75*(3), 351–372. https://doi.org/10.1348/000709905x25030

Mattanah, J. F., Lopez, F. G. et Govern, J. M. (2011). The contributions of Parental Attachment Bonds to College Student Development and Adjustment: A Meta-Analytic Review. *Journal of Counseling Psychology, 58,* 565–596. https://doi.org/10.1037/a0024635

Mattern, K. D. et Patterson, B. F. (2009). *Is performance on the SAT related to college retention?* (Rapport no 2009-7). The College Board.

Mayhew, B. H. (1980). Structuralism versus individualism: Part 1, shadowboxing in the dark. *Social Forces, 59*(2), 335-375. https://doi.org/10.1093/sf/59.2.335

Mayhew, M. J., Rockenbach, A. N., Bowman, N. A., Seifert, T. A., Wolniak, G. C., Pascarella, E. T. et Terenzini, P. T. (2016). *How college affects students: Findings from the 21st century* (vol. 3). John Wiley et Sons.

McCauley, D. P. (1988). Effect of specific factors on Blacks' persistence at predominantly white university. *Journal of College Student Development, 29*(1), 48–51. ERIC: EJ370054

McEwan, B. (2013). Retention and Resources: An Exploration of How Social Network Resources Related to University Commitment. *Journal of College Student Retention: Research, Theory et Practice, 15*(1), 113–128. https://doi.org/10.2190/CS.15.1.g

McGregor, L., Miller, H. R., Mayleben, M. A., Buzzanga, V. L., Davis, S. F. et Becker, A. H. (1991). Similarities and differences between "traditional" and "nontraditional" college students in selected personality characteristics. *Bulletin of the Psychonomic Society, 29*(2), 128–130. https://doi.org/10.3758/BF03335213

Meijer, J., Veenman, M. V. et van Hout-Wolters, B. H. (2006). Metacognitive activities in text-studying and problem-solving: Development of a taxonomy. *Educational Research and Evaluation, 12*(3), 209–237. https://doi.org/10.1080/13803610500479991

Millet, M. (2003). *Les étudiants et le travail universitaire.* Presses universitaires de Lyon.

Millet, M. (2012). L'« échec » des étudiants de premiers cycles dans l'enseignement supérieur en France. retours sur une notion ambiguë et descriptions empiriques. Dans M. Romainville et C. Michaut (dir.), *Réussite, échec et abandon dans l'enseignement supérieur* (p. 69–88). De Boeck Supérieur.

Minnaert, A. et Janssen, P. J. (1999). The additive effect of regulatory activities on top of intelligence in relation to academic performance in higher education. *Learning and Instruction, 9*(1), 77–91. https://doi.org/10.1016/s0959-4752(98)00019-x

Moriña, A. (2017). Inclusive education in higher education: challenges and opportunities, *European Journal of Special Needs Education, 32*(1), 3–17, https://doi.org/10.1080/08856257.2016.1254964

Murtaugh, P. A., Burns, L. D. et Schuster, J. (1999). Predicting the retention of university students. *Research in Higher Education, 40*(3), 355–371. https://doi.org/10.1023/A:1018755201899

Ndayizamba, A. (2015). *Approche qualitative des facteurs de réussite et d'échec en première année d'étude à l'Université du Burundi.* Presses Universitaires de Louvain.

Neuville S. (2004). *La perception de la valeur des activités d'apprentissage: étude des déterminants et effets* (Thèse de doctorat). Université catholique de Louvain.

Neuville, S., Bourgeois, E. et Frenay, M. (2004). Validation d'un instrument de mesure des modèles professionnels de référence chez les étudiants en psychologie, *Mesure et évaluation, 27* (1), 23–49. https://doi.org/10.7202/1087992ar

Neuville, S., Frenay, M., Noël, B. et Wertz, V. (2013). *Persévérer et réussir à l'université*. Presses universitaires de Louvain.

Neuville, S., Frenay, M., Schmitz, J., Boudrenghien, G., Noël, B. et Wertz, V. (2007). Tinto's theoretical perspective and expectancy-value paradigm: A confrontation to explain freshmen academic achievement. *Psychologica Belgica*, *47*(1), 31–50. https://doi.org/10.5334/pb-47-1-31

Newman, R.S. (2002). How self-regulated learners cope with academic difficulty: The role of adaptative help seeking. *College of Education, 41*(2), 132–138. https://doi.org/10.1207/s15430421tip4102_10

Nicholls, J. G. (1984). Achievement motivation conceptions of ability, subjective experience, task choice, and performance. *Psychological Review, 91*(3), 328–346. https://doi.org/10.1037/0033-295X.91.3.328

Nicholson, N. (1990). The Transition Cycle: Causes, Outcomes, Processes and Forms. Dans S. Fisher et C. Cooper (dir.), *On the Move: The Psychology of Change and Transition* (p. 83–108). John Wiley and Sons.

Nicholson, N. et West, M. (1989). Transitions, work histories, and careers. Dans M. B. Arthur, D. T. Hall et D. Lawrence (dir.), *Handbook of career theory* (p. 181–201). Cambridge University Press.

Nicol, D. (2009). Assessment for learner self-regulation: enhancing achievement in the first year using learning technologies. *Assessment et Evaluation in Higher Education*, *34*(3), 335–352. https://doi.org/10.1080/02602930802255139

Nils, F. (2005). *Les adultes en reprise d'étude à l'UCL* (Rapport de recherche non publié). Université catholique de Louvain.

Nils, F. (2011). Comment favoriser une bonne orientation lors du choix des études universitaires ? Dans P. Parmentier (dir.), *Recherches et actions en faveur de la réussite en première année universitaire. Vingt ans de collaboration dans la Commission «Réussite » du Conseil interuniversitaire de la Communauté française de Belgique* (p. 14–18). CIUF.

Nils, F. et Lambert, J. P. (2011). Quelle est l'ampleur de l'échec en première année à l'université ? Tout est-il joué d'avance. Dans P. Parmentier (dir.), *Recherches et actions en faveur de la réussite en première année universitaire. Vingt ans de collaboration dans la Commission « Réussite » du Conseil interuniversitaire de la Communauté française de Belgique* (p. 10–13). CIUF.

Noël, B. (1997). *La métacognition*. De Boeck.

Nora, A. (2001). The depiction of significant others in Tinto's "rites of passage": A re-conceptualization of the influence of family and community in the persistence process. *Journal of College Student Retention: Research, Theory et Practice, 3*(1), 41–56. https://doi.org/10.2190/BYT5-9F05-7F6M-5YCM

Nora, A., Cabrera, A., Hagdorn, L. S. et Pascarella, E. (1996). Differential impacts of academic and social experiences on college-related behavior outcomes across different ethnic and gender groups at four-year institutions. *Research in Higher Education, 37*(4), 427–451. https://doi.org/10.1007/BF01730109

Nota, L., Soresi, S. et Zimmerman, B. J. (2004). Self-regulation and academic achievement and resilience: A longitudinal study. *International Journal of Educational research, 41*(3), 198–215. https://doi.org/10.1016/j.ijer.2005.07.001

Nyer, P. U. et Dellande, S. (2010). Public commitment as a motivator for weight loss. *Psychology et Marketing, 27*(1), 1–12. https://doi.org/10.1002/mar.20316

OCDE. (2019). *Education at a Glance 2019: OECD Indicators*, OECD Publishing. https://doi.org/10.1787/f8d7880d-en

OCDE. (2021). *Regards sur l'éducation 2021: Les indicateurs de l'OCDE*, Éditions OCDE. https://doi.org/10.1787/5077a968 fr

Ogden, J. (2010) *Health Psychology: A textbook* (5e éd.). Open University Press, McGraw Hill.

Otero, R., Rivas, O. et Rivera, R. (2007). Predicting persistence of Hispanic students in their first year of college. *Journal of Hispanic Higher Education, 6*(2), 163–173. https://doi.org/10.1177/1538192706298993

Ouellette, J. A. et Wood, W. (1998). Habit and intention in everyday life: The multiple processes by which past behavior predicts future behavior. *Psychological bulletin, 124*(1), 54–74. https://doi.org/10.1037/0033-2909.124.1.54

Pariat, M. et Lafont, P. (2018). Projet d'innovation en faveur de la réussite des primo-entrants dans l'Enseignement Supérieur français. *Educação Por Escrito, 9*(2), 283–305. https://doi.org/10.15448/2179-8435.2018.2.32751

Parmentier, P. (dir.) (2011). *Vingt ans de collaboration dans la Commission « Réussite » du Conseil interuniversitaire de la Communauté française de Belgique.* CIUF.

Pascarella, E. et Terenzini, P. (2005). *How College Affects Students: A Third Decade of Research* (2e éd.). John Wiley et Sons.

Paulsen, M. B. et St. John, E. P. (2002). Social class and college costs: Examining the financial nexus between college choice and persistence. *Journal of Higher Education*, *73*(2), 189–236. https://doi.org/10.1353/jhe.2002.0023

Pekrun, R., Elliot, A. J. et Maier, M. A. (2006). Achievement goals and discrete achievement emotions: A theoretical model and prospective test. *Journal of Educational Psychology*, *98*, 583–597. https://doi.org/10.1037/0022-0663.98.3.583

Pekrun, R., Goetz, T., Frenzel, A. C., Barchfeld, P. et Perry, R. P. (2011). Measuring emotions in students' learning and performance: The Achievement Emotions Questionnaire (AEQ). *Contemporary educational psychology*, *36*(1), 36–48. https://doi.org/10.1016/j.cedpsych.2010.10.002

Pekrun, R., Goetz, T., Titz, W. et Perry, R. P. (2002). Academic emotions in students' self-regulated learning and achievement: A program of quantitative and qualitative research. *Educational Psychologist*, *37*, 91–106. https://doi.org/10.1037/0022-0663.98.3.583

Peltier, G. L., Laden, R. et Matranga, M. (1999). Do high school athletes succeed in college: A review of research. *The High School Journal*, *82*(4), 234–238. https://doi.org/10.1123/ssj.2.1.72

Perret, C. (2014). Retour d'expérience d'une première évaluation du Plan Réussite en Licence à l'Université de Bourgogne : les leçons d'un difficile recueil des points de vue enseignants et étudiants. *Revue internationale de pédagogie de l'enseignement supérieur*, *30*(2), 1–17. https://doi.org/10.4000/ripes.816

Perret, C. et De Clercq, M. (2022). Quels bilans des mesures des effets des dispositifs institutionnels d'aide à la réussite à l'université? *Revue internationale de pédagogie de l'enseignement supérieur*, *38*(1), 1–8. https://doi.org/10.4000/ripes.3805

Perry, R. P., Hladkyj, S., Pekrun, R. H. et Pelletier, S. T. (2001). Academic control and action control in the achievement of college students: A longitudinal field study. *Journal of Educational Psychology*, *93*(4), 776–789. https://doi.org/10.1037/0022-0663.93.4.776

Peterson, S. L. (1993). Career decision-making self-efficacy and institutional integration of underprepared college students. *Research in Higher Education*, *34*(6), 659–685. https://doi.org/10.1007/BF00992155

Phan, H. P. (2007). Examination of student learning approaches, reflective thinking, and self-efficacy beliefs at the University of the South Pacific: a path analysis. *Educational Psychology, 27*(6), 789–806. https://doi.org/10.1080/01443410701349809

Phan, H. P. (2009). Exploring students' reflective thinking practice, deep processing strategies, effort, and achievement goal orientations. *Educational Psychology, 29*(3), 297–313. https://doi.org/10.1080/01443410902877988

Phan, H. P., (2010). Critical thinking as a self-regulatory process component in teaching and learning. *Psicothema, 22*(2), 284–292. PMID: 20423634.

Phillips, E. M. (1992). The effects of language anxiety on students' oral test performance and attitudes. *The Modern Language Journal, 76*, 14–26. https://doi.org/10.1111/j.1540-4781.1992.tb02573.x

Pintrich, P. R. (2000). Multiple goals, multiple pathways: The role of goal orientation in learning and achievement. *Journal of Educational Psychology, 92*(3), 544–555. https://doi.org/10.1037/0022-0663.92.3.544

Pintrich, P. R. (2003). A motivational science perspective on the role of student motivation in learning and teaching contexts. *Journal of Educational Psychology, 95*(4), 667–686. https://doi.org/10.1037/0022-0663.95.4.667

Pintrich, P. R. (2004). A conceptual framework for assessing motivation and self-regulated learning in college students. *Educational Psychology Review, 16*, 385–407. https://doi.org/10.1007/s10648?004?0006-x

Pintrich, P. R. et De Groot, E. V. (1990). Motivational and self-regulated learning components of classroom academic performance. *Journal of Educational Psychology, 82*(1), 33–40. https://doi.org/10.1037/0022-0663.82.1.33

Pintrich, P. R. et Garcia, T. (1991). Student goal orientation and self-regulation in the college classroom. Dans M. Maehr et C. Ames (dir.), *Advances in motivation and achievement: Goals and self-regulatory processes* (vol. 7, p. 371–402). Greenwich.

Pirot, L. et De Ketele, J. M. (2000). L'engagement académique de l'étudiant comme facteur de réussite à l'université. Étude exploratoire menée dans deux facultés contrastées. *Revue des sciences de l'éducation, 26*(2), 367–394. https://doi.org/10.7202/000127

Pomerantz, E. M., Saxon, J. L. et Oishi, S. (2000). The psychological trade-offs of goal investment. *Journal of Personality and Social Psychology, 79*(4), 617–630. https://doi.org/10.1037/0022-3514.79.4.617

Porchea, S., Allen, J., Robbins, S. B. et Phelps, R. (2010). Predictors of long-term enrollment and degree outcomes for community college students: Integrating academic, psychosocial, socio-demographic, and situational factors. *Journal of Higher Education, 81*(6), 750–778. https://doi.org/10.1353/jhe.2010.0014

Porter, O. (1989). *The influence of institutional control on the persistence of minority students: A descriptive analysis.* Communication présentée à the meeting of the American Educational Research Association, San Francisco, USA.

Price, J. L. (1977). *The study of turnover.* Iowa State University Press.

Purnell, S. (2002). *Calm and composed on the surface, but paddling like hell underneath: The transition to university in New Zealand.* Communication présentée à the First Year in Higher Education Conference, Christchurch, Nouvelle-Zélande.

Rasson, A. C. et Vieillevoye, S. (2012). *Projet « Passeports pour le Bac » : résultats des étudiants en faculté de droit : Rapport du projet « Passeport pour le bac » en faculté de droit en 2011–2012.* Facultés Universitaires Notre-Dame de la Paix.

Ratelle, C. F., Guay, F., Vallerand, R. J., Larose, S. et Sénécal, C. (2007). Autonomous, controlled, and amotivated types of academic motivation: A person-oriented analysis. *Journal of Educational Psychology, 99*(4), 734–746. https://doi.org/10.1037/0022-0663.99.4.734

Ratelle, C. F., Larose, S., Guay, F. et Senécal, C. (2005). Perceptions of parental involvement and support as predictors of college students'persistence in a science curriculum. *Journal of Family Psychology, 19*(2), 286–293. https://doi.org/10.1037/0893-3200.19.2.286

Razafindratsima, N. et Bonnevialle, L. (2019). *Parcours et réussite en licence : les résultats de la session 2018* (Publication n° 26). Service d'information et d'études statistiques, MESR.

Reason, R. D. (2003). Student variables that predict retention: Recent research and new developments. *Naspa Journal, 40*(4), 172–191. https://doi.org/10.2202/1949-6605.5022

Reeve, J. (2012). A Self-determination Theory Perspective on Student Engagement. Dans S. L. Christenson, A. L. Reschly et C. Wylie (dir.), *Handbook of Research on Student Engagement* (p. 149–172). Springer.

Richardson, M., Abraham, C. et Bond, R. (2012). Psychological correlates of university students' academic performance: A systematic review and meta-analysis. *Psychological Bulletin, 138*(2), 353–387. https://doi.org/10.1037/a0026838

Rick, O. et Ebersold, S. (2011). *Lycéen, et après ? Les parcours vers l'enseignement supérieur et l'emploi* – Rapport final de la recherche sur les parcours vers l'enseignement supérieur et vers l'emploi des jeunes adultes à BEP. INS HEA.

Rimé, B. (2005). *Le partage social des émotions.* PUF.

Robbins, S. B., Lauver, K., Le, H., Davis, D., Langley, R. et Carlstrom, A. (2004). Do psychosocial and study skill factors predict college outcomes? A meta-analysis. *Psychological Bulletin, 130*(2), 261–288. https://doi.org/10.1037/0033-2909.130.2.261

Robbins, S. B., Oh, I.-S., Le, H. et Button, C. (2009). Intervention effects on college performance and retention as mediated by motivational, emotional, and social control factors: Integrated meta-analytic path analyses. *Journal of Applied Psychology, 94*(5), 1163–1184. https://doi.org/10.1037/a0015738

Rocher, T. (2015). *Évolution des inégalités sociales de compétences: une synthèse.* CNESCO.

Roland, N. (2017). *La persévérance en première année à l'université : Quand la psychologie sociale s'invite dans les problématiques éducatives* (Thèse de doctorat). Université catholique de Louvain.

Roland, N., De Clercq, M., Dupont, S., Parmentier, P. et Frenay, M. (2015). Vers une meilleure compréhension de la persévérance et de la réussite académique : analyse critique de ces concepts adaptée au contexte belge francophone. *Revue internationale de pédagogie de l'enseignement supérieur, 31*(1), 1–26. https://doi.org/10.4000/ripes.1009

Roland, N., Frenay, M. et Boudrenghien, G. (2015). Identification des croyances associées à la persévérance des étudiants en première année à l'université. *Revue des Sciences de l'Éducation, 41*(3), 409–429. https://doi.org/10.7202/1035311a

Roland, N., Frenay, M. et Boudrenghien, G. (2016). Towards a better understanding of academic persistence among freshmen: A qualitative approach. *Journal of Education and Training Studies, 4*(12), 175–188. https://doi.org/10.11114/jets.v4i12.1904

Roland, N., Frenay, M. et Boudrenghien, G. (2017). L'impact conjoint du genre de l'étudiant et du diplôme de ses parents pour comprendre le processus de persévérance académique. *Revue francaise de pedagogie, 3*, 119–133. https://doi.org/10.4000/rfp.7081

Roland, N., Mierop, A., Frenay, M. et Corneille, O.(2018). Field-Identification IAT predicts students' academic persistence over and above Theory of Planned Behavior constructs. *Frontline Learning Research, 6*(1), 19–30.

Romainville, M. (2000). *L'échec dans l'université de masse.* L'Harmattan.

Romainville, M. (2006). Quelques interrogations sur l'échec à l'université. Dans *Les Cahiers de recherche en éducation et formation* (n° 39, p. 18–22). UCL.

Romainville, M. et Michaut, C. (2012), *Réussite, échec et abandon dans l'enseignement supérieur.* De Boeck.

Ruona, W. E. A., Leimbach, M., F. Holton III, E. et Bates, R. (2002). The relationship between learner utility reactions and predicted learning transfer among trainees. *International Journal of Training and Development, 6*(4), 218–228. https://doi.org/10.1111/1468-2419.00160

Rust C., Price, M. et O'Donovan, B. (2003). Improving students' learning by developing their understanding of assessment criteria and process. *Assessment et evaluation in Higher Education, 28*(3), 147–164. https://doi.org/10.1080/02602930301671

Ryan, R. M. et Deci, E. L. (2000). Self-determination theory and the facilitation of intrinsic motivation, social development, and well-being. *American Psychologist, 55*(1), 68–78.https://doi.org/10.1037/0003-066X.55.1.68

Ryan, N. E., Solberg, V. S. et Brown, S. D. (1996). Family dysfunction, parental attachment, and career search self-efficacy among community college students. *Journal of Counseling Psychology, 43*(1), 84–89. https://doi.org/10.1037/0022-0167.43.1.84

Sackett, P. R., Kuncel, N. R., Arneson, J. J., Cooper, S. R. et Waters, S. D. (2009). Does socioeconomic status explain the relationship between admissions tests and post-secondary academic performance? *Psychological Bulletin, 135*(1), 1–22. https://doi.org/10.1037/a0013978

Salmon, D., Houart, M. et Slosse, P. (2011). Pourquoi mettre en place des dispositifs d'accompagnement et de remédiation, et comment en évaluer l'efficacité ? Dans P. Parmentier (dir.). *Recherches et actions en faveur de la réussite en première année universitaire. Vingt ans de collaboration dans la Commission « Réussite » du Conseil interuniversitaire de la Communauté française de Belgique* (p. 32–38). CIUF.

Sambell, K., McDowell, L. et Montgomery, C. (2012). *Assessment for learning in higher education*. Routledge.

Sandler, M. E. (2000). Career decision-making self-efficacy, perceived stress, and an integrated model of student persistence: A structural model of finances, attitudes, behavior, and career development. *Research in Higher Education, 41*(5), 537–580. https://doi.org/10.1023/A:1007032525530

Sarrazin, P., Tessier, D. et Trouilloud, D. (2006). Climat motivationnel instauré par l'enseignant et implication des élèves en classe : l'état des recherches. *Revue Française de Pédagogie, 157*, 147–177. https://doi.org/10.2307/41202212

Sauvé, L., Debeurme, G., Martel, V., Wright, A. et Hanca, G. (2007). Soutenir la persévérance des étudiants (sur campus et à distance) dans leur première session d'études universitaires : constats de recherche et recommandations. *Revue internationale des technologies en pédagogie universitaire, 4*(3), 58–72. https://doi.org/10.18162/RITPU.2007.142

Sauvé, L. et Viau, R. (2003). *L'abandon et la persévérance à l'université : l'importance de la relation enseignement-apprentissage*. Télé-Université.

Schmidt, F. L., Shaffer, J. A. et Oh, I.-S. (2008). Increased accuracy of range restriction corrections: Implications for the role of personality and general mental ability in job and training performance. *Personnel Psychology, 61*(4), 827–868. https://doi.org/10.1111/j.1744-6570.2008.00132.x

Schmitz, J. (2009). *La persévérance en première année à l'université : sources et effets de l'intégration sociale* (Thèse de doctorat). Université catholique de Louvain.

Schmitz, J. et Frenay, M. (2013). La persévérance en première année à l'université : Rôle des expériences en classe, de l'intégration sociale et de l'ajustement émotionnel. Dans S. Neuville, M. Frenay, B. Noël et V. Wertz (dir.), *Persévérer et réussir à l'Université* (p. 83–106). Presses universitaires de Louvain.

Schmitz, J., Frenay, M. et Neuville, S. (2006). Comprendre la persistance et la réussite en premier baccalauréat. Quel est le rôle des relations sociales entre pairs et des pratiques pédagogiques des enseignants ? Dans M. Frenay, B. Raucent et P. Wouters (dir.), *Les activités pédagogiques actives : Enjeux et conditions* (p. 873–885). Presses Universitaires de Louvain.

Schmitz, J., Frenay, M., Neuville, S., Boudrenghien, G., Wertz, V., Noël, B. et Eccles, J. (2010). Étude de trois facteurs clés pour comprendre la persévérance à l'université. *Revue française de pédagogie, 172*, 43–61. https://doi.org/10.4000/rfp.2217

Schneider, M. et Preckel, F. (2017). Variables associated with achievement in higher education: A systematic review of meta-analyses. *Psychological bulletin, 143*(6), 565. https://doi.org/10.1037/bul0000098

Schreuer, N. et Sachs, D. (2014). Efficacy of accommodations for students with disabilities in higher education. *Journal of Vocational Rehabilitation, 1*, 27–40. https://doi.org/10.3233/JVR-130665

Schunk, D. H., Pintrich, P. R. et Meece, J. L. (2008). *Motivation in Education: Theory, Research and Applications* (3e éd.). Merill-Pentrice Hall.

Schwarzer, R. (2008). Modeling health change: How to predict and modify the adoption and maintenance of health behaviors. *Applied Psychology: An International Review, 57*(1), 1–29. https://doi.org/10.1111/j.1464-0597.2007.00325.x

Shankland, R. (2012). *Bien-être : Le rôle de la gratitude, psychologue positive et bien-être au travail.* Elsevier Masson.

Sibulkin, A. E. et Butler, J. S. (2005). Differences in graduation rates between young black and white college students: Effect of entry into parenthood and historically black universities. *Research in Higher Education, 46*(3), 327–348. https://doi.org/10.1007/s11162-004-1643-0

Simons, J., Dewitte, S. et Lens, W. (2004). The role of different types of instrumentality in motivation, study strategies, and performance: Know why you learn, so you'll know what you learn! *British Journal of Educational Psychology, 74*(3), 343–360. https://doi.org/10.1348/0007099041552314

Skinner, E. A. et Belmont, M. J. (1993). Motivation in the classroom: Reciprocal effects of teacher behavior and student engagement across the school year. *Journal of educational psychology, 85*(4), 571–581. https://doi.org/10.1037/0022-0663.85.4.571

Skinner, E., Furrer, C., Marchand, G. et Kindermann, T. (2008). Engagement and disaffection in the classroom: part of a larger motivational dynamic. *Journal of Educational Psychology, 100*(4), 765–781. https://doi.org/10.1037/a0012840

Skinner, E. A., Kindermann, T. A., Connell, J. P. et Wellborn, J. G. (2009). Engagement and disaffection as organizational constructs in the dynamics of motivational development. Dans K. R. Wentzel et A. Wigfield (dir.), *Handbook of motivation at school* (p. 223–245). Taylor et Francis.

Skinner, E. A. et Pitzer, J.R. (2012). Developmental Dynamics of Student Engagement, Coping, and Everyday Resilience. Dans S.L. Christenson, A.L. Reschly et C. Wylie (dir.), *Handbook of research on student engagement* (p. 21–44). Springer Sciences.

Smeding, A. (2012). Women in Science, Technology, Engineering, and Mathematics (STEM): An Investigation of Their Implicit Gender Stereotypes and Stereotypes' Connectedness to Math Performance. *Sex Roles, 67*(11), 617–629. https://doi.org/10.1007/s11199-012-0209-4

Soresi, S., Nota L., Ferrari, L. et Sgaramella, T. M. (2013). Career development and career thoughts. Dans M. L. Wehmeyer (dir.), *Oxford handbook of positive psychology and disability* (p. 239–264). Oxford University Press.

Stein, K. F. (2012). Experiences of Selected Emerging Adults With Emotional or Behavioral Difficulties in Higher Education. *Career Development and Transition for Exceptional Individuals, 35*(3), 168–179. https://doi.org/10.1177/0885728812438940

Steinert, Y., Mann, K., Centeno, A., Dolmans, D., Spencer, J., Gelula, M. et Prideaux, D. (2006). A systematic review of faculty development initiatives designed to improve teaching effectiveness in medical education: BEME Guide No. 8. *Medical Teacher, 28*(6), 497–526. https://doi.org/10.1080/01421590600902976

Stes, A., Min-Leliveld, M., Gijbels, D. et Van Petegem, P. (2010). The impact of instructional development in higher education: The state-of-the-art of the research. *Educational Research Review, 5*(1), 25–49. https://doi.org/10.1016/j.edurev.2009.07.001

St. John, E. P., Hu, S., Simmons, A. B. et Musoba, G. D. (2001). Aptitude vs. merit: What matters in persistence. *The Review of Higher Education, 24*(2), 131–152. https://doi.org/10.1353/rhe.2000.0031

Suls, J. et Wheeler, L. (2012). A selective history of classic social comparison theory and neo social comparison theory. Dans J. Suls et L. Wheeler (dir.), *Handbook of social comparison: Theory and research* (p. 3–22). Kluwer.

Symonds, J. et Hargreaves, L. (2016). Emotional and motivational engagement at school transition: A qualitative stage-environment fit study. *The Journal of Early Adolescence, 36*(1), 54–85. https://doi.org/10.1177/0272431614556348

Système d'information sur le suivi (SISE). (2012). *Parcours et réussite aux diplômes universitaires : les indicateurs de la session de l'étudiant 2012.*

Terenzini, P. T., Rendon, L. I., Upcraft, M. L., Millar, S. B., Allison, K. A., Gregg, P. L. et Jalomo, R. (1994). The transition to college: Diverse students, diverse stories. *Research in Higher Education, 35*(1), 57–73. https://doi.org/10.1007/BF02496662

Terenzini, P., Springer, L., Yaeger, P., Pascarella, E. et Nora, A. (1996). First-Generation College Students: Characteristics, Experiences, and Cognitive Development. *Research in Higher Education, 37*(1), 1–22. https://doi.org/10.1007/BF01680039

Thomas, L. (2002). Student retention in higher education: the role of institutional habitus. *Journal of Education Policy, 17*(4), 423–442. https://doi.org/10.1080/02680930210140257

Tinto, V. (1975). Dropout from higher education: A theoretical synthesis of recent research. *Review of Educational Research, 45*(1), 89–125. https://doi.org/10.3102/00346543045001089

Tinto, V. (1993). *Leaving college: Rethinking the cause and cures of student attrition*. University of Chicago Press.

Tinto, V. (1997). Classrooms as communities. Exploring the educational character of student persistence. *Journal of higher education, 68*(6), 599–623. https://doi.org/10.2307/2959965

Tinto, V. (2006). Research and practice of student retention: What next? *Journal of College Student Retention, 8*(1), 1–19. https://doi.org/10.2190/C0C4-EFT9-EG7W-PWP4

Torenbeek, M., Jansen, E. et Hofman, A. (2010). The effect of the fit between secondary and university education on first-year student achievement. *Studies in Higher Education, 35*(6), 659–675. https://doi.org/10.1080/03075070903222625

Torenbeek, M., Jansen, E. et Hofman, A. (2011). The relationship between first-year achievement and the pedagogical-didactical fit between secondary school and university. *Educational Studies, 37*(5), 557–568. https://doi.org/10.1080/03055698.2010.539780

Torres, V. (2003). Influences on ethnic identity development of latino college students in the first two years of college. *Journal of College Student Development, 44*(4), 532–547. https://doi.org/10.1353/csd.2003.0044

Torres, J. et Solberg, S. (2001). Role of self-efficacy, stress, social integration, and family support in Latino college student persistence and health. *Journal of Vocational Behavior, 59*(1), 53–63. https://doi.org/10.1006/jvbe.2000.1785

Trapmann, S., Hell, B., Hirn, J. O. W. et Schuler, H. (2007). Meta-analysis of the relationship between the Big Five and academic success at university. *Zeitschrift für Psychologie/Journal of Psychology, 215*(2), 132–151. https://doi.org/10.1027/0044-3409.215.2.132

Trautwein, C. et Bosse, E. (2017). The first year in higher education – critical requirements from the student perspective. *Higher education, 73*(3), 371–387. https://doi.org/10.1007/s10734-016-0098-5

Tremblay, S. et Loiselle, C. (2016). Handicap, éducation et inclusion : perspective sociologique. *Éducation et francophonie, 44*(1), 9–23. https://doi.org/10.7202/1036170ar

Triandis, H. C. (1977). Theoretical framework for evaluation of cross-cultural training effectiveness. *International Journal of Intercultural Relations, 1*(4), 19–45. https://doi.org/10.1016/0147-1767(77)90030-X

United Nations [UN]. (2006). *Convention on the Rights of Persons with Disabilities and Optional Protocol.* United Nations. https://www.un.org/disabilities/documents/convention/convoptprot-f.pdf

Valle, A., Núñez, J. C., Cabanach, R. G., González-Pienda, J. A., Rodríguez, S., Rosário, P., … Muñoz-Cadavid, M. A. (2008). Self-regulated profiles and academic achievement. *Psicothema, 20*(4), 724–731. https://doi.org/10.1037/t09161-000

Vallerand, R.J., Fortier, M.S. et Guay, F. (1997). Self-determination and persistence in a real-life setting: Toward a motivational model of high school dropout. *Journal of Personality and Social Psychology, 72*(5), 1161–1176. https://doi.org/10.1037/0022-3514.72.5.1161

Vandamme, J.-P., Superby, J. F. et Meskens, N. (2005). *Freshers' achievement: prediction methods and influent factors.* Communication présentée à the Higher Education, Multi-juridictionality and Globalisation Conference, Mons, Belgique.

Van den Berg, M. N. et Hofman, W. H. (2005). Student success in university education: A multi-measurement study of the impact of student and faculty factors on study progress. *Higher Education, 50*(3), 413–446. https://doi.org/10.1007/s10734-004-6361-1

van der Hulst, M. et Jansen, E. (2002). Effects of curriculum organisation on study progress in engineering studies. *Higher Education, 43*(4), 489–506. https://doi.org/10.1023/A:1015207706917

van der Meer, J. (2021). Discussion to the special issue: Supporting the transition of a diversity of students: Developing the "whole student" during and beyond their time at higher education. *Frontline Learning Research, 9*(2), 170–178. https://doi.org/10.14786/flr.v9i2.785

Van Haecht, A. (1992). *Réussite scolaire, qualité de l'enseignement et politique éducative. L'enseignement en Europe, l'enseignement en Belgique.* Presses de l'Université Libre de Bruxelles.

Van Meenen, F., De Clercq, M., De Viron, F. et Frenay, M. (2021). Les obstacles académiques à l'ascension vers la réussite : une approche mixte du vécu des étudiants classiques et apprenants adultes. *Orientation Scolaire et Professionnelle.* https://doi.org/10.13140/RG.2.2.16534.37449

Van Nuland, H. J. C., Dusseldorp, E., Martens, R. L. et Boekaerts, M. (2010). Exploring the motivation jungle: Predicting performance on a novel task by investigating constructs from different motivation perspectives in tandem. *International Journal of Psychology, 45*(4), 250–259. https://doi.org/10.1080/00207591003774493

van Randenborgh, A., Hüffmeier, J., LeMoult, J. et Joormann, J. (2010). Letting go of unmet goals: does self-focused rumination impair goal disengagement? *Motivation and Emotion, 34*(4), 325–332. https://doi.org/10.1007/s11031-010-9190-9

van Rooij, E. C. M., Jansen, E. P. W. A. et van de Grift, W. J. C. M. (2018). First-year university students' academic success: the importance of academic adjustment. *European Journal of Psychology of Education, 33*(4), 749–767. https://doi.org/10.1007/s10212-017-0347-8

Vansteenkiste, M., Lens, W. et Deci, E. L. (2006). Intrinsic versus extrinsic goal contents in self-determination theory: Another look at the quality of academic motivation. *Educational Psychologist, 41*(1), 19–31. https://doi.org/10.1207/s15326985ep4101_4

Vermandele, C., Dupriez, V., Maroy, C. et Van Campenhoudt, M. (2012). Réussir à l'université : L'influence persistante du capital culturel de la famille. *Les Cahiers de recherche en éducation et formation, 87.* https://doi.org/10.13140/RG.2.2.26790.96322

Vermandele, C., Plaigin, C., Dupriez, V., Maroy, C., Van Campenhoudt, M. et Lafontaine, D. (2010). Profil des étudiants entamant des études universitaires et analyse des choix d'études. *Les Cahiers de Recherche du Girsef, 78.*

Vermetten, Y., Lodewijks, H. et Vermunt, J. (1999). Consistency and variability of learning strategies in different university courses. *Higher Education, 37*(1), 1–21. https://doi.org/10.1023/A:1003573727713

Vermunt, J. D. (1994). *Inventory of learning styles (ILS).* Tilburg University, Department of Educational Psychology.

Vermunt, J. D. (1998). The regulation of constructive learning processes. *British Journal of Educational Psychology, 68*(2), 149–171. ttps://doi.org/10.1111/j.2044-8279.1998.tb01281.x

Vermunt, J. (2005). Relations between student learning patterns and personal and contextual factors and academic performance. *Higher Education, 49*(3), 205–234. https://doi.org/10.1007/s10734-004-6664-2

Vermunt, J. D. et Donche, V. (2017). A Learning Patterns Perspective on Student Learning in Higher Education: State of the Art and Moving Forward. *Educational Psychology Review, 29*(2), 269–299. https://doi.org/10.1007/s10648-017-9414-6

Vermunt, J. D. et Vermetten, Y. J. (2004). Patterns in student learning: Relationships between learning strategies, conceptions of learning, and learning orientations. *Educational Psychology Review, 16*(4), 359–384. https://doi.org/10.1007/s10648-004-0005-y

Viau, R., Joly, J. et Bédard, D. (2004). La motivation des étudiants en formation des maîtres à l'égard d'activités pédagogiques innovatrices. *Revue des sciences de l'éducation, 30*(1), 163–176. https://doi.org/10.7202/011775ar

Vickerman, P. et Blundell, M. (2010). Hearing the voices of disabled students in higher education. *Disability et Society, 25*(1), 21–32. https://doi.org/10.1080/09687590903363290

Walton, G. M. et Cohen, G. L. (2011). A brief social-belonging intervention improves academic and health outcomes of minority students. *Science, 331*(6023), 1447–1451. https://doi.org/10.1126/science.1198364

Wasylkiw, L. (2016). Students' perspectives on pathways to university readiness and adjustment. *Journal of Education and Training Studies, 3*(4), 28–39. https://doi.org/10.11114/jets.v4i3.1197

Wathelet, V. et Vieillevoye, S. (2013). Évaluation formative des compétences prérequises à l'entrée de l'université. Dans M. Romainville, R. Goasdoué et M. Vantourout (dir.). *Évaluation et enseignement supérieur* (p. 55–72). De Boeck.

Webb, T. L. et Sheeran, P. (2005). Integrating concepts of goal theories to understand the achievement of personal goals. *European Journal of Social Psychology, 35*(1), 69–96. https://doi.org/10.1002/ejsp.233

Wegner, D. et Bargh, J. (1998). Control and auto-maticity in social life. Dans D. T. Gilbert, S. T. Fiske et G. Lindzey (dir.), *Handbook of social psychology* (4e éd., p. 446–496). McGraw-Hill.

Wei, M., Russell, D. W. et Zakalik, R. A. (2005). Adult attachment, social self-efficacy, self-disclosure, loneliness, and subsequent depression for freshmen college students: A longitudinal study. *Journal of Counseling Psychology, 52*(4), 602–614. https://doi.org/10.1037/0022-0167.52.4.602

Weinstein, N., Przybylski, A. K. et Ryan, R. M. (2012). The index of autonomous functioning: Development of a scale of human autonomy. *Journal of Research in Personality, 46*(4), 397–413. https://doi.org/10.1016/j.jrp.2012.03.007

Weiss, R. S. (1998). A Taxonomy of Relationships. *Journal of Social and Personal Relationships, 15*, 671–683. https://doi.org/10.1177/0265407598155006

Weng, F., Cheong, F. et Cheong, C. (2010). Modelling is student retention in Taiwan: Estending Tinto and Bean's model with self-efficacy. *Innovation in Teaching and Learning in Information and Computer Sciences, 9*(2), 1–12. https://doi.org/10.11120/ital.2010.09020012

Wessel, R. D., Jones, D. L., Blanch, C. L. et Markle, L. (2015). Pre-enrollment Considerations of Undergraduate Wheelchair Users and their Post-enrollment Transitions. *Journal of Postsecondary Education and Disability, 28*(1), 57–71. https://files.eric.ed.gov/fulltext/EJ1066324.pdf

Westbrook, S. B. et Scott, J. A. (2012). The influence of parents on the persistence decisions of first-generation college students. *Focus on Colleges, Universities, and Schools, 6*(1), 1–9.

Westrick, P. et Robbins, S. B. (2012). *"Can do" vs. "Will do": The relative effects of ACT scores and high school GPA on college performance and retention*. Document inédit.

Wigfield, A. et Eccles, J. (1994). Children's competence beliefs, achievement values, and general self-esteem: Change across elementary and middle school. *Journal of Early Adolescence, 14*, 104–138. https://doi.org/10.1177/027243169401400203

Wigfield, A. et Eccles, J. (2000). Expectancy-value theory of achievement motivation. *Contemporary Educational Psychology, 25*(1), 68–81. https://doi.org/10.1006/ceps.1999.1015

Wigfield, A. et Eccles, J. (2002). The development of competence beliefs, expectancies for success, and achievement values from childhood through adolescence. Dans A. Wigfield et J. Eccles (dir.), *Development of achievement motivation* (p. 91–145). Academic Press

Wigfield, A., Eccles, J. S., Schiefele, U. et Roeser, R. (2008). Development of achievement motivation. Dans W. Damon et R. M. Lerner (dir.), *Child and adolescent development: An advanced course* (p. 406–434). Wiley.

Willems, J. (2021). *Examining the early first-year experience : Straying from traditional research paths on transition to higher education*. University of Antwerp. Doctoral dissertation.

Wolfs, J.-L. (1993). Analyse des questions d'évaluation anticipées par les étudiants (approche exploratoire). *Mesure et évaluation en éducation, 15*(4), 31–51

Wollast, R., Boudrenghien, G., Van der Linden, N., Galand, B., Roland, N., Devos, C. … Frenay, M. (2018). Who Are the Doctoral Students Who Drop Out? Factors Associated with the Rate of Doctoral Degree Completion in Universities. *International Journal of Higher Education, 7*(4), 143–156. https://doi.org/10.5430/ijhe.v7n4p143

Wolters, C. A. (2010). *Self-regulated learning and the 21st century competencies*. Universidad de Houston: Department of Educational Psychology. Repéré à http://www.hewlett.org/uploads/Self_Regulated_Learning__21st_Century_Competencies.pdf.

Wright, S. L., Jenkins-Guarnieri, M. A. et Murdock, J. L. (2012). Career development among first-year college students: College self-efficacy, student persistence, and academic success. *Journal of Career Development, 40*(4), 292–310. https://doi.org/10.1177/0894845312455509

Wrosch, C., Miller, G. E., Scheier, M. F. et De Pontet, S. B. (2007). Giving up on unattainable goals: Benefits for health?. *Personality and Social Psychology Bulletin, 33*(2), 251–265. https://doi.org/10.1177/0146167206294905

Yakaboski, T. (2010). Going at it alone: Single-mother undergraduate's experiences. *Journal of Student Affairs Research and Practice, 47*(4), 463–481. https://doi.org/doi.org/10.2202/1949-6605.6185

Yeager, D. S. et Walton, G. M. (2011). Social-Psychological Interventions in Education: They're Not Magic. *Review of Educational Research, 81*(2), 267–301. https://doi.org/10.3102/0034654311405999

Zeegers, P. (2001). Approaches to learning in science: A longitudinal study. *British Journal of Educational Psychology, 71*(1), 115–132. https://doi.org/10.1348/000709901158424

Zimmerman, B. J. (2000). Self-efficacy: an essential motive to learn. *Contemporary Educational Psychology, 25,* 82–91. https://doi.org/10.1006/ceps.1999.1016

Zimmerman, B. J. et Bandura, A. (1994). Impact of self-regulatory influences on writing course attainment. *American Educational Research Journal, 31*(4), 845–862. https://doi.org/10.2307/1163397

Zimmerman, B. J. et Schunk, D. H. (2001). *Self-regulated learning and academic achievement: Theoretical perspectives.* Erlbaum.

Zwick, R. et Green, J. G. (2007). New Perspectives on the Correlation of SAT Scores, High School Grades, and Socioeconomic Factors. *Journal of Educational Measurement, 44*(1), 23–45. https://doi.org/10.1111/j.1745-3984.2007.00025.x

Exploration

Ouvrages parus

Education: histoire et pensée

- Cristian Bota: *Pensée verbale et raisonnement. Les fondements langagiers des configurations épistémiques*. 260 p., 2018.
- Catherine Bouve: *L'utopie des crèches françaises au XIXe siècle. Un pari sur l'enfant pauvre.* Essai socio-historique. 308 p., 2010.
- Pierre Caspard : *La famille, l'école, l'État. Un modèle helvétique, XVIIe-XIXe siècles.* 236 p., 2021.
- Loïc Chalmel: *La petite école dans l'école – Origine piétiste-morave de l'école maternelle française.* Préface de J. Houssaye. 375 p., 1996, 2000, 2005.
- Loïc Chalmel: *Jean Georges Stuber (1722–1797) – Pédagogie pastorale.* Préface de D. Hameline, XXII, 187 p., 2001.
- Loïc Chalmel: *Réseaux philanthropinistes et pédagogie au 18e siècle.* XXVI, 270 p., 2004.
- Nanine Charbonnel: *Pour une critique de la raison éducative.* 189 p., 1988.
- Marie-Madeleine Compère: *L'histoire de l'éducation en Europe. Essai comparatif sur la façon dont elle s'écrit.* (En coédition avec INRP, Paris). 302 p., 1995.
- Jean-François Condette, *Jules Payot (1859–1940). Education de la volonté, morale laïque et solidarité. Itinéraire intellectuel et combats pédagogiques au coeur de la IIIe République.* 316 p., 2012.

- Lucien Criblez, Rita Hofstetter (Ed./Hg.), Danièle Périsset Bagnoud (avec la collaboration de/unter Mitarbeit von): *La formation des enseignant(e)s primaires. Histoire et réformes actuelles / Die Ausbildung von PrimarlehrerInnen. Geschichte und aktuelle Reformen.* VIII, 595 p., 2000.
- Daniel Denis, Pierre Kahn (Ed.): *L'Ecole de la Troisième République en questions. Débats et controverses dans le* Dictionnaire de pédagogie *de Ferdinand Buisson.* VII, 283 p., 2006.
- Marcelle Denis: *Comenius. Une pédagogie à l'échelle de l'Europe.* 288 p., 1992.
- Joëlle Droux & Rita Hofstetter (Éd.): *Internationalismes éducatifs entre débats et combats (fin du 19e – premier 20e siècle).* 304 p., 2020.
- Patrick Dubois: *Le Dictionnaire de Ferdinand Buisson. Aux fondations de l'école républicaine (1878–1911).* VIII, 243 p., 2002.
- Marguerite Figeac-Monthus: *Les enfants de l'*Émile*? L'effervescence éducative de la France au tournant des XVIIIe et XIXe siècles.* XVII, 326 p., 2015.
- Nadine Fink: *Paroles de témoins, paroles d'élèves. La mémoire et l'histoire de la Seconde Guerre mondiale de l'espace public au monde scolaire.* XI, 266 p., 2014.
- Philippe Foray: *La laïcité scolaire. Autonomie individuelle et apprentissage du monde commun.* X, 229 p., 2008.
- Jacqueline Gautherin: *Une discipline pour la République. La science de l'éducation en France (1882–1914).* Préface de Viviane Isambert-Jamati. XX, 357 p., 2003.
- Daniel Hameline, Jürgen Helmchen, Jürgen Oelkers (Ed.): *L'éducation nouvelle et les enjeux de son histoire.* Actes du colloque international des archives Institut Jean-Jacques Rousseau. VI, 250 p., 1995.
- Béatrice Haenggeli-Jenni: *L'Éducation nouvelle : entre science et militance. Débats et combats au prisme de la revue* Pour l'Ère Nouvelle *(1920–1940).* VIII, 361 p., 2017.
- Rita Hofstetter: *Les lumières de la démocratie. Histoire de l'école primaire publique à Genève au XIXe siècle.* VII, 378 p., 1998.
- Rita Hofstetter, Charles Magnin, Lucien Criblez, Carlo Jenzer (†) (Ed.): *Une école pour la démocratie. Naissance et développement de l'école primaire publique en Suisse au 19e siècle.* XIV, 376 p., 1999.
- Rita Hofstetter, Bernard Schneuwly (Ed./Hg.): *Science(s) de l'éducation (19e-20e siècles) – Erziehungswissenschaft(en) (19.–20. Jahrhundert). Entre champs professionnels et champs disciplinaires Zwischen Profession und Disziplin.* 512 p., 2002.
- Rita Hofstetter, Bernard Schneuwly (Ed.): *Passion, Fusion, Tension. New Education and Educational Sciences – Education nouvelle et Sciences de l'éducation. End 19th – middle 20th century Fin du 19e – milieu du 20e siècle.* VII, 397 p., 2006.
- Rita Hofstetter, Bernard Schneuwly (Ed.), avec la collaboration de Valérie Lussi, Marco Cicchini, Lucien Criblez et Martina Späni: *Emergence des sciences de l'éducation en Suisse à la croisée de traditions académiques contrastées. Fin du 19e – première moitié du 20e siècle.* XIX, 539 p., 2007.
- Rita Hofstetter & Érhise (Éd.) : *Le Bureau international d'éducation, matrice de l'internationalisme éducatif. (premier 20e siècle) Pour une charte des aspirations mondiales en matière éducative.* 650 p., 2022.
- Jean Houssaye: *Théorie et pratiques de l'éducation scolaire* (1): *Le triangle pédagogique.* Préface de D. Hameline. 267 p., 1988, 1992, 2000.
- Jean Houssaye: *Théorie et pratiques de l'éducation scolaire* (2): *Pratique pédagogique.* 295 p., 1988.

- Alain Kerlan: *La science n'éduquera pas. Comte, Durkheim, le modèle introuvable.* Préface de N. Charbonnel. 326 p., 1998.
- Francesca Matasci: *L'inimitable et l'exemplaire: Maria Boschetti Alberti. Histoire et figures de l'Ecole sereine.* Préface de Daniel Hameline. 232 p., 1987.
- Pierre Ognier: *L'Ecole républicaine française et ses miroirs.* Préface de D. Hameline. 297 p., 1988.
- Annick Ohayon, Dominique Ottavi & Antoine Savoye (Ed.): *L'Education nouvelle, histoire, présence et devenir.* VI, 336 p., 2004, 2007.
- Johann Heinrich Pestalozzi: *Ecrits sur l'expérience du Neuhof.* Suivi de quatre études de P.-Ph. Bugnard, D. Tröhler, M. Soëtard et L. Chalmel. Traduit de l'allemand par P.-G. Martin. X, 160 p., 2001.
- Johann Heinrich Pestalozzi: *Sur la législation et l'infanticide. Vérités, recherches et visions.* Suivi de quatre études de M. Porret, M.-F. Vouilloz Burnier, C. A. Muller et M. Soëtard. Traduit de l'allemand par P.-G. Matin. VI, 264 p., 2003.
- Viviane Rouiller: *«Apprendre la langue de la majorité des Confédérés». La discipline scolaire de l'allemand, entre enjeux pédagogiques, politiques, pratiques et culturels (1830–1990).* XII, 390 p., 2020.
- Martine Ruchat: *Inventer les arriérés pour créer l'intelligence. L'arriéré scolaire et la classe spéciale. Histoire d'un concept et d'une innovation psychopédagogique 1874–1914.* Préface de Daniel Hameline. XX, 239 p., 2003.
- Jean-François Saffange: *Libres regards sur Summerhill. L'oeuvre pédagogique de A.-S. Neill.* Préface de D. Hameline. 216 p., 1985.
- Michel Soëtard, Christian Jamet (Ed.): *Le pédagogue et la modernité. A l'occasion du 250e anniv ersaire de la naissance de Johann Heinrich Pestalozzi (1746–1827).* Actes du colloque d'Angers (9–11 juillet 1996). IX, 238 p., 1998.
- Alain Vergnioux: *Pédagogie et théorie de la connaissance. Platon contre Piaget?* 198 p., 1991.
- Alain Vergnioux (éd.): *Grandes controverses en éducation.* VI, 290 p., 2012.
- L.S. Vygotskij: *La science du développement de l'enfant. Textes pédologiques 1931–1934 de L.S. Vygotskij. Traduits par Irina Leopoldoff Martin. Édités et introduits par Irina Leopoldoff Martin et Bernard Schneuwly.* 432 p. 2018.
- Marie-Thérèse Weber: *La pédagogie fribourgeoise, du concile de Trente à Vatican II. Continuité ou discontinuité?* Préface de G. Avanzini. 223 p., 1997.

Recherches en sciences de l'éducation

- Sandrine Aeby Daghé: *Candide, La fée carabine et les autres.* Vers un modèle didactique de la lecture littéraire. IX, 303 p., 2014.
- Linda Allal, Jean Cardinet, Phillipe Perrenoud (Ed.): *L'évaluation formative dans un enseignement différencié.* Actes du Colloque à l'Université de Genève, mars 1978. 264 p., 1979, 1981, 1983, 1985, 1989, 1991, 1995.
- Claudine Amstutz, Dorothée Baumgartner, Michel Croisier, Michelle Impériali, Claude Piquilloud: *L'investissement intellectuel des adolescents. Recherche clinique.* XVII, 510 p., 1994.
- Bernard André: *S'investir dans son travail: les enjeux de l'activité enseignante.* XII, 289 p., 2013

- Guy Avanzini (Ed.): *Sciences de l'éducation: regards multiples.* 212 p., 1994.
- Daniel Bain: *Orientation scolaire et fonctionnement de l'école.* Préface de J. B. Dupont et F. Gendre. VI, 617 p., 1979.
- Jean-Michel Baudouin: *De l'épreuve autobiographique. Contribution des histoires de vie à la problématique des genres de texte et de l'herméneutique de l'action.* XII, 532 p., 2010.
- Alain Baudrit : *L'investigation collaborative : de la pratique d'enquête à la collaboration à distance.* 156 p., 2022.
- Véronique Bedin & Laurent Talbot (éd.): *Les points aveugles dans l'évaluation des dispositifs d'éducation ou de formation.* VIII, 211 p., 2013.
- Ana Benavente, António Firmino da Costa, Fernando Luis Machado, Manuela Castro Neves: *De l'autre côté de l'école.* 165 p., 1993.
- Jean-Louis Berger: *Apprendre : la rencontre entre motivation et métacognition.* Autorégulation dans l'apprentissage des mathématiques en formation professionnelle. XI, 221 p., 2015
- Bertrand Bergier: *Retours gagnants. De la sortie sans diplôme au retour diplômant.* 234 p., 2022.
- Denis Berthiaume & Nicole Rege Colet (Ed.): *La pédagogie de l'enseignement supérieur: repères théoriques et applications pratiques. Tome 1: Enseigner au supérieur.* 345 p., 2013.
- Anne-Claude Berthoud, Bernard Py: *Des linguistes et des enseignants. Maîtrise et acquisition des langues secondes.* 124 p., 1993.
- Anne-Claire Blanc, Vincent Capt (Ed.): *La tête et le texte. Formation initiale des enseignants primaires en didactique de la lecture et de l'écriture.* 242 p., 2020.
- Pier Carlo Bocchi: *Gestes d'enseignement.* L'agir didactique dans les premières pratiques d'écrit . 378 p., 2015.
- Cecilia Brassier-Rodrigues & Pascal Brassier (Ed.): *Internationalisation at Home. A collection of pedagogical approaches to develop students' intercultural competences.* 240 p., 2021
- Dominique Bucheton: *Ecritures-réécritures – Récits d'adolescents.* 320 p., 1995.
- Melanie Buser: *Two-Way Immersion in Biel/Bienne, Switzerland: Multilingual Education in the Public Primary School Filière Bilingue (FiBi). A Longitudinal Study of Oral Proficiency Development of K-4 Learners in Their Languages of Schooling (French and (Swiss) German).* 302 p., 2020.
- Sandra Canelas-Trevisi: *La grammaire enseignée en classe.* Le sens des objets et des manipulations. 261 p., 2009.
- Vincent Capt, Mathieu Depeursinge et Sonya Florey (Dir.): *L'enseignement du français et le défi du numérique.* VI, 134 p., 2020.
- Jean Cardinet, Yvan Tourneur (†): *Assurer la mesure. Guide pour les études de généralisabi lité.* 381 p., 1985.
- Felice Carugati, Francesca Emiliani, Augusto Palmonari: *Tenter le possible. Une expérience de socialisation d'adolescents en milieu communautaire.* Traduit de l'italien par Claude Béguin. Préface de R. Zazzo. 216 p., 1981.
- Evelyne Cauzinille-Marmèche, Jacques Mathieu, Annick Weil-Barais: *Les savants en herbe.* Pré face de J.-F. Richard. XVI, 210 p., 1983, 1985.
- Vittoria Cesari Lusso: *Quand le défi est appelé intégration. Parcours de socialisation et de personnalisation de jeunes issus de la migration.* XVIII, 328 p., 2001.
- Nanine Charbonnel (Ed.): *Le Don de la Parole. Mélanges offerts à Daniel Hameline pour son soixante-cinquième anniversaire.* VIII, 161 p., 1997.

- Gisèle Chatelanat, Christiane Moro, Madelon Saada-Robert (Ed.): *Unité et pluralité des sciences de l'éducation. Sondages au coeur de la recherche.* VI, 267 p., 2004.
- Florent Chenu: *L'évaluation des compétences professionnelles. Une mise à l'épreuve expérimentale des notions et présupposés théoriques sous-jacents.* 347 p., 2015.
- Christian Daudel: *Les fondements de la recherche en didactique de la géographie.* 246 p., 1990.
- Bertrand Daunay: *La paraphrase dans l'enseignement du français.* XIV, 262 p., 2002.
- Mikaël De Clercq, Nathalie Roland, Florence Dangoisse, Mariane Frenay (dir.) : *La transition vers l'enseignement supérieur. Comprendre pour mieux agir sur l'adaptation des étudiants en première année.* 230 p., 2023.
- Jean-Marie De Ketele: *Observer pour éduquer.* (Epuisé)
- Jean-Louis Derouet, Marie-Claude Derouet-Besson (Ed.): *Repenser la justice dans le domaine de l'éducation et de la formation.* VIII, 385 p., 2009.
- Ana Dias-Chiaruttini: *Le débat interprétatif dans l'enseignement du français.* IX, 261 p., 2015.
- Joaquim Dolz, Jean-Claude Meyer (Ed.): *Activités métalangagières et enseigne ment du français. Actes des journées d'étude en didactique du français (Cartigny, 28 février – 1 mars 1997).* XIII, 283 p., 1998.
- Pierre Dominicé: *La formation, enjeu de l'évaluation.* Préface de B. Schwartz. (Epuisé)
- Pierre Dominicé, Michel Rousson: *L'éducation des adultes et ses effets. Problématique et étude de cas.* (Epuisé)
- Pierre-André Doudin, Daniel Martin, Ottavia Albanese (Ed.): *Métacognition et éducation.* XIV, 392 p., 1999, 2001.
- Andrée Dumas Carré, Annick Weil-Barais (Ed.): *Tutelle et médiation dans l'éducation scientifique.* VIII, 360 p., 1998.
- Jean-Blaise Dupont, Claire Jobin, Roland Capel: *Choix professionnels adolescents. Etude longitudinale à la fin de la scolarité secondaire.* 2 vol., 419 p., 1992.
- Vincent Dupriez, Jean-François Orianne, Marie Verhoeven (Ed.): De l'école au marché du travail, l'égalité des chances en question. X, 411 p., 2008.
- Raymond Duval: *Sémiosis et pensée humaine – Registres sémiotiques et apprentissages intellectuels.* 412 p., 1995.
- Eric Espéret: *Langage et origine sociale des élèves.* (Epuisé)
- Jean-Marc Fabre: *Jugement et certitude. Recherche sur l'évaluation des connaissances.* Préface de G. Noizet. (Epuisé)
- Georges Felouzis et Gaële Goastellec (Éd.): *Les inégalités scolaires en Suisse. École, société et politiques éducatives.* VI, 273 p., 2015.
- Barbara Fouquet-Chauprade & Anne Soussi (Ed.): *Pratiques pédagogiques et éducation prioritaire.* VIII, 218 p., 2018.
- Monique Frumholz: *Ecriture et orthophonie.* 272 p., 1997.
- Pierre Furter: *Les systèmes de formation dans leurs contextes.* (Epuisé)
- Monica Gather Thurler, Isabelle Kolly-Ottiger, Philippe Losego et Olivier Maulini, *Les directeurs au travail. Une enquête au coeur des établissements scolaires et socio-sanitaires.* VI, 318 p., 2017.
- André Gauthier (Ed.): *Explorations en linguistique anglaise. Aperçus didac tiques.* Avec Jean-Claude Souesme, Viviane Arigne, Ruth Huart-Friedlander. 243 p., 1989.

- Marcelo Giglio & Francesco Arcidiacono (Ed.): *Les interactions sociales en classe: réflexions et perspectives.* VI, 250 p., 2017.
- Patricia Gilliéron Giroud & Ladislas Ntamakiliro (Ed.): *Réformer l'évaluation scolaire: mission impossible.* 264 p. 2010.
- Michel Gilly, Arlette Brucher, Patricia Broadfoot, Marylin Osborn: *Instituteurs anglais instituteurs francais. Pratiques et conceptions du rôle.* XIV, 202 p., 1993.
- André Giordan: *L'élève et/ou les connaissances scientifiques. Approche didactique de la construction des concepts scientifiques par les élèves.* 3e édition, revue et corrigée. 180 p., 1994.
- André Giordan, Yves Girault, Pierre Clément (Ed.): *Conceptions et connaissances.* 319 p., 1994.
- André Giordan (Ed.): *Psychologie génétique et didactique des sciences.* Avec Androula Henriques et Vinh Bang. (Epuisé)
- Corinne Gomila: *Parler des mots, apprendre à lire. La circulation du métalangage dans les activités de lecture.* X, 263 p. 2011.
- Armin Gretler, Ruth Gurny, Anne-Nelly Perret-Clermont, Edo Poglia (Ed.): *Etre migrant. Approches des problèmes socio-culturels et linguistiques des enfants migrants en Suisse.* 383 p., 1981, 1989.
- Francis Grossmann: *Enfances de la lecture. Manières de faire, manières de lire à l'école maternelle.* Préface de Michel Dabène. 260 p., 1996, 2000.
- Michael Huberman, Monica Gather Thurler: *De la recherche à la pratique. Eléments de base et mode d'emploi.* 2 vol., 335 p., 1991.
- Jean-Marc Huguenin et Georges Solaux: *Évaluation partenariale des politiques publiques d'éducation. L'expérience d'un dispositif d'évaluation du fonctionnement de l'enseignement primaire.* 139 p., 2017.
- Institut romand de recherches et de documentation pédagogiques (Neuchâtel): Connaissances mathématiques à l'école primaire: J.-F. Perret: *Présentation et synthèse d'une évaluation romande;* F. Jaquet, J. Cardinet: *Bilan des acquisitions en fin de première année;* F. Jaquet, E. George, J.-F. Perret: *Bilan des acquisitions en fin de deuxième année;* J.-F. Perret: *Bilan des acquisitions en fin de troisième année;* R. Hutin, L.-O. Pochon, J.-F. Perret: *Bilan des acquisitions en fin de quatrième année;* L.-O. Pochon: *Bilan des acquisitions en fin de cinquième et sixième année.* 1988–1991.
- Daniel Jacobi: *Textes et images de la vulgarisation scientifique.* Préface de J. B. Grize. (Epuisé)
- Marianne Jacquin, Germain Simons, Daniel Delbrassine (Ed.): *Les genres textuels en langues étrangères : entre théorie et pratique.* 372 p, 2019
- René Jeanneret (Ed.): *Universités du troisième âge en Suisse.* Préface de P. Vellas. 215 p., 1985.
- Samuel Johsua, Jean-Jacques Dupin: *Représentations et modélisations: le «débat scientifique» dans la classe et l'apprentissage de la physique.* 220 p., 1989.
- Constance Kamii: *Les jeunes enfants réinventent l'arithmétique.* Préface de B. Inhelder. 171 p., 1990, 1994.
- Helga Kilcher-Hagedorn, Christine Othenin-Girard, Geneviève de Weck: *Le savoir grammatical des élèves. Recherches et réflexions critiques.* Préface de J.-P. Bronckart. 241 p., 1986.
- Georges Leresche (†): *Calcul des probabilités.* (Epuisé)
- Francia Leutenegger: *Le temps d'instruire. Approche clinique et expérimentale du didactique ordinaire en mathématique.* XVIII, 431 p., 2009.
- Olivia Lewi et Blandine Longhi (dir.) : *Connecter et segmenter à l'écrit. Ponctuation et opérateurs linguistiques : deux défis pour l'enseignement.* 208p., 2022.

- Even Loarer, Daniel Chartier, Michel Huteau, Jacques Lautrey: *Peut-on éduquer l'intel li gence? L'évaluation d'une méthode d'éducation cognitive.* 232 p., 1995.
- Brigitte Louichon, Marie-France Bishop, Christophe Ronveaux (Ed.): *Les fables à l'école. Un genre patrimonial européen ?* VII, 279 p., 2017.
- Georges Lüdi, Bernard Py: *Etre bilingue.* 4e édition. XII, 223 p., 2013.
- Valérie Lussi Borer: *Histoire des formations à l'enseignement en Suisse romande.* X, 238 p., 2017.
- Pierre Marc: *Autour de la notion pédagogique d'attente.* 235 p., 1983, 1991, 1995.
- Jean-Louis Martinand: *Connaître et transformer la matière.* Préface de G. Delacôte. (Epuisé)
- Jonas Masdonati: *La transition entre école et monde du travail. Préparer les jeunes à l'entrée en formation professionnelle.* 300 p., 2007.
- Marinette Matthey: *Apprentissage d'une langue et interaction verbale.* XII, 247 p., 1996, 2003.
- Paul Mengal: *Statistique descriptive appliquée aux sciences humaines.* VII, 107 p., 1979, 1984, 1991, 1994, 1999 (5e + 6e), 2004.
- Isabelle Mili: *L'oeuvre musicale, entre orchestre et écoles.* Une approche didactique de pratiques d'écoute musicale. X, 228 p., 2014.
- Henri Moniot (Ed.): *Enseigner l'histoire. Des manuels à la mémoire.* (Epuisé)
- Cléopâtre Montandon, Philippe Perrenoud: *Entre parents et enseignants: un dialogue impossible?* Nouvelle édition, revue et augmentée. 216 p., 1994.
- Christiane Moro, Bernard Schneuwly, Michel Brossard (Ed.): *Outils et signes. Perspectives actuelles de la théorie de Vygotski.* 221 p., 1997.
- Christiane Moro & Cintia Rodríguez: *L'objet et la construction de son usage chez le bébé. Une approche sémiotique du développement préverbal.* X, 446 p., 2005.
- Lucie Mottier Lopez: *Apprentissage situé. La microculture de classe en mathématiques.* XXI, 311 p., 2008.
- Lucie Mottier Lopez & Walther Tessaro (éd.): *Le jugement professionnel, au coeur de l'évaluation et de la régulation des apprentissages.* VII, 357 p., 2016.
- Gabriel Mugny (Ed.): *Psychologie sociale du développement cognitif.* Préface de M. Gilly. (Epuisé)
- Maurice Niwese (Éd.): *L'écriture du primaire au secondaire : du déjà-là aux possibles : Résultats de recherche du projet ECRICOL,* 276 p., 2022.
- Romuald Normand: *Gouverner la réussite scolaire. Une arithmétique politique des inégalités.* XI, 260 p., 2011.
- Sara Pain: *Les difficultés d'apprentissage. Diagnostic et traitement.* 125 p., 1981, 1985, 1992.
- Sara Pain: *La fonction de l'ignorance.* (Epuisé)
- Christiane Perregaux: *Les enfants à deux voix. Des effets du bilinguisme successif sur l'apprentissage de la lecture.* 399 p., 1994.
- Jean-François Perret: *Comprendre l'écriture des nombres.* 293 p., 1985.
- Anne-Nelly Perret-Clermont: *La construction de l'intelligence dans l'interaction sociale.* Edition revue et augmentée avec la collaboration de Michèle Grossen, Michel Nicolet et Maria-Luisa Schubauer-Leoni. 305 p., 1979, 1981, 1986, 1996, 2000.
- Edo Poglia, Anne-Nelly Perret-Clermont, Armin Gretler, Pierre Dasen (Ed.): *Pluralité culturelle et éducation en Suisse. Etre migrant.* 476 p., 1995.
- Jean Portugais: *Didactique des mathématiques et formation des enseignants.* 340 p., 1995.

- Laetitia Progin: *Devenir chef d'établissement. Le désir de leadership à l'épreuve de la réalité.* 210 p., 2017.
- Nicole Rege Colet & Denis Berthiaume (Ed.): *La pédagogie de l'enseignement supérieur: repères théoriques et applications pratiques. Tome 2. Se développer au titre d'enseignant.* VI, 261 p., 2015
- Yves Reuter (Ed.): *Les interactions lecture-écriture.* Actes du colloque organisé par THÉODILE-CREL (Lille III, 1993). XII, 404 p., 1994, 1998.
- Philippe R. Richard: *Raisonnement et stratégies de preuve dans l'enseignement des mathématiques.* XII, 324 p., 2004.
- Marielle Rispail et Christophe Ronveaux (Ed.): *Gros plan sur la classe de français. Motifs et variations.* X, 258 p., 2010.
- Yviane Rouiller et Katia Lehraus (Ed.): *Vers des apprentissages en coopération: rencontres et perspectives.* XII, 237 p., 2008.
- Guy Rumelhard: *La génétique et ses représentations dans l'enseignement.* Préface de A. Jacquard. 169 p., 1986.
- El Hadi Saada: *Les langues et l'école. Bilinguisme inégal dans l'école algérienne.* Préface de J.-P. Bronckart. 257 p., 1983.
- Jean-Pascal Simon, Francis Grossmann (Ed.): *Lecture à l'Université. Langue maternelle, seconde et étrangère.* VII, 289 p., 2004.
- Muriel Surdez: *Diplômes et nation. La constitution d'un espace suisse des professions avocate et artisanales (1880–1930).* X, 308 p., 2005.
- Marc Surian: *Didactique du français et accueil des élèves migrants. Objets d'enseignement, obstacles et régulation des apprentissages.* 242 p., 2018.
- Valérie Tartas: *La construction du temps social par l'enfant. Préfaces de Jérôme Bruner et Michel Brossard* XXI, 252 p., 2008.
- Joris Thievenaz, Jean-Marie Barbier et Frédéric Saussez (Dir.): *Comprendre/Transformer.* 292 p., 2020.
- Sabine Vanhulle: *Des savoirs en jeu aux savoirs en «je». Cheminements réflexifs et subjectivation des savoirs chez de jeunes enseignants en formation.* 288 p., 2009.
- Gérard Vergnaud: *L'enfant, la mathématique et la réalité. Problèmes de l'enseignement des mathématiques à l'école élémentaire.* V, 218 p., 1981, 1983, 1985, 1991, 1994.
- Joëlle Vlassis: *Sens et symboles en mathématiques. Etude de l'utilisation du signe «moins» dans les réductions polynomiales et la résolution d'équations du premier degré à inconnue.* XII, 437 p., 2010.
- Sylvain Wagnon: *Le manuel scolaire, objet d'étude et de recherche : enjeux et perspectives.* X, 310 p., 2019.
- Nathanaël Wallenhorst: *L'école en France et en Allemagne. Regard de lycéens, comparaison d'expériences scolaires.* IX, 211 p., 2013.
- Jacques Weiss (Ed.): *A la recherche d'une pédagogie de la lecture.* (Epuisé)
- Martine Wirthner: *Outils d'enseignement : au-delà de la baguette magique. Outils transformateurs, outils transformés dans des séquences d'enseignement en production écrite.* XI, 259 p., 2017.
- Richard Wittorski, Olivier Maulini & Maryvonne Sorel (Ed.). Les professionnels et leurs formations. Entre développement des sujets et projets des institutions. VI, 237 p., 2015.

- Tania Zittoun: *Insertions. A quinze ans, entre échec et apprentissage.* XVI, 192 p., 2006.
- Marianne Zogmal: *«Savoir voir et faire voir». Les processus d'observation et de catégorisation dans l'éducation de l'enfance.* 258 p., 2020.
- Ingrid Verscheure & Isabelle Collet (dir.) : *Genre : didactique(s) et pratiques d'enseignement. Perspectives francophones.* 230 p., 2023.

Vygotskij – oeuvres et études

- David Auclair : *Moralité, autorité, normalité. Critique des courants organicistes du développement de l'enfant.* 283 p., 2022.
- L. S. Vygotskij : *Imagination. Textes choisis. Avec des commentaires et des essais sur l'imagination dans l'oeuvre de Vygotskij.* Édité par Bernard Schneuwly, Irina Leopoldoff Martin, Daniele Nunes Henrique Silva. 604 p., 2022.

www.peterlang.com

FSC
www.fsc.org
MIX
Papier | Fördert gute Waldnutzung
FSC® C083411

Kolibri 360 GmbH
Ferdinand-Jühlke-Straße 7
99095 Erfurt, Deutschland
produktsicherheit@kolibri360.de

Druck:
CPI Druckdienstleistungen GmbH
im Auftrag der
Kolibri 360 GmbH
Ferdinand-Jühlke-Str. 7
99095 Erfurt